DIREITO E SOCIEDADE
VOLUME 2

MARCELO NEVES COMO INTÉRPRETE DO PENSAMENTO JURÍDICO CONTEMPORÂNEO

João Paulo Allain Teixeira
Leonam Liziero
(organizadores)

T266   Teixeira, João Paulo Allain et al.
        Direito e Sociedade – Volume 2: Marcelo Neves como intérprete
do pensamento jurídico contemporâneo/ João Paulo Allain Teixeira,
Leonam Liziero (Org.). Andradina: Meraki, 2020.
        Bibliografia
        ISBN 978-65-991-5847-6
        1. Teoria do Direito 2. Marcelo Neves.
        1. Título
        CDU – 340.13   CDD – 340.1

"Na busca de equilíbrio entre regras e princípios constitucionais, o juiz Iolau é, ele próprio, uma experiência *com o* impossível. Para enfatizar a contingência, é mais plausível, porém, a seguinte conclusão: *o juiz Iolau é a experiência com o improvável*".

MARCELO NEVES

SUMÁRIO

AUTORES

ALEXANDRE DA MAIA
Professor associado e atual coordenador do curso de Direito da Faculdade de Direito do Recife - UFPE

ANDRÉ GALVÃO VASCONCELOS DE ALMEIDA
Doutor e Mestre em direito pela Universidade Católica de Pernambuco (UNICAP). Especialista em direito tributário pela Universidade Federal de Pernambuco (UFPE). Professor. Advogado.

ARTUR STAMFORD DA SILVA
Professor Titular de Direito-UFPE (Sociologia do Direito). Pesquisador 1D pelo CNPq

BRUNA RABÊLO CARVALHO
Mestranda em Ciências Jurídicas pela Universidade Federal da Paraíba.

EDHYLA CAROLLINY VIEIRA VASCONCELOS ABOBOREIRA
Doutoranda em Ciências Jurídicas, área de concentração em Direitos Humanos e Desenvolvimento, Programa de Pós-Graduação em Ciências Jurídicas – Universidade Federal da Paraíba

LUCAS FUCCI AMATO
Professor da Faculdade de Direito da Universidade de São Paulo, na graduação e no Mestrado e Doutorado. Bacharel, Doutor e Pós-Doutor pela USP, com estágio pós-doutoral na University of Oxford (Inglaterra) e estágio doutoral sanduíche na Harvard Law School (EUA). Foi orientando do Professor Marcelo Neves durante a iniciação científica na USP, com bolsa FAPESP. Email: lucasfamato@gmail.com

LEONAM LIZIERO
Doutor em Teoria e Filosofia do Direito pela UERJ, com Pós-Doutorado em Direito pela UFRJ. Professor do Programa de Pós-Graduação em Ciências Jurídicas da UFPB. E-mail: leonamliziero@gmail.com

RAQUEL FABIANA LOPES SPAREMBERGER
Pós-doutora em Direito pela Universidade Federal de Santa Catarina – UFSC. Doutora em Direito pela Universidade Federal do Paraná – UFPR. Mestre em Direito pela UFPR. Professora-adjunta da Universidade Federal do Rio Grande –Furg. Professora do Programa de Mestrado em Direito da Universidade Federal do Rio Grande –Furg. Professora dos cursos de Graduação e do Programa de Mestrado em Direito da Faculdade de Direito da Fundação Escola Superior do Ministério Público – FMP/RS. Tem experiência na área de Direito, com ênfase em Teoria Geral do Direito, Direito Constitucional, Direitos Humanos, América Latina e questões decoloniais. Professora pesquisadora do CNPq e Fapergs. Pesquisadora dos Grupos de Pesquisa Tutelas à Efetivação dos Direitos Indisponíveis, Linha Tutelas à Efetivação de Direitos Públicos Incondicionados, e coordenadora do Grupo de Pesquisa Direito Constitucional e Violência da Furg. fabiana7778@hotmail.com.

TAINARA QUIRINO
Mestranda em Ciências Jurídicas pela Universidade Federal da Paraíba.

VITOR FONTANA DE ÁVILA
Mestrando Acadêmico em Direitopela Fundação Escola Superior do Ministério Público - RS. Especialista *lato sensu* em Direito Público na Escola Verbo Jurídico/Centro Universitário Leonardo da Vinci. Bacharel em Ciências Jurídicas e Sociais na Universidade Franciscana. Advogado. vitor.f.avila@hotmail.com

Uma apresentação: breves linhas sobre o percurso de Marcelo Neves e sua contribuição para o pensamento jurídico contemporâneo

Marcelo da Costa Pinto Neves, pernambucano do Recife, é formado pela tradicional Faculdade de Direito do Recife (FDR/UFPE) onde também realizou o Mestrado em direito. Sob a orientação de Lourival Vilanova, concluiu o trabalho que resultou na sua "Teoria da Inconstitucionalidade das Leis" (1988). Ainda nos anos 80, através do sociólogo Cláudio Souto, conhece Niklas Luhmann e sua teoria social. Este encontro viria a ser decisivo na reflexão teórica de Neves daí por diante. O Doutorado na Alemanha resultou na publicação do *"Verfassung und Positivität des Rechts in der peripheren Moderne: Eine theoretische Betrachtung und eine Interpretation des Falls Brasilien"* (1992)[1].

A vasta e consistente obra de Marcelo Neves é um poderoso convite à reflexão sobre o direito na sociedade periférica, contemplando títulos significativamente conhecidos do meio acadêmico nacional e estrangeiro. São de sua lavra "A Constitucionalização Simbólica" (1994)[2], "Entre Têmis e Leviatã: uma relação difícil – O Estado Democrático de Direito a partir e além de Habermas e Luhmann" (2006)[3], "Transconstitucionalismo" (2009)[4] e "Entre Hidra e Hércules: princípios e regras como diferença paradoxal do sistema jurídico" (2013).

---

[1] O livro foi publicado em língua portuguesa com o título "Constituição e Direito na Modernidade Periférica: uma abordagem teórica e uma interpretação do caso brasileiro" (2018). A versão brasileira foi publicada com o posfácio "Consticionalismo periférico 26 anos depois", um balanço crítico da publicação original em alemão e uma proposta de diálogo com os seus intérpretes.

[2] Publicado na Alemanha sob o título *"Symbolische Konstitutionalisierung"* (1998)

[3] Também publicado na Alemanha sob o título *"Zwischen Themis und Leviathan: Eine Schwierige Beziehung? Eine Rekonstruktion des demokratischen Rechtsstaats in Auseinandersetzung mit Luhmann und Habermas"* (2000)

[4] Também publicado em língua inglesa como *"Transcontitutionalism"* (2013)

A produção bibliográfica é acompanhada de perto pela crescente interlocução internacional adquirida em vários períodos como professor visitante em universidades estrangeiras. Foi Visiting Fellow do Instituto de Federalismo da Universidade de Fribourg, Suíça (1998-2000), Bolsista-pesquisador da Fundação Alexander von Humboltd no Departamento de Ciências Sociais da Universidade de Frankfurt, Alemanha (2000) e Jean Monet Fellow no Departamento do Instituto Universitário Europeu, Florença, Itália (2001-2002). Professor visitante na Faculdade de Direito da Universidade de Flensburg, Alemanha (2002-2003), Visiting Senior Research Fellow da Fundação de Pesquisa Adam Smith da Universidade de Glasgow, Escócia (2014) e Senior Research Scholar na Escola de Direito da Universidade de Yale (2014-2016).

No Brasil, foi professor titular da Faculdade de Direito do Recife da UFPE, professor da PUC-SP, professor da FGV-SP e professor da Faculdade de Direito da USP. Foi também Procurador do Município do Recife, consultor jurídico e Conselheiro do CNJ. Atualmente é professor titular da Faculdade de Direito da UnB.

Apresentar uma obra em homenagem a Marcelo Neves é pessoalmente uma grande satisfação oferecendo uma oportunidade de revisitar o início da minha formação acadêmica. Durante a graduação na FDR (1990-1995), integrei o grupo de pesquisa de Marcelo Neves no período em que a "Constitucionalização Simbólica" estava sendo construída. O convívio semanal, os vários debates sobre direito e sociedade, a exploração das sutilezas da teoria luhmanniana dos sistemas e a compreensão da realidade brasileira a partir de Neves contribuíram decisivamente para a minha percepção dos limites e potencialidades da juridicidade no contexto das intensas assimetrias sociais que caracterizam a realidade brasileira. Para os leitores, Neves chama a atenção para a permanência de um esforço teórico voltado à crítica e à re-interpretação dos modelos explicativos formulados na "modernidade central".

A coleção "Marcelo Neves como Intérprete do Direito e da Sociedade" que agora apresentamos é editada em quatro volumes e reúne contribuições de pesquisadores bastante próximos de Marcelo Neves e de sua obra. Aqui encontraremos importantes contribuições para a reconstrução do percurso de Neves e a compreensão da dimensão dos impactos da sua produção para o pensamento jurídico e social contemporâneos.

Agradeço a Leonam Liziero pela parceria e pela oportunidade de envolver tanta gente boa em torno do projeto. Sem o seu esforço e empenho não teríamos conseguido viabilizar a publicação. Agradeço também a todos os parceiros, autores e co-autores que se dedicaram ao pensamento de Neves. Por fim, agradeço ao próprio Marcelo Neves pela rica produção e pela vida dedicada à academia em uma já imensa contribuição para as gerações futuras.

A todos, uma boa leitura.

João Paulo Allain Teixeira

Recife, maio de 2020

Parte I

Contribuições teóricas de MARCELO NEVES à teoria dos sistemas sociais

O doutor tá certo. Errado é quem lhe dá razão. Marcelo Neves dentre Luhmann e críticos[1]

ARTUR STAMFORD DA SILVA

Introdução

Se algo move o mundo acadêmico, é uma polêmica. A cientificidade, depois que David Hume despertou Immanuel Kant de seu sono dogmático, por exemplo, viveu e até hoje vive polêmicas. "Confesso francamente: foi a advertência de David Hume que, há muitos anos, interrompeu o meu sono dogmático[2] e deu às minhas investigações no campo da filosofia especulativa uma orientação inteiramente diversa" (KANT, Fundamentação Metafísica A 13-14 = 2007[1783], p. 17), ainda em Kant, lemos:

> não foi a investigação da existência de Deus, a imortalidade e assim por diante, mas sim a antinomia da razão pura - "O mundo tem um começo, não tem começo, e assim por diante [Sic]: Há liberdade no homem, contra não há liberdade, apenas a necessidade da natureza - foi isso que primeiro me despertou do meu sono dogmático e me levou à crítica da própria razão, a fim de resolver o escândalo da

---

[1] O presente trabalho foi realizado com apoio do CNPq, Conselho Nacional de Desenvolvimento Científico e Tecnológico - Brasil – Processo Aprovado No. 301106/2019-3.

[2] No original alemão: *Ich gestehe frei: die Erinnerung des David Hume war eben dasjenige, was mir vor vielen Jahren zuerst den dogmatischen Schlummer unterbrach, und meinen Untersuchungen im Felde der spekulativen Philosophie eine ganz andre Richtung gab.* Fizemos questão de buscar a citação original em alemão porque a expressão "dogmatischen Schlummer" tem sido traduzida por SONHO DOGMÁTICO, mas parece que seria mais próximo SONO DOGMÁTICO ou DESCANSO DOGMÁTICO. É que SONHO nos soa como algo que vem à mente imaginariamente e SONO OU DESCANSO nos soa como algo sobre o que se estabeleceu como indiscutível, como sem lugar para debate e, portanto, do qual se parte, a petição de princípio.

contradição ostensiva da razão consigo mesma[3] (KANT, 1999, p. 552).

Aos que se permitem despertar, vivenciamos polêmicas que aguçam os lados das dicotomias da modernidade, objeto/sujeito, verdade/falsidade, bem/mal, certo/errado, macro/micro, individualismo/coletivismo, universalismo/particularismo. A lista de dicotomias não para. Com Luhmann, dicotomias reduzem o fazer ciência uma questão de filiação a um dos lados da dicotomia e resulta na construção de "inimigos autoelegidos" (LUHMANN, [1997]2007, p. 21). A importância e o lugar das dicotomias na ciência não deveriam paralisar a teoria científica, afinal, transformar ciência em defesa de é pautar o embate por ortodoxia, por fundamentalismos, o que tem por consequência a desdiferenciação ciência/religião, crença/fé.

A polêmica Karl Popper e Thomas Khun traz o embate entre falseabilidade (POPPER, 1975, p. 13-38; POPPER, 2013, p. 411-414) e ciência normal (KHUN, [1962]2013), registrando uma disputa quanto a razão da demarcação do conhecimento científico. Popper considera que a ciência se nutre do constante exercício de duvidar que conduz a revisitar teorias testando sua validade para comprovar ou negar verdades científicas. Thomas Kuhn deposita na continuidade o critério de demarcação da cientificidade, afinal, não se vive contestando, mas sim partimos de teorias para fazer pesquisa empírica. Imre Lakatos demonstra o quanto os dois estão certos, afinal, ciência porta ao mesmo tempo padrões normais e falsificações (1999, p. 77-82).

Interessante é que muito mais que a falseabilidade e normalidade compõe o fazer ciência. Mais recente, temos a polêmica David Bloor e Bruno Latour quanto à sociologia do conhecimento, especificamente, quanto à relação objeto/sujeito. Se no Programa Forte de Bloor essa relação é central, daí seus quatro princípios: causalidade, imparcialidade, simetria, reflexividade (BLOOR, 2009), assim temos que

---

[3] No Original: *It was not the investigation of the existence of God, immortality, and so on, but rather the antinomy of pure reason - "The world has a beginning; it has no beginning, and so on [sic]: There is freedom in man, vs. there is no freedom, only the necessity of nature"- that is what first aroused me from my dogmatic slumber and drove me to the critique of reason itself, in order to resolve the scandal of ostensible contradiction of reason with itself.*

a principal característica do programa é o chamado "postulado de simetria". Tanto as ideias verdadeiras quanto as falsas e as racionais e irracionais, na medida em que são coletivamente mantidas, devem ser igualmente objeto de curiosidade sociológica e devem ser explicadas por referência aos mesmos tipos de causa. Em todos os casos, o analista deve identificar as causas locais, contingentes, de crença. Esse requisito foi formulado em oposição a uma suposição prevalecente anterior, ainda defendida em muitos quadrantes, segundo a qual as crenças verdadeiras (ou racionais) devem ser explicadas por referência à realidade, enquanto as crenças falsas (ou irracionais) são explicadas por referência às influência distorcida da sociedade (BLOOR, 1999, p. 84)[4].

Latour acusa essa abordagem de subjetivista. A resposta de Bloor é que isso é um engano de Latour, pois Latour considera que a simetria é subjetivista, o que impede o sociólogo de observar elementos da natureza, como quer Latour como sua ANT (Actor-network theory), com a ideia de pesquisador como formiga construindo conhecimento (LATOUR, 2012). Bloor escreve que "Latour, com razão, rejeita o princípio de simetria entendido dessa maneira. Apesar do nome, ele é profundamente assimétrico, porque coloca todo o peso explicativo na sociedade e nenhum na natureza" (BLOOR, 1999, p. 84)[5].

Quanto ao direito, numa rápida e superficial visita histórica, Savigny e Thibaut marcaram o embate alemão quando, em 1814, após a morte de Napoleão, se questiona a vocação da Alemanha para a elaboração do código civil alemão, e o sentido do código civil francês para os alemães. A polêmica que desperta a perspectiva de o

---

[4] No original: The main feature of the Program is the so-called 'symmetry postulate'. Both true and false, and rational and irrational ideas, in as far as they are collectively held, should all equally be the object of sociological curiosity, and should all be explained by reference to the same kinds of cause. In all cases the analyst must identify the local, contingent, causes of belief. This requirement was formulated in opposition to an earlier prevailing assumption, still defended in many quarters, which has it that true (or rational) beliefs are to be explained by reference to reality, while false (or irrational) beliefs are explained by reference to the distorting influence of society.

[5] Latour, rightly, rejects the symmetry principle understood in this way. Despite its name it is, he says, deeply asymmetrical because it puts all the explanatory weight on society and none on nature.

direito ser legislação elaborada burocraticamente ou ser cultura, historicidade construída. Embates dos dogmáticos e historicistas do direito (culturalistas, filósofos, sociólogos do direito) que marcam polêmicas no presente, afinal ainda há quem defenda a possibilidade de se separar teoria de prática, tanto na prática forense quando no mundo acadêmico, quando na pesquisa científica, afinal, há a pesquisa teórica e a pesquisa empírica, prática (WULF, 2018, p. 121-136). Esta polêmica que chega a 1913-1917 com normativismo de Hans Kelsen e o direito vivo de Eugen Ehrlich. Em 1913, da autoria de Eugen Ehrlich, temos o livro Fundamentos da Sociologia do direito, e Hans Kelsen, em 1915, publica, no periódico Archiv für Sozialwissenschaft und Sozialpolitik, o artigo Eine Grundlegung der Rechtssoziologie (Uma fundação da sociologia do direito), no qual critica a concepção de direito e de ciência de Ehrlich. Em 1916, Ehrlich responde a crítica de Kelsen com o artigo Entgegnungs (Resposta a Kelsen), também publicado no Archiv für Sozialwissenschaft und Sozialpolitik, do qual sucedeu uma réplica de Kelsen, e em 1917, também no Archiv, é publicada a tréplica de Ehrlich a Kelsen, seguida do artigo Schlusswort (Conclusões ou Epílogo) de Kelsen (CARRINO, 1993, p. 1-26; ROBLES, 2012, p. 2; ANTONOV, 2011, p. 6; KLINK, 2007, p. 1-2; MARTINI; BACK, 2017, p. 110-111; KONSEN; BORDINI, 2019, p. 305). Kelsen também polemiza a questão do guardião da constituição Carl Schmitt, debate presente até hoje quanto a força do direito é tratada sob a perspectiva da democracia ou de totalitarismo, portanto, sobre o papel do legislativo e do judiciário na construção do direito. Outra polêmica indispensável de ser referenciada é entre Hans Kelsen e O. W. Holmes Jr., a qual marca a hermenêutica jurídica com as diferenças entre normativistas e realistas jurídicos viabilizando desenvolvimentos de teorias da decisão jurídica, como a polêmica entre Herbert L.A. Hart e Ronald Dworkin sobre a textura aberta do direito e a única resposta correta, a separação entre direito e moral, o dever de obediência, a coercitividade como elemento essencial ou não ao direito. A polêmica é quanto à discricionariedade da decisão judicial, a dificuldade em estabelecer previamente critérios para a tomada de decisão jurídica justa ao caso, qual o grau de liberdade decisório do julgador? Hart oferece como resposta as regras de reconhecimento (HART, 1994[1961], p. 104-105) e Dworkin, a jurisdição Hércules (DWORKIN, 2002, p. 165-171). Para Hart a regra de reconhecimento supre a incerteza da regra primária da obediência geral (HART, 1994[1961], p. 104-105). Para Dworkin há uma responsabilidade política dos juízes em aceitar uma teoria política geral que justifique as práticas jurídicas de julgamento dos casos difíceis a argumentação jurídica lida com conceitos contestados e com conceitos substantivos, além da ideia de intenção e propósito e de princípios jurídicos, aqueles inscritos no direito escrito ou prático-decisório (DWORKIN, 2002, p. 164-165). Para este autor, dentre os argumentos teóricos e os práticos da tomada de decisão jurídica, há um juízo de empate, aquele que "não descarta que se deva esperar dos juízes que julguem de acordo com sua melhor forma de julgar, isso é melhor que pedir aos juízes para julgarem de acordo com suas convicções pessoais (DWORKIN, 2002, p. 127). Para este autor, o Juízo de Empate é tão positivo quanto os argumentos teóricos e os práticos, afinal,

> o argumento prático em favor desta afirmação é equivocado. O argumento teórico é contestado pelas aptidões daqueles que o articulam, e não pode nem mesmo ser enunciado sem que suas afirmações se desintegrem no mesmo fundamento que pretende contestar. Alguns leitores não se deixarão convencer. É certamente *impossível* que, num caso verdadeiramente difícil, uma das partes esteja simplesmente certa e a outra, simplesmente errada. Mas por quê? Pode ser que a suposição de que uma das partes pode estar certa e a outra, errada, esteja cimentada em nossos hábitos de pensamento em um nível tão profundo que não podemos, de modo coerente, negar tal suposição, por mais céticos ou intransigentes que pretendamos ser nessas questões. Isto explicaria nossa dificuldade em formular coerentemente o argumento teórico. O "mito" de que num caso difícil só existe uma resposta correta é tão obstinado quanto bem-sucedido. Sua obstinação e seu êxito valem como argumentos de que não se trata de um "mito" (DWORKIN, 2002, p. 446).

Com Hart temos que "ordenar as pessoas que façam coisas é uma forma de comunicação" (HART, 1994[1961], p. 27) e, como tal, são ordens gerais, porém, para configurarem como direito, devem ser obedecidas pela maioria. A obediência por maioria, porém, não é suficiente para distinguir direito de um comando, afinal a validade do direito requer um reconhecimento da autoridade que o emite, o que não se encontra num comando de um assaltante armado (HART, 1994[1961], p. 27). Porém, como comunicação, a generalidade das normas jurídicas traze o problema da justeza na aplicação das leis ao caso, o que implica na impossibilidade de haver uma única decisão correta, remetendo-nos à ideia de decisão jurídica como construção judiciária do direito (STAMFORD DA SILVA; LUMBANBO DE MELO; BARBOSA, 2005, p. 211-212) e remete ao paradoxo da justiça como aplicação da legislação e a criação judicial do direito, o que tem sido debatido quanto ao critério a ser utilizado para considerar uma decisão jurídica justa quando contrária à legislação vigente. Assim evolui o pensar o direito, a teoria do direito, a ciência do direito e, porque não reconhecer, a prática jurídica.

Polêmicas, contudo, mesmo que no mundo científico e no acadêmico, custa amizade, espaço, oportunidades, mas pode resultar amizade, colaborações, espaços. Assim foi a relação intelectual e pessoal entre Marcelo Neves e Niklas Luhmann, conforme lemos na entrevista de Marcelo para Rômulo Figueiro Neves, em 2004 (FIGUEIREDO NEVES, 2004, p. 121-133). O reconhecimento da dedicação e influência da obra de Marcelo Neves no pensamento alemão estão explícitos ao ganhar o Prêmio Humboldt de Pesquisa, outorgado anualmente pela Fundação Alexander Von Humboldt, da Alemanha (D'ALESSANDRO, 2019, p.1).

Antes de seguir, registro palavras de Darío Rodriguez Mansilla, pesquisador chileno, pesquisou com Luhmann e é tradutor de várias das obras de Luhmann ao espanhol: "Marcelo Neves foi um dos autores que influenciaram Luhmann ao ponto de levar Luhmann a revisitar e alterar pontos de sua teoria, afinal, Marcelo levou Luhmann a lidar com problemas sociais que têm lugar em países como o Brasil, problemas que não caracterizam a Alemanha". Segundo Dario Rodriguez, Marcelo Neves é um dos autores que influenciou Luhmann a revisitar e alterar pontos de sua teoria na fase primeira com elementos como "corrupção sistêmica" e rever o primado da diferenciação funcional em relação às peculiaridades regionais.

Tratar da perspectiva nevesiana e seus críticos foi um desafio, pois uma consulta rápida na internet usando os termos Marcelo Neves + pdf resultou "Aproximadamente 10.900.000 resultados (0,59 segundos) entradas e "Marcelo Neves" + "pdf", "Aproximadamente 39.100 resultados (0,59 segundos). O oitavo resultado foi o artigo crítico à constitucionalização simbólica, da autoria de David Francisco Lopes Gomes, datado de 2017, e, logo abaixo, veio a resenha da autoria de Orlando Villas Bôas Filho, datada de 2007, também referente à constitucionalização simbólica. Aproveito para esclarecer que crítica não se reduz a denegrir ou rejeitar algo, quando um crítico elogia, também é fazer crítica.

Entre Têmis e Leviatã, livro publicado em 2006, é objeto do décimo sexto resultado, quando críticas de Fabricio Monteiro Neves, no artigo "A contextualização da verdade ou como a ciência torna-se periférica" precedem as, do texto de Virgílio Afonso da Silva, "O Supremo Tribunal Federal precisa de Iolau: resposta às objeções de Marcelo Neves ao sopesamento e à otimização". Não seguirei esse listado, pois o seu propósito é apenas evidenciar a capacidade que tem Marcelo Neves de movimentar debates com polêmicas no âmbito jurídico constitucional, hermenêutico e sociológico.

Para fins deste texto, me limitei ao lado final, ou seja, ao "Posfácio à edição brasileira (2018). Constitucionalismo periférico 26 anos depois" publicado no livro Constituição e direito na modernidade periférica: uma abordagem teórica e uma interpretação do caso brasileiro, publicado pela Martins Fontes, em 2018, livro que é a tese de doutorado de Marcelo Neves publicada originalmente em alemão, em 1992. Neste posfácio Marcelo Neves lida com críticas de Aldo Mascareño e Roberto Dutra quanto ao absolutismo e ontologismo da distinção modernidade central e modernidade periférica, e a acusação de Jessé de Souza de haver um culturalismo racista na obra de Marcelo Neves, resultado da teoria luhmanniana, a qual é alemã racista, para Jessé.

Marcelo Neves bem poderia revisitar algumas afirmações, como fez Luhmann, principalmente porque dentre seus textos que mais circulam estão os datados dos anos noventa: "Da autopoiese à alopoiese do direito", publicado em 1992 no Anuário do Mestrado em Direito do Recife, n. 5; "Do pluralismo jurídico à miscelânia social: o problema da falta de identidade da(s) esfera(s) de juridicidade na modernidade periférica e suas implicações na América Latina", publicada no periódico Direito em Debate, v. 4, n. 5, 1995, "Luhmann, Habermas e o estado de direito", publicado no periódico Lua Nova, n. 37, em 1996. Digo que estes textos são os mais acessados porque é constante alguém me consultar sobre alopoiese e subcidadania, termos que os levam a concluir que a teoria dos sistemas de Luhmann não é aplicável para pesquisar empiricamente regiões marcadas por desigualdade social como o Brasil.

Dividi estas reflexões em duas partes, a primeira dedicada às passagens de Luhmann em referência a Marcelo Neves nos livros direito da sociedade e sociedade da sociedade e, a segunda, as polêmicas.

1 Luhmann cita Marcelo Neves

Autor de 60 livros e 377 artigos[6], Luhmann impulsionou a teoria da sociedade como sistema de comunicação[7], principalmente entre sociólogos do direito. Escrevo isso apenas para constar a dimensão da obra, a dedicação e a amplitude da teoria de Niklas Luhmann. Considerando as palavras de Dario Rodriguez acima reproduzidas, tratamos de buscar nos livros *Recht der Gesellschaft* (Direito da Sociedade) e *Die Gesellschaft der Gesellschaft* (A Sociedade da Sociedade) pelos termos "marcelo neves" ou apenas "neves". Localizamos várias passagens. Aqui vamos reproduzir essas passagens, cuidando de manter o contexto textual em que se encontram para observar o Luhmann cita e com que perspectiva,

---

[6] Para visualizar a lista dos 377 artigos: http://www.maroki.de/pub/sociology/luhmann/mr_luhba.html. Já uma lista dos livros, acessar: http://agso.uni-graz.at/lexikon/pdfs/luhmann.pdf. Sobre a vida e a obra de Niklas Luhamnn, ver: BECHMANN; STEHR, 2001, p. 185-200, 2001; BRIER; BAECKER; THYSSEN, 2007, p. 5-10; HORNUNG, 2000; MOELLER, 2012, p. 12; STICHWEH, 2015; STAMFORD DA SILVA, 2016, p. 37-42.

[7] A teoria da sociedade é composta por composta por nove livros publicados, em alemão, pela Suhrkamp Verlag e, em castelhano – com as traduções coordenadas por Javier Torres Nafarrate (México) e Darío Rodríguez Mansilla (Chile) – pela Universidad Iberoamericana, na seguinte sequência: 1984, *soziale systeme* (Sistemas Sociales, em castelhano publicado em 1991); 1988, Die Wirtschaft der Gesellschaft (Economia de la sociedad, 2017); 1990, Die Wissenschaft der Gesellschaft (La ciencia de la sociedad, 1996); 1993, Das Recht der Gesellschaft (El derecho de la sociedad, 2005); 1995, Die Kunst der Gesellschaft (La arte de la sociedad, 2005); 1997, Die Gesellschaft der Gesellschaft (La sociedad de la sociedad, 2007); 2000, Organisation und Entscheidung (Organizacion y decisión, 2010); 2002, Die Politik der Gesellschaft (La política de la sociedad, ainda sem tradução); 2002, Die Religion der Gesellschaft (La religión de la sociedad, 2009); 2002, Das Erziehungssystem der Gesellschaft (Sistema educacional de la sociedad, 2009); 2008, Die moral der Geseelschaft (La moral de la sociedad, 2013). (STAMFORD DA SILVA, 2016, p. 37-42).

retrucando, anuindo ou só informando ideias de Marcelo Neves.

Não se trata de desenvolver uma reflexão sobre o primeiro Luhmann e o Luhmann tardio, tampouco nos ocupamos em pesquisar se há um Luhmann estrutural-funcionalista que se tornou funcional-estruturalista. Partimos das influências cibernéticas e da autopoiese, as quais redirecionam Luhmann nos anos oitenta. Todavia, lembramos que, para Pierre Guibentif (2010, p. 101), o pensamento de Luhmann passa por três períodos. No primeiro, estariam as publicações de 1963 a 1966, quando o autor se dedica à Teoria das Organizações, focado em temas de administração. No segundo período (1976 a1981), ainda que Luhmann tenha publicado sobre diversos assuntos, sua obra se identifica com temas sociológicos. O terceiro período, com início em 1981, é marcado pelas publicações de Luhmann dedicadas à Teoria da Sociedade, quando temos publicados os 9 livros, que somam 5.080 páginas, da referida teoria, além dos volumes das coletâneas "Estrutural social e semântica" e "Ilustração sociológica" (STAMFORD DA SILVA, 2016, p. 37).

Certo é que há um Luhmann da teoria da sociedade. Nesta, não há um antes e um depois da corrução sistêmica, afinal, nela já há a expressão. Se Luhmann relativiza o primado da diferenciação funcional quanto às regiões é uma questão. Contudo, isso, em nossa leitura, não afeta a universalidade da teoria, afinal, esta universalidade não está na mundialização, não cabe considerar que há uma pretensão luhmanniana de princípio universal para os seres humanos. O universalismo da teoria está em que todos os seres humanos, em todos os lugares, se comunicam. A comunicação como célula da sociedade é que universaliza a teoria da sociedade de Luhmann, inclusive por se afastar da dicotomia objeto/sujeito. A própria existência de idiomas evidencia o universalismo da teoria dos sistemas.

Marcelo Neves, nesse contexto, é apontado como um dos autores que provocaram Luhmann a revisitar a teoria da sociedade viabilizando uma fase tardia, aquela na qual Luhmann se põe mais atencioso a elementos de sua teoria da sociedade, afinal, há "obstáculos que bloqueiam o conhecimento e estão presentes na ideia de sociedade que até hoje prevalece" (LUHMANN, [1997]2007, p. 11), a saber: 1. que a sociedade está constituída por seres humanos concretos e por relações entres seres humanos; 2. que sociedade se estabelece através de consenso dos seres humanos, 3. que as sociedades são unidades regionais, 4. que as sociedades podem ser observadas de seu exterior como grupos de seres humanos e territórios (LUHMANN, [1997]2007, p 11-12).

Não andaremos, aí, águas doutros textos nossos (STAMFORD DA SILVA, 2010, p. 121-150; STAMFORD DA SILVA, 2012a.. p. 267-316; STAMFORD DA SILVA, 2012b, p. 29-58; STAMFORD DA SILVA, 2013, p. 1-22; STAMFORD DA SILVA, 2015, STAMFORD DA SILVA, 2016, p. 27-52; STAMFORD DA SILVA, 2018, p. 27-40). Nosso timoneio se limitará a reproduzir as passagens que Luhmann cita Marcelo Neves para observar que Neves está aí. Peço paciência ao leitor para estas reproduções longas, porém me foram indispensáveis para esclarecer as contribuições de Marcelo Neves na teoria da sociedade de Luhmann.

O exercício reflexivo que convidamos leitores a fazer parte da catalogação das citações de Luhmann a Marcelo Neves, contextualizando as passagens e buscando verificar suas considerações em relação a textos anteriores a 1993, como Sistemas Sociais (publicado em alemão em 1984 e em espanhol, 1998), e A economia da sociedade (publicado em alemão em 1988 e em espanhol, 2017) e A ciência da sociedade (publicado em alemão em 1990 e em espanhol, 1996). Peço paciência ao leitor pela exposição dos dados, ou seja, as longas citações. Elas não estão como conteúdo, mas como dados da pesquisa.

No livro *Recht der Gesellschaft*[8] localizamos cinto citações:

> É preciso pensar o que significou a autonomia do direito para o desenvolvimento do estado moderno e a importância da propriedade para o desenvolvimento da economia moderna - isto é, das instituições jurídicas que analisaremos do ponto de vista do acoplamento estrutural com outros sistemas funcionais. A conversão da sociedade estamental em sociedade moderna foi realizada com a ajuda do direito (inclusive, revolução deve ser considerada como uma violação do direito, assim como da forma do direito). Contudo, nada justifica afirmar que a cultura jurídica que penetra, permeia e regula a vida social será sustentada e continuada na sociedade moderna. Um olhar sobre os países em

---

[8] Este livro foi publicado originalmente em alemão em 1993. Sua tradução ao espanhol (Derecho de la sociedad) foi publicada em 2005. O público inglês teve a publicação (2012, volume 1 e 2013, volume 2). E, em português (Direito da sociedade), foi publicado em 2016.

desenvolvimento (incluindo aqueles com a indústria etc.) é suficiente para levantar dúvidas (NEVES, 1992. Verfassung und positivität des Rechts in der peripheren moderne). Os sintomas de esgotamento no sistema jurídico atual já tem sido objeto de muitas discussões. Pode ser que se trate de um fenômeno de transição, resultado de velhas demandas de exigência regulativa e de adaptação às novas condições. Pense, por exemplo, na dificuldade de dotar de forma jurídica os problemas de risco ou os problemas ecológicos (LUHMANN, p. 25, no texto alemão, e página 78, texto espanhol).

Levantadas dúvidas que antes não havia na teoria da sociedade. Dentre os elementos contextuais temos que o livro *O direito da sociedade* foi publicado em 1993, a tese de Marcelo Neves foi publicada em 1992. A introdução da teoria da sociedade, o livro Sistemas sociais, tem a primeira edição publicada em 1984. Com isso estamos informando que se há um Luhmann inicial e um Luhmann tardio na teoria da sociedade como sistema de comunicação humana, Marcelo Neves tem participação ao alertar Luhmann para necessidade de inclusão de elementos para que a teoria venha a servir para auxiliar análises sociológicas empíricas de regiões (países) marcadas por desigualdade social, como as relativas à distribuição de renda, opções de acesso a bens e serviços por grande parte da população. Noutra passagem, temos:

> O fechamento normativo não significa apenas, mas também, é claro, que as normas devem ser mantidas estáveis contra as decepções. A violação da norma por si só ainda não produz aprendizado adaptativo nem modificador de normas. Mas isso leva à questão de como um desencantamento contrafactual, uma insistência numa ilegalidade pode se habilitar e ser protegida no interior do sistema jurídico. A resposta está na rede recursiva da autopoiese do sistema. A norma é mantida pela prática anterior e posterior, por sequências operacionais nas quais ela se condensa como si mesma (qualquer que seja o escopo da interpretação). Isto não exclui concretamente comportamento ilícito no sistema legal nem decisões ilegais nos tribunais. Mas, em seguida, continua a ser a designação como consequências ilícitas possíveis para a operação contínua do sistema - seja na forma de cancelamento de uma decisão ainda não transitada em julgado, seja como não-consideração em um foco mais tarde como precedente decisório. O fechamento normativo é, portanto, o contexto de auto-observação contínua do sistema no esquema lícito/ilícito. Também aprendendo, também as mudanças de normas permanecem possíveis, seja internamente induzida por

consequências legais não mais aceitáveis, seja externamente induzida por mudanças na avaliação social do significado de normas específicas. No entanto, a tarefa que o sistema enfrenta não é conseguir um quadro de referências ao conhecimento e ser cognitivamente fechado, mas alcançar um enquadramento de referências às normas. A abertura cognitiva está sempre baseada na condição autopoiética de ter que incorporar o caso individual ou norma adotada na prática simultânea e contínua da tomada de decisão do sistema. Uma arbitrariedade imposta pelo sistema político seria reconhecível como uma violação da lei no sistema jurídico, mesmo que essa arbitrariedade seja acobertada pelo poder e não deixe consequências.

Um sistema jurídico exposto a frequentes intervenções políticas e em contextos amplamente dispersos - e quem negaria que isso ocorre? - opera em estado de corrupção (NEVES, 1992. Verfassung und positivität des Rechts in der peripheren moderne). Ele reconhece por suas normas que não pode reagir às pressões políticas. Então, o sistema se mantém simulando legalidade, porém sem renunciar à normatividade geral, Não obstante, media o código lícito/ilícito com uma diferenciação arranjada com valor de rechaço, no sentido usado por Gotthard Günther, o qual dá lugar à subordinação oportunista das elites capazes de se impor. Em casos específicos selecionados, é feita uma verificação preliminar quanto à lei dever ser aplicada ou não ao caso. É possível se alcançar posições de fronteiras, nas quais o sistema jurídico funciona apenas como um sistema autoorientado, de maneira não-casual e incoerente, e é experimentado, na realidade, tanto dentro como fora, como um mero instrumento de poder. É difícil determinar abstratamente onde estão esses limites, pois a confiança ou a desconfiança estão em jogo como mecanismos generalizadores. Em casos extremos, não se pode mais falar em fechamento autopoiético ou mesmo aprendizado cognitivo em relação a padrões normativos (LUHMANN, p. 81, no texto alemão, e página 137, texto espanhol).

Aqui temos a admissibilidade de, se realmente em países como o Brasil, a constituição, o direito, não funciona produzindo expectativas contrafáticas (LUHMANN, [1993]2005, p. 200; 258), afinal, o sistema se mantém legitimando expectativas independente de acontecimentos pontuais no ambiente, pois o sistema detém capacidade de operar como sistema funcional, ou seja, determinado em sua estrutura e prevendo internamente continuidades de suas operações, reflexivamente, assim é porque só o sistema do direito determina o que é o direito. As "expectativas não se abandonam à arbitrariedade, nem à conveniência social", tampouco o direito se firma como direito porque "detém um forte apoio político para se impor. Pelo contrário, no sistema do direito, se espera que a expectativa normativa seja esperada normativamente", afinal, o direito, "não se determina hierarquicamente, desde cima, mas heterarquicamente, isto é, colateralmente e estruturado conjuntamente com as imediações vizinhas em redes" (LUHMANN, [1993]2005, p. 200-201). Trata-se da autopoiesis da comunicação humana, a qual não funciona nos mesmos moldes da autopoiesis biológica. Nas comunicações humanas não há paredes, membranas, mas expectativas, memórias semânticas, elementos que transformam as improbabilidades da comunicação em prováveis[9], portanto, viabilizando êxito comunicativo, o que não se trata de garantir compreensão, mas sim de viabilização de seleções, de realização do processo de diferenciação, como se dá nas comunicações humanas (LUHMANN, [1984]1998, p. 140-145).

As normas jurídicas, nessa perspectiva, se mantêm exercendo a função do sistema do direito de produzir expectativas de êxito como seleção de adaptação (LUHMANN, [1984]1998, p. 144), primeiro como expectativas cognitivas e depois, normativas (LUHMANN, [1993]2005, p. 191). O que estamos pontuando com isso é a autoafirmação circular do direito, a sua "condição de validez absoluta de proporcionar observação de observação do código lícito/ilícito". Ocorre que não só de decisões da organização sistêmica de decisões jurídicas (sistema parcial do sistema jurídico) se forma o direito, (LUHMANN, [1993]2005, p. 202), ou seja, o

---

[9] Para Luhmann a comunicação goza do paradoxo da incomunicabilidade porque contém três improbabilidades: que *ego* não entenda *alter*, aqui vale lembrar que a comunicação começa com Alter, não com ego, afinal, a memória semântica, a linguagem, um idioma, não são produtos de um ser humano, mas já sociedade; a improbabilidade de a comunicação chegar a mais pessoas que as interessadas na comunicação; é improvável o êxito comunicativo, que haja aceitação no que se enuncia, antes, "cada palavra pronunciada provoca seu contra sentido" (LUHMANN, [1984])1998, p. 157). Assim, há uma evolução na comunicação humana que viabilizou a construção de meios de comunicação simbolicamente generalizados que registram "valores básicos civilizadamente estabilizados" como temos é o caso de conceitos como verdade, amor, dinheiro/propriedade, poder, direito (LUHMANN, [1984])1998, p. 159-161).

direito não se forma só de decisões os tribunais, instâncias decisórias de escolas, empresas etc., mas também se manifesta em tomadas de decisões na vida cotidiana dos que não fazem parte das organizações jurídicas, afinal que expectativas normativas com respeito a expectativas normativas se formam no cotidiano da vida em sociedade, como ocorre quando "acordos entre vizinhos e autoajuda da comunidade levam pessoas a não recorrer ao judiciário" (LUHMANN, [1993]2005, p. 2003-204). Neste ponto, Luhmann alerta que a racionalização organizacional e profissional do direito tem como um de seus efeitos restringir e disciplinar a proliferação de projeções normativas, pois essa racionalidade pode determinar ou não o que é certo ou errado, conforme e não conforme um sentido oficial do direito. Isso tem um fator positivo de controle do sentido do direito, como ocorre na sociedade moderna, na qual, os tribunais têm a centralidade da produção de sentido do direito porque "os tribunais devem decidir sobre todo caso que se lhe apresente" (LUHMANN, [1993]2005, p. 372). Contudo, "a diferenciação de um sistema de tomada de decisão no sistema jurídico pode ter um impacto negativo na disposição geral de esperar expectativas normativas, até mesmo corroer as próprias bases da reflexividade e, no final das contas, permanecer apenas como uma organização apoiada politicamente". Com essa frase, localizamos elementos da crítica nevesiana quanto à aplicação do primado da diferenciação funcional para observar empiricamente o direito em países como o Brasil.

Mas, segue Luhmann:

> nas civilizações mais antigas, esse isolamento dos centros de decisão, que são indispensáveis, pode ser observado por toda parte, e aqui corresponde à forma de diferenciação entre centro e periferia. Mas, inclusive na sociedade moderna, mesmo que a aplicação de uma orientação jurídica na vida cotidiana seja bem-sucedida, a unidade do sistema dificilmente pode ser alcançada operacionalmente, por contínua reflexividade da expectativa normativa. O sistema de decisão não pode transformar a condição das expectativas normativas na forma de premissas de decisão vinculativas. Pode fornecer às pessoas direitos e obrigações atribuídos individualmente, mas não pode garantir que todos os outros esperem (ou até: certeza de expectativas em relação a essa expectativa). Ele não pode ver esse pré-requisito para confirmação mútua na expectativa normativa (e não é apenas uma questão de "consenso", mas de exigência!), E não pode tratá-lo como fatos

juridicamente relevantes. Permanece indiferente a essa institucionalização da expectativa normativa. Legalmente, isso não importa. Ninguém pode usar ou mesmo processar a força (ou falta) da insistência de outros em manter as expectativas normativas como argumento. Os limites do sistema de decisão não deixam passar essas informações, ainda que as filtrem. Este momento está ausente na apresentação oficial do "direito aplicável". As organizações de tomada de decisão do sistema jurídico não podem controlar sua própria incorporação em uma cultura jurídica motivacional; e, portanto, deixam de perceber quando começam a sujeitar esses fundamentos sociais de sua própria atividade a um processo de erosão (LUHMANN, [1993]2005, p. 206).

Aqui está um dos elementos da polêmica nevesiana quanto à aplicação do referido primado, a concepção que o sistema do direito não produz expectativas normativas no Brasil, antes, o direito, nestas regiões, não passa de um simulacro de legalidade. O que nos remete às ideias presentes na constituição simbólica de Marcelo Neves. Luhmann segue suas reflexões citando o caso do totalitarismo, especificamente o nazismo e seu direito e, adiante escreve:

Essas análises mostram que a auto-referência e a referência externa devem trabalhar juntas na forma de fechamento normativo e abertura cognitiva, com base no fechamento normativo.

O sistema pode deixar as realizações de aprendizagem ao acaso, isto é, ao impulso externo não previsto no sistema, se tiver a oportunidade de praticar mudanças como mudanças na lei aplicável e incorporá-las à rede recursiva de interpretação mútua de suas normas. A pressão pode ser engolida e reajustada - por exemplo, atribuindo a não acusação ao crime ao princípio da oportunidade do Ministério Público ou a não execução de sentenças ao maior valor legal de evitar agitação. A autopoiese do sistema, tanto na lei como na sociedade e na vida, é um princípio bastante robusto - precisamente porque só pode continuar ou parar. No entanto, isso não significa que a destruição não seja possível e sinais de aviso podem ser lidos a partir do tipo de realizações de aprendizado que são obrigadas ao sistema. Não foi à toa que o estado liberal, com sua cultura jurídica nunca antes vista, espalhou a lenda de que o estado absoluto era governado pelas "decisões de poder" do monarca - a fim de impor outro princípio legal, o da separação de poderes (LUHMANN, p. 83, no texto alemão, e página 139, texto espanhol).

A mesma temática é referenciada por Luhmann quando trata da diferenciação codificação/programação, ou seja, da unidade do sistema (código) e seus programas, "que devem ser adequados para dar instruções à indicação dos valores lícito/ilícito" (LUHMANN, [1993]2005, p. 252). Reproduzindo Luhmann:

> Finalmente, a distinção entre codificação e programação permite distinguir duas variantes diferentes do problema geral da certeza jurídica. A certeza jurídica deve antes de mais ser a certeza de que, se assim for desejado, as questões serão tratadas apenas sob o código da legalidade e não sob o código do poder ou quaisquer interesses não cobertos pelo direito. Este problema tem sido agudo em todas as sociedades mais antigas e ainda está presente hoje em alguns países em desenvolvimento, e mesmo nos países do Terceiro Mundo, que já passaram do limiar da industrialização (veja-se o caso do Brasil, Marcelo Neves, 1992. Verfassung und positivität des Rechts in der peripheren moderne). Distinguir-se disto é a questão de se, com base nos programas do sistema, as decisões dos tribunais são previsíveis. Aqui pode-se lidar com uma incerteza considerável e, se for o caso, preferir formas "alternativas" de resolver conflitos, desde que seja garantida apenas a possibilidade de ter um caso legal decidido de acordo com o código legal (LUHMANN, p. 194, no texto alemão, e página 253, texto espanhol).

Nessa perspectiva, a citação seguinte é quanto à relação direito/política, tomando a constituição como acoplamento estrutural entre esses sistemas sociais:

> Resumindo, podemos afirmar que a constituição porta soluções políticas para o problema de autoreferência do direito, bem como soluções jurídicas para o problema de autoreferência da política. É uma constituição do "estado" e, como tal, se pressupõe como um objeto real a ser escrito. Não é o texto, mas estado constitucional cumpre a função de acoplamento - como sempre entendido como um povo ao qual se deu Forma (*Volk-in-Form*), uma instituição, uma organização ou simplesmente um "governo". A constituição que constitui e determina o estado é as duas coisas ao mesmo tempo, porém em sentidos diferentes. Para o sistema jurídico, ela é a lei suprema, a lei básica. Para o sistema político, é instrumento da política, isso no duplo sentido da política instrumental (estados que mudam) e simbólica (estados que não mudam). Ambas as versões, mesmo que pareçam se contradizer semanticamente, são compatíveis graças à natureza operacionalmente fechada dos sistemas. Somente na versão nativa, os estados estão sujeitos a alterações através das operações de seu sistema. Pode ser que, dessa

maneira, o sentido jurídico e político de uma constituição seja divergente, o que se manifestará em um aumento da irritação mútua. É igualmente concebível e pode-se observar em muitos países em desenvolvimento que as constituições servem quase apenas como um instrumento de política simbólica, porque o sistema jurídico ainda não foi operacionalmente fechado e selado contra a influência direta da política ou de outros poderes sociais. Mas, mesmo assim, o padrão moderno de acoplamento estrutural ainda é reconhecível, mesmo que apenas como uma aparência verdadeira (ou seja: funcionando). O único uso simbólico das constituições é que a política aja como se a lei as limitasse e as irritas, e deixasse o verdadeiro equilíbrio de poder na comunicação privilegiada (conferir, ainda que uma interpretação um tanto diferente no sentido de modernidade não realizada, Marcelo Neves, constituição e positividade do direito no modernismo periférico: uma consideração teórica e uma interpretação do caso do Brasil, Berlim, 1992. Veja também as explicações sobre o tema da autonomia acima, cap. 2, IV). No entanto, no sentido pleno, a conquista evolutiva com a "constituição" cumpre sua função somente sob a condição de diferenciação funcional e fechamento operacional dos sistemas político e jurídico. E é exatamente essa premissa, sua latência, seu mal-entendido que tornou possível a evolução dessa conquista. As constituições no entendimento moderno desse termo foram inventadas sob o escudo da ilusão (medieval) contínua de que a política poderia ser justificada como uma ordem legal. E acha-se amplamente praticado com a função de tornar invisível que a limitação real da soberania do sistema político seja determinada por lutas e cálculos de poder dentro das elites políticas.

O que é realmente posto em movimento é uma história dos efeitos da irritação mútua, que, a longo prazo, influenciam a direção na qual os sistemas acoplados se desenvolvem através do desmantelamento e construção de estruturas. O sistema político está sujeito a auto-irritação através da possibilidade de incentivar mudanças na lei. A positivação da lei tem imenso potencial para ação política, e a política está constantemente preocupada com a seleção de tais opções. Se uma mudança de lei é sugerida, é política. O sistema político pode responder a essas iniciativas de várias maneiras, mas não reconhecendo-as como uma operação nativa. Para o sistema político, direito positivo significa política esmagadora, especialmente sob a decisão estrutural da democracia (LUHMANN, p. 478-480, no texto alemão, e páginas 548-550).

A última citação que localizamos trata justamente da

possibilidade de, na aplicação do direito, outros códigos virem a poder assumir preferências ao lícito/ilícito. Nossa observação é que Luhmann admite desconfiado se realmente no Brasil isso ocorre.

Certamente não se pode dizer que não há direito nessas circunstâncias. (Nunca houve sociedades sem lei). Também seria errado supor que não há utilidade para o direito positivo ou que as relações internacionais, tráfego, comércio etc. não têm base legal. A descrição dos fenômenos deve ser conceitualmente muito mais diferenciada. Provavelmente, a melhor abordagem é obtida com a tese de que a diferença entre inclusão e exclusão serve como um tipo de metacódigo que medeia todos os outros códigos. Há uma diferença entre o certo e o errado, e também existem programas (leis) legais que regulam como os valores do certo e do errado são distribuídos aos fatos. Mas para as populações excluídas, essa questão é de pouca importância em comparação com o que a exclusão lhes impõe. Eles são tratados legalmente ou ilegalmente e se comportam de acordo com a lei ou ilegalmente, dependendo das situações e oportunidades. O mesmo se aplica aos incluídos, e especialmente aos políticos e membros da burocracia. E, novamente: não se trata de estratificação social, que substitutos regulatórios estariam previstos na lei, mas equivale a minar o próprio sistema jurídico. Não se pode saber se será usado ou não, e nem mesmo atribuir comunicações ao esquema de inclusão/exclusão mudará algo porque, em ambos os lados do esquema (embora de maneiras "fatais" muito diferentes), se pode selecionar um comportamento legal ou ilegal sem consideração alguma com esses rótulos (Para evidências sobre a relação entre política brasileira e direito constitucional, veja Marcelo Neves, Constituição e Positividade do Direito no Modernismo Periférico: Uma Consideração Teórica e Interpretação do Caso do Brasil, Berlim, 1992). Em outras palavras: a diferença entre codificação e programação não funciona ou funciona deficitariamente porque há outras preferências prioritárias. A predominância da distinção inclusão/exclusão muda as expectativas que o sociólogo normalmente associa ao conceito de integração e, muitas vezes, ligando esse termo ao direito. Se definimos integração como a restrição do grau de liberdade das partes integrantes, veremos de que a área de exclusão funciona de maneira *altamente integrada*. A integração negativa na sociedade é praticamente quase perfeita. Se você não tiver um endereço, não poderá enviar seus filhos para a escola. Se você não possui documentos, não pode se casar, não pode solicitar benefícios sociais. Os analfabetos, formalmente excluídos ou não, são impedidos de participar da política de maneira significativa em vários países. A exclusão de uma área funcional impede a inclusão em outra. Por outro lado, a inclusão permite menos integração, ou seja, maior liberdade e, dessa maneira, corresponde à lógica da diferenciação funcional. A diferenciação funcional requer um "acoplamento flexível" dos sistemas funcionais, a eliminação de inferências de um papel para outro; e também há oportunidades para violar a lei e a corrupção. As oportunidades oferecidas pela inclusão podem ser traduzidas em vantagens pessoais, melhorias na situação e carreiras (LUHMANN, p. 584, no texto alemão, e página 662, texto espanhol).

Cumprimos assim nosso objetivo de reproduzir ao leitor as passagens que Luhmann cita Marcelo Neves no livro *O direito da Sociedade*. Passemos ao livro *A sociedade da sociedade*.

a diferença inclusão/exclusão tem efeitos sérios porque é desencadeada, por um lado, pela diferenciação funcional da sociedade mundial e, por outro, porque dificulta, se não impede, a produção regional das condições de diferenciação funcional. Impede o desenvolvimento de mercados regionais suficientemente grandes e diferenciados como pré-requisito para a produção em massa orientada para o mercado e, assim, torna os países periféricos dependentes das exportações de uma maneira que expõe suas economias a flutuações consideráveis. Isso também significa que grandes seções da população não estão incluídas no sistema jurídico, de modo que o código lícito/ilícito do sistema jurídico não poderia ser aplicado (se impor) ou apenas teria uma extensão muito limitada. Portanto, não se pode confiar em que os programas do sistema do direito (leis e inclusive constituições) regulem de fato a atribuição de certo e errado a fatos, embora isso, obviamente, também ocorra em uma extensão considerável, mas de acordo com a inclusão/exclusão.2 ambos significam juntos que dinheiro e lei estão disponíveis apenas para a política em um sentido limitado (e frequentemente "corrupto") como um meio de design. É correspondentemente difícil se preparar para as realidades da vida no sistema educacional das escolas e universidades. O que você aprende permanece abstrato e é amplamente legitimado por modelos estrangeiros. Isso, por sua vez, recruta carreiras para outros mecanismos específicos de turno ou contato (Nota 232, na versão alemã, p. 169, na espanhola, p. 128).

Essa passagem porta o que se atribui e se reconhece ser contribuição de Marcelo Neves na teoria dos sistemas de Luhmann, o funcionamento da diferenciação funcional, vejam que Luhmann admite que o referido primado tem um funcionamento na sociedade mundial e, pode, ser outro nas regiões. Tema central destas reflexões. Seguindo temos:

> O material abundante disponível sugere que a variável inclusão/exclusão, em algumas regiões do mundo, está prestes a assumir o papel de meta-diferença para mediar os códigos dos sistemas funcionais. Se a distinção válido/inválido (juridicamente) entra em jogo e se se trata de acordo com os programas internos do sistema jurídico, depende principalmente de uma filtragem prévia por inclusão/exclusão; não só no sentido de que os excluídos estão também excluídas do direito, mas também de que outras pessoas, especialmente políticos, burocratas, policiais, e porque não dizer, os militares – decidem a seu próprio critério se cumprem ou não a legislação.57 Isso não leva a uma completa eliminação da autopoiese do direito, o que seria impensável nas condições atuais, mas leva a uma incerteza considerável sobre as expectativas e à orientação contínua em relação a outros fatores. O mesmo se aplica ao código de governo/oposição do sistema político, que não é (ou pelo menos não é apenas) decidido nas eleições políticas. E, também, para uma multiplicidade de fontes de renda independentes no sistema econômico (no mercado) ou opções de proteção à riqueza diante da inflação, que também dependem da diferença inclusão/exclusão; com as consequências inclusive de que uma política anti-inflação bem desenhada muitas vezes permanece ineficaz porque as atitudes em relação à economia não podem ser reguladas pelo mercado nem por intervenções eventuais nos parâmetros do mercado (Nota 57, na versão alemã, p. 632, na espanhola, p. 501).

Chama atenção nesta passagem a diferenciação inclusão/exclusão, antes pouco trabalhada por Luhmann, agora assumindo atenção ao ponto de se configurar como metacódigo.

> Conformemo-nos com esses exemplos. Poder-se-ia nomear outros, como "licença médica" na relação entre o sistema médico e a economia ou o comércio de arte (galerias) na relação entre o sistema de arte e o sistema econômico. Uma análise exaustiva mostraria que existem sistemas funcionais, como o sistema religioso, que dificilmente desenvolveram acoplamentos estruturais e, portanto, não estão claramente estruturados em seu "desvio estrutural" (*structural drift*). Para termos algumas conclusões, as evidências apresentadas são suficientes para nós. Acima de tudo, aquelas que deixam claro que os acoplamentos estruturais funcionam apenas como uma forma, ou seja, apenas com um efeito de inclusão/exclusão. Por exemplo, uma constituição pode ter sido aprovada como um texto jurídico, mas não funcionará se não puder

impedir efeitos inconstitucionais da violência política no sistema jurídico, como uso da força policial ou na forma generalizada de corrupção360. Além disso, os exemplos deixam claro que não se trata de dispositivos que, por assim dizer, flutuam "entre" os sistemas e não pertencem a nenhum deles. Em vez disso, são dispositivos usados por todos os sistemas, ainda que cada um deles a sua maneira em sentidos diferentes. Porque, de que outra maneira deveria haver irritação? E, por último, mas não menos importante, é notável o alto destaque social de alguns desses dispositivos. Instituições como propriedade, contrato, constituição, transferência de conhecimento ("tecnocracia") às vezes ocuparam o lugar de uma descrição da sociedade. Também a esse respeito, a teoria da diferenciação funcional serve para relativizar essas afirmações e chamar a atenção para a multiplicidade de formas funcionalmente equivalentes. (Nota 360, na versão alemã, p. 787, na espanhola, p. 624)

A pluralidade de vias de análises dos sistemas sociais está presente nesta passagem, afinal, vemos que nem todos os sistemas portam os mesmos elementos. Isso é fundamental para se entender o quanto a teoria da sociedade é "mutante" para lidar com cada um dos sistemas sociais, ou seja, não é um formulaico que se estabelece para enquadrar questões sociais, realidades, instituições etc. Sigamos com as contribuições:

XI I. Globalização e regionalização

A caracterização da sociedade moderna através do primado da forma de diferenciação orientada por funções, encontra muita contradição que, à primeira vista, podem ser justificadas empiricamente. Assim que você olhar para regiões individuais, notará estruturas que não se encaixam no modelo funcional dos grandes sistemas diferenciados. Considere, por exemplo, a importância de famílias (ricas) e redes sociais analógicas na área econômica do Sul da China (incluindo Hong Kong e Taiwan) (nota 382), mas também para a conexão entre política e economia em alguns países da América Latina. Poderia se questionar até que ponto o japonês típico corresponde à imagem do indivíduo racionalmente decisivo, que se baseia no código sim/não da linguagem, ou se a principal preocupação socialmente obrigatória é não fazer distinções duras. A nítida separação de questões jurídicas e políticas é incomum em muitos países do sistema mundial e é de pouca ajuda descrever as soluções de problemas praticadas nessas regiões como "corruptas" (nota 383). As estratégias de compartilhar benefícios, garantir o futuro e exercer influência geralmente seguem redes de "recomendações" pessoais, diretas ou mediadas, mesmo onde a clientela agrária entrou em colapso e as posições nas organizações são acessadas (nota 384). Quanto mais você entra em detalhes, mais perceptíveis são os desvios do que sugere a teoria da diferenciação funcional. Onde pertence um baterista da África Ocidental que pode dominar um grande número de ritmos diferentes e combiná-los de maneira idiossincrática, mas deve seu destaque aos meios de comunicação de massa e aos interesses do público ocidental pelo exótico? Em numerosos cultos baseados no transe, é difícil distinguir referências médicas, terapêuticas da alma e religiosas, e, ocorre que é exatamente isso o que as tornam atraentes. Como explicar a formação global do gueto nas grandes cidades (Rio de Janeiro, Chicago, agora também em Paris): através de movimentos migratórios economicamente forçados, através da diferenciação de camadas no sistema escolar, através de diferentes sistemas legais, através de uma falha no controle político? Aparentemente, os efeitos de diferentes sistemas funcionais combinam, amplificam e atrapalham um ao outro devido a condições que só existem regionalmente e consequentemente produzem padrões muito diferentes. Ninguém contestará esses fatos. A questão é qual teoria pode fazer justiça a essas situações sociais. (Nota 390, na versão alemã, p. 806-807, na espanhola, p. 639-641)

Nesta passagem, chegamos a questionar se Luhmann deixa de anuir com as ideias de Marcelo Neves, afinal, Luhmann escreve que não tem serventia alguma considerar que há corrução nas estratégias das redes de recomendações criadas em determinadas regiões do globo (sobre o tema, ler: MASCAREÑO e outros, 2016, p. 683-718). Por fim,

Apesar desses indicadores bastante claros, não se segue que as diferenças regionais não sejam mais importantes. Pelo contrário: é precisamente o padrão dominante de diferenciação funcional que parece oferecer a eles o ponto de partida para fazer diferenças. Para explicar isso, podemos usar o termo condicionamento. O ponto de partida é a improbabilidade evolutiva da diferenciação funcional. As peculiaridades regionais podem então intervir para promover e prevenir. Por exemplo, na forma de lealdade familiar ou familiar, eles podem promover uma diferenciação entre negócios e política, principalmente na forma de relações econômicas transfronteiriças que só podem ser prejudicadas ou destruídas politicamente. Mas você também pode impedir a autonomia autopoiética dos sistemas funcionais, particularmente tipicamente: o sistema jurídico (Nota

390, na versão alemã, p. 810, na espanhola, p. 642).

Passemos às reflexões sobre estes dados.

2 Há ontologia fundamentalista no pensamento nevesiano?

Autor de 19 livros e 121 artigos (capítulo de livros e periódicos), pode-se afirmar que Marcelo Neves tem uma teoria própria? No âmbito constitucional há o livro Entre Têmis e Leviatã, publicado em 2006 e A Constitucionalização Simbólica, primeira edição de 1994 e a segunda em 2007, polemizam elementos da teoria constitucional. Na hermenêutica, o livro Transconstitucionalismo, publicado em 2010, e Entre Hidra e Hércules, 2014, polemizam elementos da decisão judicial. No âmbito da sociologia do direito, podemos voltar aos livros Entre Têmis e Leviatã, A Constitucionalização Simbólica e acrescer Direito na modernidade periférica, que é sua tese doutoral, publicada originalmente em alemão, em 1992, e agora, publicado em português, em 2018, polemizam elementos da desigualdade social que marca a sociedade brasileira, quando temas como cidadania, subcidadania, sobrecidadania, inclusão/exclusão têm lugar.

Se há uma teoria nevesiana, qual seria ela? Repassando textos de 1992 a 2020, há uma memória semântica no autor: sua inquietação com a exclusão permanente que marca sociedades como a brasileira. Marcelo Neves parte de que essa exclusão permanente caracteriza algumas sociedades na modernidade: os países periféricos. Há, portanto, uma modernidade periférica e esta requer teoria para ser pesquisada. Em escritos dos anos noventa, especificamente, encontramos termos como alopoiese, subcidadania, sobrecidadania. Se esses termos sofreram alteração na teoria nevesiana, ou se foram abandonados, não localizamos na literatura atual nada que nos leve a afirmar algo neste sentido. Assim, mantemos eles como integrantes da teoria com todas as consequências de suas presenças, principalmente ao lembrar que "*autopoiesis* é um princípio invariante de um sistema, tanto para o explicado como para o que o explica[10]" [...] "Não se deve conceber a *autopoiesis* como produção de uma

---

[10] Autopoiesis ist demnach ein für das jeweilige System invariantes Prinzip, und erneut: für das erklärte ebenso wie für das erklärende (LUHMANN, 1997, p. 66).

determinada forma (Gestalt). O decisivo é que está na produção de uma diferença sistema ambiente. Ao se desacoplar, o sistema do que logo se torna ambiente, surgem espaços de liberdade internos"[11] (LUHMANN, [1997] 2007, p. 45).

Quando afirma que o direito no Brasil é alopoiético, escreve:

> quando falamos de direito alopoiético, referimo-nos ao próprio direito estatal, territorialmente delimitado. Procuramos observar que não se desenvolve, em determinado âmbito de vigência espacial delimitado fixamente, a diferenciação funcional suficiente de uma esfera do agir e do vivenciar jurídico, ou seja, não se constrói um sistema autorreferencial apto a, de maneira congruentemente generalizada no domino da respectiva sociedade, orientar as expectativas normativas e direcionar as ações em interferência intersubjetiva" [...] em nosso caso pretendemos algo mais radical: a própria falta de autonomia operacional do Direito positivo estatal. Isso significa a sobreposição de outros códigos de comunicação, especialmente do econômico (ter/não ter) e do político (poder/não-poder), sobre o código "lícito/ilícito", em detrimento da eficiência, funcionalidade e mesmo racionalidade do direito (NEVES, 1992, p. 290).

A conclusão para explicar porque a sociedade brasileira é marcada por exclusões permanentes é que o direito em regiões semelhantes ao Brasil não lograram fechamento operacional, por isso, "o modelo luhmanniano do direito moderno (positivo) como sistema autopoiético é, numa perspectiva empírica, suscetível de restrições" (NEVES, 1992, p. 285), "é instransponível o modelo luhmanniano da autopoiese à realidade jurídica da modernidade periférica, destacadamente no Brasil (NEVES, 1994, p. 265). Assim é porque justiça, na sociedade funcionalmente diferenciada, é um problema "reorientado para a questão da complexidade adequada do sistema jurídico e da consistência de suas decisões" (NEVES, 1992, p. 285).

Seguindo a construção de modernidade periférica, o tema da cidadania é trabalhado como vetor da diferença centro/periferia, agora, recorrendo a termos como subcidadania e sobrecidadania, quando afirma que se para Luhmann a autonomia do direito o neutraliza da moral, para Habermas esta autonomia é pautada pela

---

[11] Autopoiesis ist deshalb nicht als Produktion einer bestimmten »Gestalt« zu begreifen. Entscheidend ist vielmehr die Erzeugung einer Differenz von System und Umwelt (LUHMANN, 1997, p. 66).

ética do discurso, por uma fundamentação ética. Em sua perspectiva não normativista, porém, Luhmann, assim como Habermas, "vincula a autonomia do Direito à democracia" (NEVES, 1994, p. 259), por conseguinte, enquanto para Luhmann cidadania é inclusão de toda população na prestação dos sistemas sociais e para Habermas a cidadania envolve uma autonomia pública e privada, afinal a autonomia privada está conectada à autonomia pública de maneira que os direitos humanos e a soberania do povo se pressupõe reciprocamente, para os dois autores "a autonomia do direito pode ser vista como pré-requisito de realização da cidadania" (NEVES, 1994, p. 259).

A questão é que cidadania pressupõe igualdade de direitos e de deveres, como em Marshall, portanto que

> as influências políticas e econômicas no sistema jurídico subordinam-se aos critérios estabelecidos pelo próprio sistema jurídico. Isso implica generalização includente de toda a população no Direito, significando tanto acesso aos seus benefícios e vantagens, quanto dependência em relação a seus critérios (NEVES, 1994, p. 259).

Nesta perspectiva, Neves concebe que "cidadania é incompatível com ingerências bloqueantes e destrutivas de particularismos políticos e econômicos", isso implicaria numa "cidadania inexistente", afinal, se se toma cidadania como integração jurídica igualitária, a existência de subintegração e de sobreintegração inviabiliza haver cidadania.

Há subcidadania

> quando há uma generalização de relações concretas em que não se tem acesso aos benefícios do ordenamento jurídico, embora eles permaneçam dependentes de suas prescrições impositivas. Portanto, os subcicadãos não estão excluídos. Os direitos fundamentais não desempenham papel relevante no horizonte de seu agir e vivenciar. Os dispositivos constitucionais têm relevância quase exclusivamente em seus efeitos restritivos de liberdade (NEVES, 1992, p. 261).

Trata-se daqueles marginalizados, pessoas que "são integrados ao sistema, em regra, como devedores, indiciados, condenados, réus, condenados" (NEVES, 1994, p. 259).

Há sobreintegração quando grupos privilegiados, inclusive sob o apoio dos aparatos burocráticos estatais, os quais desenvolvem ações bloqueantes da reprodução do Direito. Estes casos se caracterizam por uma garantia de impunidade.

Tanto na subintegração como na sobreintegração da cidadania, a constituição não atua como horizonte do agir e vivenciar jurídico-político produzindo o princípio da não identificação da constituição, com isso tem-se a "indisponibilidade do direito e da imparcialidade do estado de direito (NEVES, 1994, p. 261). Quando lemos que

> só quando a constituição é reflexo da esfera pública, existe e desenvolve-se a cidadania como mecanismo político-jurídico de inclusão social. Havendo bloqueios do processo de concretização constitucional por fatores políticos, econômicos, culturais, a reprodução autônoma do direito não se realiza. Portanto, os direitos do cidadão permanecem no texto constitucional formando a bela fachada de uma realidade constitucional estranha à cidadania. A noção de cidadania como integração jurídico-política igualitária não importa a inexistência de estratificação social (NEVES, 2006, p. 182-183)

difícil considerar que o autor não tem uma perspectiva fundante axiológica, sendo sua teoria pautada pela defesa de valores das promessas da modernidade de um mundo sem guerras, de todos iguais perante a lei, de liberdade, fraternidade, solidariedade etc.. Acatemos a resposta a esta crítica e admitamos que não há um fundamentalismo normativista na teoria da modernidade periférica, mas, e a ideia de desjurisdificação como negação da cidadania?

O autor não deixa de esclarecer que a via hermenêutica nem a via do pluralismo jurídico ajudam a resolver o problema de o direito não funcionar formando a cidadania nevesiana. Direito não ser uma fórmula que se manifesta em diversos espaços sociais, estado, família, clubes, comunidades, empresas, como quer o pluralismo jurídico, mas sim uma Forma de comunicação pautada pelo meio de comunicação simbolicamente generalizado licitude, que tem sua unidade no código binário de referência lício/ilícito elimina a via do pluralismo. Há uma miscelânia social nas sociedades periféricas e não uma pluralidade de direitos, assim é porque o Direito necessariamente tem lugar nos mais diversos espaços sociais e não só no Estado, afinal, não só os poderes do estado comunicam sobre direito. Não só o estado informa, partilha e entende quanto ao direito. Se a questão é encontrar elementos para lidar com a exclusão social permanente a via do pluralismo jurídico não é suficiente, inclusive porque "a pluralidade manifesta-se no plano dos programas e critérios" (NEVES, 1995, p. 26).

Neste ponto, nossa leitura é que Marcelo Neves defende o legalismo como teoria para lidar com a exclusão persistente frequente no Brasil. Ainda que não se trate do legalismo estático e fechado nos moldes da dogmática tradicional, mas do legalismo "como mecanismo de integração 'normativamente igualitária' no Direito" (NEVES, 1995, p. 27), custa muito ao leitor retirar do legalismo o normativismo ético fundamentalista. A memória semântica de legalismo iça a reflexão rumo ao normativismo, o que eliminaria plenamente a aplicabilidade da teoria dos sistemas luhmannniana nas pesquisas nevesianas, afinal, a teoria dos sistemas aos moldes de Niklas Luhmann é explicitamente não normativista, não fundamentalista. Trata-se, então, de uma aporia na teoria nevesiana? Aporia porque Marcelo Neves escreve que a teoria dos sistemas de Luhmann é e não é modelo para ler a realidade jurídica da modernidade periférica (NEVES, 1994, p. 265), todavia a toma como partida de suas pesquisas, afinal, a teoria dos sistemas de Luhmann é a teoria usada por Marcelo Neves para pesquisar as "relações autodestrutivas e heterodestrutivas de espaços do vivenciar e agir normativo" (NEVES, 1995, p. 27), relações estas que caracterizam a modernidade periférica. A questão é: porque, então, Marcelo Neves insiste na teoria dos sistemas?

Essa é daquelas curiosidades que o leitor nunca poderá esclarecer. Pois, caso pergunte ao autor, ele dirá que é porque é a teoria mais competente, plausível etc. Nunca entendi, por exemplo, porque Luhmann insistiu em usar o termo autopoiese para lidar com a comunicação humana. Maturana e Varela afirmaram que o termo só serve para a biologia e que sua aplicação para outras áreas era impossível. Ora, Luhmann já havia conectado elementos da godelização da racionalidade, das leis da forma de George Spencer Brown, da teoria dos sistemas que observam de Heinz von Foerster, conceitos como forma de dois lados, recursividade, *re-entry, memory function*, auto e hetero referência, circularidade reflexiva que manteriam a teoria livre as críticas da autopoiese.

No caso de Marcelo Neves, pressuponho, que a referência à autopoiese se deve a Niklas Luhmann. Que Marcelo leu Maturana e Varela e tirou suas conclusões, não há dúvidas, porém não localizamos nada nos textos de Marcelo Neves em oposição à visão de *autopoiesis* da comunicação humana de Luhmann. Inclusive, entendemos que Marcelo Neves concorda com Luhmann que o sentido, a construção de sentido, a memória semântica é uma produção autopoiética, afinal, o ser humano só se comunica por comunicação. Porém, questionamos por que Marcelo Neves insistiu, como até hoje insiste, na teoria dos sistemas, se ela é tão insuficiente e limitada para pesquisar empiricamente sociedades como a brasileira? Como escreve o próprio autor (NEVES, 2015, p. 113; NEVES, 2019, p. 376). Nossa hipótese é: porque a teoria dos sistemas tem elementos que viabilizam leituras que outros aportes teóricos deixam a desejar. A limitação da teoria dos sistemas tal como deixada por Luhmann não é um problema, mas justamente estímulo, incentivo para haver tantos continuadores da teoria.

A crítica que recai forte sobre Marcelo Neves é de ser fundamentalista, normativista, moralista. Mas, como Marcelo Neves, pautado pela teoria dos sistemas de Luhmann, teoria marcadamente não normativa, teria uma teoria ôntico-fundamentalista? Lembremos a frase de Luhmann, ao final, do livro Sistemas sociais:

> as observações aqui pretendem apenas marcar o ponto de conexão de tais pesquisas e impedir a objeção de que os problemas lógicos e epistemológicos de uma abordagem de pesquisa devem ser primeiro esclarecidos antes de se iniciar a pesquisa. Como ao sair do porto, era preciso mostrar a bandeira, ou seja, atribuir-se uma das abordagens teórico-científicas, para que houvesse clareza sobre as premissas da própria abordagem. Revertemos o procedimento, agora podemos dar à coruja a coragem de parar de chorar no canto e iniciar o voo noturno. Temos equipamentos para monitorá-lo e sabemos que se trata de explorar a sociedade moderna (LUHMANN, [1984] 1998, p. 433).

Assim Marcelo Neves pode afirmar que não é um ontólogo fundamentalista, afinal, não há como sê-lo calcado na teoria dos sistemas de Luhmann, contudo, a presença de "indícios" ôntico-fundamentalistas é inegável. Será? Talvez o estilo de escrita, o estilo de expressar sua indignação com a exclusão social permanente que se vive em sociedades como a brasileira, com grande parte da população sem sequer saneamento básico. Tentar isso seria incorrer num dos erros mais crassos na teoria social, erro que um autor com a dedicação, seriedade e competência de Marcelo Neves não caberia, Mas, tão pouco se pode deixar exclusivamente ao leitor esse erro de leitura, isso seria depositar uma má fé, uma perseguição intelectual, uma hipocrisia aos leitores, ainda mais quando muitos são pesquisadores tão dedicados, sérios e honestos quanto Marcelo Neves. Fiquemos com a hipótese de que a teoria dos sistemas é a que melhor serve para monitorar pesquisas sobre a sociedade moderna, seja a central ou a periférica. Há ainda a questão de que cabeça de leitor é cabeça de leitor, bem como que obra publicada seu conteúdo não é a mente do autor, mas as voltas públicas que vivencia sua hermenêutica.

Ao relacionar "Direito como esfera do agir e do vivenciar normativos" à inclusão social, à cidadania como mecanismo de integração igualitária, Marcelo Neves não está se pautando por valores e critérios éticos fundamentalistas? A influência de Habermas não é maior que a de Luhmann na teoria nevesiana? Fica, propositadamente, a provocação.

Até aqui, mantemos nossa leitura que Marcelo Neves pauta sua perspectiva, na construção de uma teoria da sociedade dedicada a explicar o direito da modernidade periférica não se afastando das ideias básicas da teoria dos sistemas de Niklas Luhmann, antes, se num primeiro momento recorreu à ética do discurso de Habermas para lidar com esfera pública, mundo da vida, "exigência" de participação nas decisões voltadas ao bem público, seus escritos mais recentes estão mais luhmannianos que habermasianos. Não nos ocuparemos em desdobrar essa hipótese, muito menos buscar identificar alguma razão ou justificativa para isso, tampouco provar a hipótese. Aqui nos interessa apenas a insistência do autor que "a distinção modernidade central e periférica era então e ainda é analiticamente frutífera" (NEVES, 2015, p. 113; NEVES, 2019, p. 376). Frutífera por polemizar explicações científicas ao direito em sociedades como a brasileira, latino-americana, africana, árabe e demais países não centrais? Frutífera porque, se lhe move a mais oposição que reconhecimento?

> Quando utilizei centro/periferia como diferença da sociedade moderna (mundial), na virada da década de 1980 para a década de 1990, considerei-a apenas como uma diferença que se apresentava, entre outras diferenças, como relevante para a reflexão da sociedade mundial e o contexto brasileiro, levando em conta que ela tinha fundamentos econômicos e era condicionada pela segmentação político-jurídico territorial em Estados. Não a apresentei como a única diferença característica ou válida para a autorreflexão da sociedade mundial (NEVES, 2015, p. 113-114).

Essa passagem nos reposta a que a leitura de ontólogo fundamentalista pode estar em que Marcelo Neves grifa sua teoria com adjetivos como "sobreposição de outros códigos de comunicação ao direito", "realidade constitucional desjuridificante", "atuação destrutiva" (do meio ambiente social ao direito, à Constituição), "a desjuridificação, enquanto condição negativa da cidadania, implica falta de autonomia do sistema jurídico", "complexidade desestruturada e desestruturante", "as relações entre os 'campos' de ação assumem formas autodestrutivas e heterodestrutivas, com todas as consequências para nós", "alopioese, não existe uma esfera de juridicidade apta a, de concordo com seus próprios critérios e de forma congruentemente generalizada, reciclar as influências advindas de seu contexto econômico e político, como também daquilo que os alemães denominam de 'boas relações'" (NEVES, 1992, p. 266), "bloqueio", "degradação semântica do texto constitucional". Nossa leitura poderia ser acusada de superficial, apressada, desrespeitosa, limitada ou qualquer outro adjetivo, porém ao lermos, em 2015, ideias que localizamos desde escritos de 1992, tais como:

> os fatores negativos da realização do Estado democrático de direito na modernidade periférica, ao contrário, relacionam-se, primariamente, com os limites à autorreferência dos sistemas político e jurídico (NEVES, 1992; 1999; 2000a; 2003; 2004). A situação torna-se grave, visto que emergem relevantes problemas de heterorreferência do Estado em uma sociedade mundial supercomplexa e, simultaneamente, persistem destrutivamente os bloqueios generalizados à reprodução autônoma dos sistemas jurídico e político, minando a Constituição como acoplamento estrutural entre ambos e enquanto intermediação sistêmico-procedimental da esfera pública pluralista.

Assim está desenhado o Brasil nevesiano e demais países da modernidade periférica. Acho difícil contestar os malogros do Brasil brasileiro. O senso comum registra que "o Brasil não é para amadores", principalmente após Tom Jobim afirmar que "o Brasil não é para principiantes". Imagino a dificuldade para explicar a um alemão (imaginemos explicar a Luhmann), elementos do direito vivenciado no Brasil. Sociedade marcada pelo "jeitinho brasileiro", notadamente aplicado em sentido pejorativo, pois o jeitinho como competência e habilidade para "se sair" de situações desagradáveis perdeu lugar há tempo. A essa altura, a crítica segue para: ele concebe o direito na modernidade central melhor que o da periférica. Marcelo Neves refuta essa ideia e acusa seus leitores de apressados e outras adjetivações. Para se livrar da acusação de ter uma teoria ôntico-fundamentalista, ontológica metafísica, conteudista moralista, nega que recorre a tipos ideias no sentido werberiano e assume que desenvolve tipos sociológicos aos moldes de Guerreiro Ramos: "categorias decorrentes da 'redução' nos termos mais genéricos" (NEVES, 2019, p. 377). Esta saída não nos soou convincente. Desculpe dizer. Ele tem alternativas melhores.

Se o mal estar da crítica, para Marcelo Neves, está na adjetivação "ontólogo", essa não me soa problema, afinal, não é possível desenvolver teoria, inclusive social, sem um ente, um ser, um objeto de pesquisa. O onto de Luhmann, por exemplo, é o sistema: "todos estes sistemas pressupõem um sistema social da sociedade já constituído" ([1997] 2007, p. 3). Lembremos ainda que, no livro "Organização e decisão", no prólogo, escreve: "as organizações são sistemas autopoiéticos, que se produzem e reproduzem a si mesmos por maio de operações próprias" as decisões. A unidade da distinção ser entendida como "autocontradição performativa, é um paradoxo. Porém o paradoxo é ele próprio observador que não pode se observar a si mesmo observando", assim é porque, na teoria dos sistemas, não se pressupõem princípios de natureza ou de razão nem um conceito de verdade capaz de conectar adequadamente sujeito e objeto. "A premissa da organização é o ser desconhecido do futuro e o êxito das organizações residem no tratamento desta incerteza: seu aumento, sua especificação e a redução de seus custos". E conclui: que "quem acreditar que não pode suportar isso e que, tão pouco, é suficientemente curioso para provar, deveria interromper aqui a leitura" (LUHMANN, [2006] 2010, p. 27). Ainda mais sobre ontologismo, lembramos Luhmann:

> a sociedade moderna se caracteriza pela autonomia funcional e pelo fechamento operacional de seus subsistemas mais importantes. Seus sistemas funcionais são liberados para sua própria auto-organização e auto-reprodução. No entanto, isso significa que o sistema geral não pode mais ser exercido pelo controle operacional, mas apenas pelos efeitos estruturais de sua forma de diferenciação nos subsistemas. Esse *insight* leva a consequências metodológicas: nem ideais nem normas podem fornecer o ponto de partida para diretrizes metodológicas, por exemplo, ser medidas de aproximação porque isso só transferiria o problema para a questão de por que a

sociedade se sobrecarrega com ideias que não pode satisfazer e como seleciona tais ideias. Em vez disso, pode-se e deve-se provar a relevância social das descobertas, mostrando que e como as mesmas estruturas básicas podem ser demonstradas em áreas funcionais completamente diferentes (família e política, religião e economia, ciência cognitiva e arte imaginativa ou direito normativo). O argumento então é: tais coincidências não podem acontecer por acaso; elas podem e devem ser rastreadas até a forma do sistema social (LUHMANN, [1997] 2007, p. 26).

Não estou afirmando que Luhmann é um fundamentalista, mas ontólogo ... não tem como se livrar.

Voltando a Neves, talvez por causa de sua defensiva, desde o início do texto, quando usa adjetivos como "ingenuidade", críticas "apressadas" "infundadas", por mais que se trate de resposta a críticas, Marcelo Neves se complica mais que explica. Ora, o próprio autor reconhece que centro/periferia é uma distinção que pode levar à confusão por sua diversidade de aplicações.

Em Luhmann, a teoria da evolução não comporta causalidades quando se toma a comunicação como célula da sociedade. Sociedade como sistema de comunicação humana, não comporta elementos de criacionismo nem de seleção natural, não cabe uma teoria do progresso, inclusive porque a seleção não garante bons resultados, não só se estabilizam seleções positivas, é possível que seleções negativas sejam as que se estabilizam, inclusive o que foi rechaçado mas podia ter sido aproveitado, é ou poder ser utilizado por outros sistemas, trata-se da estabilidade dinâmica, de que todo sistema, igualmente, pode surgir e se destruir (LUHMANN, [1997]2007, p. 337). Todo sistema necessariamente está adaptado ao seu ambiente, sem o que não se forma (sistema como Forma de sentido). Cabe lembrar que "a teoria da evolução não aporta nenhuma interpretação de futuro" (LUHMANN, [1997]2007, p. 338). Em suma:

> na perspectiva da teoria dos sistemas, a evolução não significa outra coisa se não mudanças estruturais, precisamente porque estas só podem se efetuar internamente no sistema (autopoieticamente), não estão ao crivo do sistema, mas devem prevalecer num ambiente que o sistema mesmo não pode sondar, nem pode, ao final das contas, incluir em si mesmo através de um planejamento. A diversificação e multiplicação evolutiva dos sistemas é ao mesmo tempo uma diversificação e multiplicação de ambientes. Só a diferença sistema/ambiente faz possível a evolução (LUHMANN, [1997] 2007, p. 341).

E segue, enquanto variação e seleção designam acontecimentos, a re-estabilização "designa a auto-organização dos sistemas que evolucionam como requisito indispensável para que a variação e a seleção sejam possíveis" (LUHMANN, [1997]2007, p. 336). Sendo assim, o não observável da causalidade é dissolvido com as distinções variação/seleção e seleção/re-estabilização, as quais afastam qualquer hipótese de causalidade, pois evolução não significa passagem de tempo, sucessão, fases, mas sim procedimento recursivo que se dá por variação, seleção e re-estabilização com curso histórico (LUHMANN, [1997]2007, p. 327-333). Afinal, desde Hegel, "todas as teorias devem prever não a exclusão do excluído, mas a inclusão do excluído" (LUHMANN, [1997]2007, p. 333). Nessa perspectiva de evolução, Luhmann distingue as formas de sociedade segmentária, centro/periferia, sociedade estratificada e sociedade funcionalmente diferenciada (LUHMANN, 2009, p. 502-614). Para o autor, a sociedade centro/periferia é marcada pela diferenciação do lar, da casa, do parentesco como integrantes do centro (LUHMANN, 2009, p. 525-537), como vivenciamos no feudalismo, antes da sociedade estratificada, como foi no absolutismo. A distinção centro/periferia porta elementos que, sim, dão lugar a hermenêuticas diversas, o que exige um desdobramento do autor para evitar leituras que o tomem por autor de uma teoria ôntica.

Há, o que temos duvidado muito, a possibilidade de desenvolver uma teoria da modernidade periférica sem um fundamento ético? A impressão é que Marcelo Neves expressa em seus textos a indignidade e agressividade que sente, vivencia e observa perante a exclusão social permanente no Brasil, país que registra índices de desigualdade com o coeficiente GINI registrado em 0,515, configurando como um dos dez países de maior concentração de renda, com índice de extrema pobreza, com mais de 50% da população vivendo de ganhos abaixo de um salário mínimo de renda familiar mensal[12]. Difícil não se indignar com situações que se

---

[12] Sobre os dados, ver: https://www.ibge.gov.br/estatisticas/multidominio/condicoes-de-vida-desigualdade-e-pobreza.html; https://nacoesunidas.org/relatorio-de-desenvolvimento-humano-do-pnud-destaca-altos-indices-de-desigualdade-no-brasil/; https://cee.fiocruz.br/?q=Desigualdade-bate-recorde-no-Brasil;

normalizaram no Brasil como pedintes, pessoas nos sinais limpando vidro dos carros para sobreviver, cem mil moradores de rua, cracolândia em todos os estados, cujos 210 milhões de habitantes convivem com 30% da população favelada. País no qual criticar a normalidade da marginalização, no sentido de "subintegração social difusa e muito instável de grande parte da população nos diferentes sistemas funcionais." [...] "Subintegração significa aqui bloqueio prático do acesso positivo (= no próprio interesse do agente) aos sistemas sociais modernos existentes (economia, política, direito, educação etc.), os quais então atam os "marginalizados apenas negativamente (por exemplo, com devedor, não credor, como réu, não com autor) (NEVES, 2019, p. 109). Não se trata de hierarquia, como alerta o Marcelo Neves, mas sim de flexibilidade, contingência e abertura para o futuro. Neste ponto, o autor fala em flexibilidade e abertura para o futuro positiva e negativa, sendo a positiva a adequada e a negativa quando os sistemas falham na determinação da suprecomplexidade de seu ambiente, neste caso "faltará segurança social" (NEVES, 2019, p. 109).

Seguindo as leituras, Marcelo Neves fala em justiça como igualdade complexa (NEVES, 2001, p. 12). Desenvolve seu argumento tratando da igualdade como isonomia de tratamento, porém se ocupa em esclarecer que essa igualdade porta uma universalidade compatível com o relativismo cultural, assim é porque igualdade complexa não se trata de defender homogeneidade na sociedade, muito menos na sociedade mundial, antes, "se renuncia a um conceito normativo de igualdade" (NEVES, 2001, p. 15), o que torna "imprescindível que na esfera pública pluralista se tenha desenvolvido a ideias de que as diferenças sejam recíprocas e simetricamente respeitadas" (NEVES, 2001, p. 17). É o que ocorre com ações afirmativas, políticas públicas afirmativas, das discriminações jurídicas positivas, aquelas voltadas a neutralizar desigualdades sociais, sejam econômicas, políticas, culturais, trata-se de mecanismos compensatórios de discriminação inversa voltados a superar desigualdades que "representam obstáculos para o exercício de direitos básicos e favorecem privilégios jurídicos de minorias" (NEVES, 2001, p. 23), como são as políticas de cotas para vagas em universidades e postos de trabalho. Há a paridade de gênero nas listas de candidaturas a parlamentos nacionais em vários países, a Argentina, por exemplo, converteu em lei essa paridade em 2017. Segundo o autor, "a intolerância étnica, que reage destrutivamente face ao fado da plurietnicidade, e o fundamentalismo religioso, coo objetivo é a imposição de uma homogeneidade étnica, são incompatíveis com a complexidade e heterogeneidade da sociedade mundial e injustificáveis desde o ponto de vista da ordem jurídico política" (NEVES, 2001, p. 28) e segue afirmando que "a justiça como igualdade complexa pressupõe a presença de um sistema jurídico como mecanismo de tratamento igual/desigual" (NEVES, 2001, p. 33), ainda o autor

> a justiça como igualdade complexa reside na pretensão normativa de que a lei promova tratamento igual/desigual internamente consistente [no sistema jurídico] e que se adeque, em cada caso, às demandas da esfera da comunicação exposta a tal tratamento. O objetivo da justiça, portanto, é a construção de modelos normativos que possibilitem a orientação de decisões jurídicas em suas próprias consequências, considerando a especificidade do respectivo discurso ou sistema cujo caso se apresente ao tratamento igual/desigual. Isso implica a "reentrada" (SPENCER BROWN, 1971: 56 s. ou. 69 e segs.) dos elementos de outro sistema social no direito. Ou seja, se impõe uma releitura dos critérios de outro sistema de acordo com o código "lícito/ilícito" e com os critérios jurídicos de tratamento igual/desigual (NEVES, 2001, p. 33).

Temos, finalmente, o Marcelo Neves desprovido de ontologia fundamentalista? A hipótese é que sempre foi, apenas "suas empolgações" em adjetivações para expressar sua indignação com a desigualdade que marca a sociedade moderna periférica impressiona o leitor a acusar de ontologia fundamentalista a teoria da sociedade moderna periférica.

Se realmente o ponto da teoria é oferecer uma abordagem aos problemas de regiões como a brasileira, não nos convencemos que a distinção entre modernidade central e periférica é analiticamente frutífera, mesmo após ler:

> a distinção entre modernidade central e periférica é analiticamente frutífera, na medida em que, definindo-se a modernidade pela complexidade social e pela dissolução de conteúdos morais imediatamente válidos para todas as esferas da sociedade, pode-se constatar que, em determinadas regiões estatalmente delimitadas (países periféricos), não houve a realização adequada da autonomia sistêmica de acordo com o primado da diferenciação funcional, tampouco a preferência predominante pela inclusão generalizada da população nos distintos sistemas funcionais da sociedade (mundial)

– traços que (ao menos supostamente) caracterizam outras regiões estatalmente organizadas ("países centrais") (NEVES, 1992, p. 75; 1998, p. 138). O fato de que existam graus diversos quanto à diferenciação funcional e à inclusão por ela pressuposta não debilita o potencial analítico da diferença binária "modernidade central/periférica", mas sim indica sua função como estrutura cognitiva de seleção das ciências sociais (NEVES, 2015, p. 114).

Nossa dificuldade é está em que a teoria dos sistemas de Luhmann é notadamente não normativa, não fundamentalista, não causal, não moralista. Entendemos o desejo e a pretensão de ver o Brasil deixar de ser uma sociedade do jeitinho, da desigualdade, da concentração de renda. Mas, como esse desejo pode nortear uma teoria social sistêmica? Reconhecer os problemas da sociedade brasileira, latino-americana, africana e tantas outras é fundamental, indispensável e necessário, porém, daí para concluir que esta sociedade não goza de diferenciação funcional ao ponto de considerar que o sistema do direito não goza de autonomia de funcionamento, que o direito em países como o Brasil sofre influência da política e da economia que chega a não operar se diferenciando, mas sim sob condições de corrução sistêmica, temos resistências.

Dentre as resistências temos que corrução política e econômica não é uma patente nacional brasileira, não há país sem corrução. Filmes registram corrução nos países de modernidade central, como Vice, de Adam McKay, A 13ª Emenda, de Ava DuVernay, A Lavanderia, de Steven Soderbergh, Privacidade Hackeada, de Karim Amer.

Dentre frases luhmannianas que nos acompanham, cito: a) a sociedade é gerada pelas comunicações que pressupõem a operação autopoiética da comunicação mesma, mas disso não se depreende que tipo de sociedade (LUHMANN, [1997]2007, p. 45); ao se desacoplar do ambiente, surgem, no sistema mesmo, espaços de liberdade internos, dado que o sistema não é determinado por seu ambiente (LUHMANN, [1997]2007, p. 45); autopoiesis é indeterminação interna no sistema, que só pode ser reduzida através da construção de estruturas sistêmicas próprias (LUHMANN, [1997]2007, p. 46); o sistema é autônomo não unicamente no plano estrutural, mas também no plano operativo, isso é o que fica dito com o conceito de autopoiesis (LUHMANN, [1997]2007, p. 46); há uma dependência recursiva do sistema ao seu ambiente, a reprodução autopoiética não pode ocorrer sem ambiente, afinal, sistema pressupõe ambiente, contudo, não deve ser entendido como isolamento causal, ausência de contato (LUHMANN, [1997]2007, p. 46-47); a instância que decide o que ocorre dentro e fora do sistema, quando e como interromper o modo circular autorreferencial e logicamente simétrico, com os quais estão construídos os sistemas autopoiéticos é o observador, mas não enquanto substrato psíquico, mas como distinção e referência (apontado, assinalado) (LUHMANN, [1997]2007, p. 47); "a sociedade não é caracteriza por uma determinada essência (*Wesen*), muito menos por uma certa moral (propagação de felicidade, solidariedade, ajuste nas condições de vida, integração por consenso racional etc.), mas unicamente pela operação que produz e reproduz a sociedade. Isto é comunicação" (LUHMANN, [1997]2007, p. 48); a operação elementar da sociedade (a comunicação) é um acontecimento atando num instante de tempo, enquanto surge, desvanece. Isso é válido para todos os componentes da comunicação informação (Information), partilhamento (*Mitteilung*) e entendimento (*Verstehen*) (LUHMANN, [1997]2007, p. 49); "a comunicação não pode controlar o que simultaneamente ocorre no instante do ato de entende-la, por isso está sentenciada a tirar sempre conclusões a partir de seu próprio passado, desde suas redundâncias, desde recursividades autoconstitutivas. Nesse contexto, da comunicação, entender seria absolutamente impossível se ao mesmo tempo tivesse que decifrar o que ocorre psicologicamente" (LUHMANN, [1997]2007, p. 51); os sistemas comunicativos são só possíveis como sistemas recursivos dado que só podem produzir suas operações individuais recorrendo e antecipando outras operações do mesmo sistema (LUHMANN, [1997]2007, p. 51); "o limite do sistema reduz e reproduz em cada uma das comunicações na medida em que a comunicação se determina a si mesma como comunicação dentro do emaranhado das próprias operações do sistema" (LUHMANN, [1997]2007, p. 53); "o limite do sistema não é outra coisa que a maneira e a concreção de sus operações" (LUHMANN, [1997]2007, p. 52); "o sistema se fecha no nível reflexivo, alcança o estado de duplo fechamento que garante uma alta flexibilidade interna, porém, também, impõe a instransparência a todo observador" (LUHMANN, [1997]2007, p. 55); a diferenciação dos sistemas gera entornos internos, cada sistema parcial reconstrói o sistema total (ao qual pertence e co-realiza), através de uma diferença própria (específica do sistema parcial) (LUHMANN, [1997]2007, p. 473); há relações sistema/ambiente e relação sistema/sistema (LUHMANN, [1997]2007, p. 475); "por integração entendemos unicamente a redução de graus de liberdade dos sistemas parciais – redução que se segue dos limites externos do sistemas da sociedade e do ambiente interno que com eles se separam ditos sistemas" (LUHMANN, [1997]2007, p. 478); "integração não é conceito carregado de valor nem tão pouco é ela melhor que a 'desintegração', tão pouco se refere à unidade do sistema diferenciado" (LUHMANN, [1997]2007, p. 478). "integração sempre ocorre no sentido de uma limitação recíproca dos graus de liberdade dos sistemas" (LUHMANN, [1997]2007, p. 479); "falamos de forma de diferenciação dos sistemas quando, desde um sistema-parcial, se pode reconhecer o que é o outro sistema-parcial e quando o sistema-parcial pode se determinar por essa distinção. A forma da diferenciação, então, não significa apenas dividir o sistema total, trata-se, mais bem, da forma mediante a qual os sistemas parciais se observam a si mesmos como sistemas parciais - como este ou aquele clam, como nobreza, como sistema econômico da sociedade" (LUHMANN, [1997]2007, p. 483); "O primado de uma forma de diferenciação (e isso também não é um requisito do sistema) deve ser mencionado se for possível estabelecer que uma forma regula os possíveis usos de outras. Nesse sentido, as sociedades aristocráticas são primariamente diferenciadas em termos de estratificação, mas mantêm uma diferenciação segmentar em lares ou famílias, a fim de permitir que a nobreza endogamie e diferencie famílias aristocráticas de outras famílias. Com a diferenciação funcional, a estratificação ainda pode ser encontrada na forma de classes sociais e também de diferenças de centro / periferia, mas agora são subprodutos da dinâmica inerente aos sistemas funcionais"[13] (LUHMANN,

---

[13] No original alemão: Von Primat einer Differenzierungsform (und auch das ist keine Systemnotwendigkeit) soll die Rede sein, wenn man feststellen kann, daß eine Form die Einsatzmöglichkeiten anderer reguliert. In diesem Sinne Sind Adelsgesellschaften primär stratifikatorisch differenziert, aber sie behalten eine segmentäre Differenzierung in Haushalte bzw. Familien bei, um dem Adel Endogamie zu ermöglichen und Adelsfamilien von anderen Familien unterscheiden zu können. Bei funktionaler Differenzierung findet man auch heute noch Stratifikation in der Form von sozialen Klassen und auch noch Zentrum/Peripherie-Unterschiede, aber

[1997]2007, p. 483); "O catálogo de formas de diferenciação [segmentária, centro-periferia, estratificada e funcional]) se obtém devido à diferenciação igual/desigual. Essa distinção é adequada unicamente para comparáveis, isto é, apenas para sistemas e não para relações sistema/ambiente (porque não há sentido em descrever o ambiente como "desigual" em relação ao sistema). Por essa razão, tivemos que limitar a teoria das formas de diferenciação às relações sistema/sistema" (LUHMANN, [1997]2007, p. 487); "a evolução da sociedade não pode eleger arbitrariamente nenhuma sequência e não é possível excluir desenvolvimentos regressivos – como os que caracterizam o regresso a condições tribais das altas culturas desenvolvidas na América Central e da América do Sul depois da conquista espanhola. No entanto, o passo imediato (como salto) desde sociedades segmentarias a sociedades funcionalmente diferenciadas não deve ser possível" (LUHMANN, [1997]2007, p. 487); o tema da integração social é substituído pela distinção inclusão/exclusão. Não se trata de acesso a interações ou à organizações, mas sim, de sociedade como sistema de comunicação (LUHMANN, [1997]2007, p. 491); na diferenciação funcional, a regulação da inclusão está a cargo dos sistemas parciais, ainda que isso signifique que os seres humanos concretos não podem ser referenciados concretamente. Eles devem poder participar de todos os sistemas funcionais dependendo de em que âmbito funcional e sob que código se introduz a comunicação (LUHMANN, [1997]2007, p. 495); "o puro dar sentido a determinadas comunicações, o só fato de se tratar de um pagamento ou pretender influenciar uma decisão nas dependências públicas ou estabelecer a pergunta do que é conforme o direito e o que não é em um determinado caso, todo isso, somente a comunicação a um sistema funcional determinado. Os indivíduos devem poder participar em todas estas comunicações. Por isso, de maneira correspondente, seus acoplamentos com os sistemas funcionais mudam de momento a momento. A sociedade, por consequência, já não lhes oferece um *status* social mediante o qual se defina a um só tempo o que o indivíduo particular "é" de acordo com sua origem e qualidade. Faz

---

das sind jetzt Nebenprodukte der Eigendynamik der Funktionssysteme (LUHMANN, 1997, p. 612). Esta passagem foi reproduzida no alemão porque o tema do primado da diferenciação funcional é central na tese de Marcelo Neves da modernidade periférica.

depender a inclusão de oportunidades de comunicação altamente diferenciadas, as quais já não podem ser coordenadas entre si de maneira segura muito menos duradoura. Em princípio cada qual deve ser sujeito de direito e dispor de dinheiro suficiente para poder participar da economia" (LUHMANN, [1997]2007, p. 495); "a idealização do postulado de inclusão total de todos os seres humanos na sociedade encobre graves problemas. Com a diferenciação funcional do sistema da sociedade, a regulação das relações inclusão/exclusão passa aos sistemas funcionais, já não existe instância central alguma (por mais que a política gosta de se ver nessa posição) que supervisione a este respeito aos sistemas parciais" (LUHMANN, [1997]2007, p. 499); "material abundante sugere que a diferenciação inclusão/exclusão, em algumas regiões do mundo, está prestes a assumir o papel de uma meta-diferença e mediar os códigos dos sistemas funcionais. Se a distinção entre válido/inválido juridicamente entra em jogo e para ser tratada de acordo com os programas do sistema jurídico depende principalmente da filtragem prévia da inclusão/exclusão, não só no sentido de os excluídos também serem excluídos do direito, mas também no sentido de que outras pessoas - especialmente políticos, burocratas e polícia, sem esquecer de mencionar os militares - decidem a seu próprio critério se cumprem a lei ou não. Isso não leva a uma completa eliminação da autopoiese da lei, o que seria impensável nas condições atuais, mas leva a uma incerteza considerável sobre as expectativas e à orientação contínua em relação a outros fatores. O mesmo se aplica ao código governo/oposição do sistema político, que não é (ou pelo menos não é apenas) decidido nas eleições políticas. Bem como se aplica à multiplicidade de fontes independentes de mercado financeiro ou opções de proteção à riqueza diante da inflação, que também dependem da diferença inclusão/exclusão; por consequência, de que mesmo uma política anti-inflação bem aconselhada frequentemente permanece ineficaz, porque as atitudes em relação à economia não podem ser reguladas pelo mercado nem por intervenções em parâmetros de eventos do mercado" (LUHMANN, [1997]2007, p. 501).

Deu. Mas reconheçamos que foi um bom fichamento.

Todas essas transcrições nos levam a considerar que não há como falar que em regiões marcadas pela desigualdade de oportunidades não há diferenciação funcional. Nossa hipótese e que sim, porém temos que reconhecer que essa diferenciação produz expectativas normativas específicas. O brasileiro sabe que numa batida policial, quando se é negro vai sofrer agressão física, porém nos parece que nos Estados Unidos isso também é a expectativa normativa. O problema está em que a memória semântica é outra. No Brasil a memória semântica gera a comunicação "fazer, assim é a vida". Nos Estados Unidos, gera oportunidade para ação judicial. Com isso, nossas reflexões são que no Brasil, ou se se quer manter a terminologia de modernidade periférica, nestas regiões as expectativas normativas (horizonte do agir e vivenciar jurídico-político) produz e reproduz a desigualdade social brasileira. Se o ponto é como mudar essa realidade, entendemos que isso não ocorrerá pela via teórica, mas pela recursividade de comunicações de protesto, as quais devem se der nos níveis da interação, das organizações e sistêmico.

Nosso estranhamento é na relação entre identificar empiricamente as violências, mazelas, desigualdades, exclusões permanentes no Brasil (modernidade periférica) e afirmar que isso implica em o direito não funcionar com autonomia, antes sofre superposição dos meios de comunicação simbolicamente generalizados poder e dinheiro (NEVES, 2015, p. 116), bem como estranhamos o pertencer ao estado democrático de direito "a cidadania como mecanismo de 'inserção de toda a população nas prestações de cada um dos sistemas funcionais da sociedade' (inclusão)" (NEVES, 2015, p. 118).

Não acatamos que o primado da diferenciação funcional não se dá no Brasil, na modernidade periférica. Antes, nossa leitura, se podemos ter uma, é que sim sabemos distinguir uma comunicação jurídica de uma, econômica e de uma, política. E as distinguimos muito bem, como qualquer modernista central. Nosso problema está em que reproduzimos recursivamente as mazelas sociais quando fingimos não ver crianças fazendo malabares nas ruas, quando fingimos igualdade pagando um salário mínimo a empregados domésticos, quando fingimos igualdade quando pagamos valores irrisórios em serviços de um "faz tudo" em nossa casa, numa limpeza de ar condicionado, quando fingimos igualdade quando barganhamos numa feira o valor de frutas, verduras e ainda temos a cara de pau de contar a história com um ar de orgulho de "quem se deu de bem".

Fui!

Referências

ANTONOV, Mikhail. History of schism: the debates between Hans Kelsen and Eugen Ehrlich. *Vienna Journal on International Constitutional Law (ICL Journal)*, v. 5, no. 1, p. 1-21, 2011.

BECHMANN, G. e STEHR, N.. 2001. Niklas Luhmann. **Tempo Social** - Revista de Sociologia da USP, São Paulo, vol. 13, no. 2, nov., p. 185-200, 2001. Também disponível em: http://www.scielo.br/pdf/ts/v13n2/v13n2a10.pdf.Acesso em: 17/02/2006.

BLOOR, David. Anti-Latour. *Studios of History, Philosophy and Science*, v. 30, n. 1, p. 81-112, 1999. Disponível em: https://reclus.files.wordpress.com/2009/03/bloor-anti-latour.pdf.

BLOOR, David. *Conhecimento imaginário*. São Paulo: Unesp, 1990.

BOURDIEU, Pierre. *O poder simbólico*. Lisboa/Rio de Janeiro: Difel/Bertrand Brasil, 1989.

BRIER, S., BAECKER, D., THYSSEN, O.. 2007. Foreword: Luhmann applied – for what?. *Cybernetcs and human knowing*, a journal of second-order cybernetcs autopoiesis and a cyber-semiotics, Victoria BC(Canadá), Royal Roads University, vol. 14, nos. 2-3, p. 5-10.

CARRINO, Agostino. *Eugen Ehrlich e Hans Kelsen*: una controversia sulla sociologia del diritto. Working paper, no. 79, Barcelona, 1993. Disponível em: https://www.icps.cat/archivos/WorkingPapers/WP_I_79.pdf?noga=1. Acesso em: 30/09/2018.

D'ALESSANDRO, Marcela. Professor da UnB ganha Prêmio Humboldt de pesquisa. *UnB Notícias*. Internacional. Disponível em: https://noticias.unb.br/39-homenagem/3718-professor-da-unb-ganha-premio-humboldt-de-pesquisa. Acesso em: 04 dez. 2019.

DWORKIN, Ronald. *Levando os direitos a sério*. São Paulo: Martins Fontes, 2002.

GUIBENTIF, Pierre. *Foucault, Luhmann, Habermas, Bourdieu*. Une generation repense le droit. Paris: Fondation Maison des Sciences de l'Homme, 2010.

HORNUNG, B. *Nilkas Luhmann 1927-1998*. Obituary written for the ISA. RC51_Sociocybernetcs. Disponível em:

http://mgterp.freeyellow.com/academic/luh-obit_rc51.html. Acesso em: 30 mar. 2000.

KANT, Immanuel. *Fundamentação da metafísica dos costumes*. (Tradução: Paulo Quintela). Lisboa: Edições 70, [1785] 2007.

KLINK, Bart van. Facts and norms: the unfinished debate between Eugen Ehrlich and Hans Kelsen. *Tilburg Working Paper Series on Jurisprudence and Legal History*, no. 06-03 August 28, 2006. Tilburg University Legal Studies Working Paper No. 004/2006. Disponível em: https://ssrn.com/abstract=980957 or http://dx.doi.org/10.2139/ssrn.980957. Acesso em: 30/09/2018.

KONSEN, Lucas; BORDINI, Henrique S. Sociologia do direito contra dogmática: revisitando o debate Ehrlich-Kelsen. *Revista Direito e Práxis*, Rio de Janeiro, Vol. 10, N.1, p. 303-334, jan./abr. 2019. DOI: 10.1590/2179-8966/2018/35106| ISSN: 2179-8966

KUHN, Thomas S. *A estrutura das revoluções científicas*. São Paulo: Perspectiva, [1968] 2013.

LAKATOS, Imre. *Falsificação e metodologia dos programas de investigação científica*. Lisboa: Edições 70, 1999.

LATOUR, Bruno. *Reagregando o Social*: uma introdução à teoria do ator-rede. Salvador/Bauru: Edufba/Edusc, 2012.

LUHMANN, Niklas. *El derecho de la sociedad*. México/Barcelona: Universidad Iberoamericana/Herder, [1993] 2005.

LUHMANN, Niklas. *La ciencia de la sociedad*. México/Barcelona: Universidad Iberoamericana/Herder, [1990] 1996.

LUHMANN, Niklas. *La sociedad de la sociedad*. México/Barcelona: Universidad Iberoamericana/Herder, [1997] 2006.

LUHMANN, Niklas. **Sistemas Sociales**. Lineamentos para una teoría general. México/Barcelona: Universidad Iberoamericana/Anthropos, [1984] 1998.

MASCAREÑO, Aldo; STAMFORD DA SILVA, Artur; LOEWE, Daniel & RODRÍGUEZ, Darío. Redes Informales e Instituciones Democráticas em América Latina. *DADOS – Revista de Ciências Sociais*, Rio de Janeiro, v.59, n. 3, p. 683-718, 2016.

MARTINI, Sandra Regina; BACK, Mateus Di Palma. Da Bukowina austríaca à global: resgatando o direito vivo do seu sincretismo metodológico. *Revista Direito Mackenzie*, v.11, n.1, p.109-132, 2017.

MOELLER, H.G. *The radical Luhmann*. New York, Columbia University Press, 2012.

NEVES, Marcelo. Da autopoiese à alopoiese do Direito. *Anuário dos Cursos de Pós-Graduação em Direito*, Recife, v. 5, p. 273-298, 1992.

NEVES, Marcelo. Entre subintegração e sobreintegração: a cidadania inexistente. *DADOS. Revista de Ciências Sociais*, Rio de Janeiro, v. 37, n. 2, p. 253-275, 1994.

NEVES, Marcelo. *Constituição simbólica*: São Paulo: Acadêmica, 1994.

NEVES, Marcelo. Do pluralismo jurídico à miscelânea social: o problema da falta de identidade da(s) esfera(s) de juridicidade na modernidade periférica e suas implicações na América Latina. *Revista Unijuí*, São Paulo, v. 4, n. 5, p. 7-37, 1995.

NEVES, Marcelo. Constitucionalização simbólica e desconstitucionalização fática: mudança simbólica de constituição e permanência das estruturas reais de poder. *Anuário dos Cursos de Pós-Graduação em Direito*, Recife, Nossa Livraria, n. 7, p. 275-299, 1995.

NEVES, Marcelo. Luhmann, Habermas e o Estado de Direito. *Lua Nova – Revista de Cultura e Política*, São Paulo, v. 37, p. 93-106, 1996.

NEVES, Marcelo. Do consenso ao dissenso: O estado democrático de Direito a partir e além de Habermas". In: Jessé Souza (ed.), *Democracia hoje*: Novos desafios para a teoria democrática contemporânea. Brasília: Editora UnB, 2001. p. 111-163.

NEVES, Marcelo. La fuerza simbólica de los derechos humanos. *Doxa: Cuadernos de filosofía del derecho*, no. 27, p. 143-180, 2004.

NEVES, Marcelo. E se faltar o décimo segundo camelo? Do direito expropriador ao direito invadido. In: André-Jean Arnaud e Dalmir Lopes Jr (eds.). *Niklas Luhmann*: do sistema social à sociologia jurídica. Rio de Janeiro: Lumen Júris, 2004, p. 145-173.

NEVES, Marcelo. *Entre Têmis e Leviatã:* uma relação difícil. O estado democrático de direito a partir e além de Luhmann e Habermas. São Paulo: Martins Fontes, 2006.

NEVES, Marcelo. *Transconstitucionalismo*. São Paulo: Martins Fontes, 2009.

NEVES, Marcelo. A constituição e esfera pública: entre diferenciação sistêmica, inclusão e reconhecimento". In: Roberto Dutra e João Paulo Bachur (eds.). *Dossiê Niklas Luhmann*. Belo Horizonte, Editora UFMG, 2013. p. 105-147.

NEVES, Marcelo. Niklas Luhmann: 'Eu vejo o que tu não vês'". In:

Jorge Almeida and Wolfgang Bader (eds.). *Pensamento alemão no século XX: Grandes protagonistas e recepção das obras no Brasil,* vol. 1. São Paulo: Goethe-Institut/Cosacnaify, 2009. p. 257-73.

NEVES, Marcelo. Aumento de complexidade nas condições de insuficiente diferenciação funcional: o paradoxo do desenvolvimento social da América Latina. *In*: Germano Schwartz (ed.). *Judicialização das esferas sociais e fragmentação do direito na sociedade contemporânea.* Porto Alegre: Livraria do Advogado, 2012, 199-207.

NEVES, Marcelo. Comparando transconstitucionalismo em uma sociedade mundial assimétrica: pressupostos conceptuais e ponderações autocríticas. *Revista da AGU*, Vol. 14, no. 3, p. 37-58, Jul./set. 2015.

NEVES, Marcelo. Os Estados no(s) centro(s) e os Estados na(s) periferia(s): alguns problemas com a concepção de Estados da sociedade mundial em Niklas Luhmann. *Revista de Informação Legislativa,* Brasília: Senado Federal, v. 52, no. 206, p. 111-136, abr./jun. 2015.

NEVES, Marcelo. Ideias em outro lugar? Constituição liberal e codificação do direito privado na virada do século XIX para o século XX no Brasil. *Revista Brasileira de Ciências Sociais*, v. 30, no. 88, p. 5-27, 2015.

NEVES, Marcelo. *Constituição e direito na modernidade periférica*: uma abordagem teórica e uma interpretação do caso brasileiro. São Paulo: Martins Fontes, 2019.

ROBLES, Gregório. A polêmica entre Kelsen e Ehrlich sobre a natureza da ciência jurídica. *Panóptica*, Vitória, v. 7, n. 1 (23), p. 1-14, 2012.

RODRÍGUEZ, Dario e OPAZO, Maria Pilar. *Comunicaciones de la organización*. Santiago de Chile: Universidad Catolica de Chile, Chile, 2007.

OCAMPO, Sergio Pignuoli; BRASIL JR., Antônio. O cenário "pós-luhmanniano" e a América Latina: entrevistas com Marcelo Neves E Aldo Mascareño. *Sociologia e Antropologia*, v. 1, n, 1, p. 15-72, jan./abr. 2020.

SPENCER-BROWN, Georg. *Laws of form*. New York, Dutton, 1979.

STAMFORD DA SILVA, Artur. Decisão jurídica e mudança social. Para uma Sociologia da Decisão Jurídica. *Revista Confluências*, Rio de Janeiro, PPGSD, n. 11, p. 121-150, 2010b.

STAMFORD DA SILVA, Artur. Decisión judicial y cambios sociales en la óptica de la teoría de sistemas de sentido social. *In*: CADENAS, Hugo; MARCAREÑO, Aldo; USQUIZA, Anahí (ed.). *Niklas Luhmann y el legado universalista de su teoría*. Santiago de Chile: RIL, 2012a. p. 267-316.

STAMFORD DA SILVA, Artur. Teoria reflexiva da decisão jurídica: observações a partir da teoria dos sistemas que observam. *In*: SCHWARTZ, Germano (org.). *Juridicização das esferas sociais e fragmentação do direito na sociedade contemporânea*. Porto Alegre: Livraria do Advogado, 2012b. p. 29-58.

STAMFORD DA SILVA, Artur. A semântica social da igualdade desde decisões do Supremo Tribunal Federal. uma leitura sociológica da decisão jurídica. *Revista Eletrônica do Mestrado em Direito da UFAL*, Maceió, UFAL, v. 4, n. 1, p. 1-22, jan./jun. 2013. Disponível em: http://www.seer.ufal.br/index.php/rmdufal/article/view/318/757

STAMFORD DA SILVA, Artur. Sociologia da decisão jurídica: aplicação ao caso da homoafetividade. *Revista Brasileira de Sociologia do Direito*, ABraSD, v. 1, n. 1, p. 66-85, jan./jun., 2014b. Disponível em: http://revista.abrasd.com.br/index.php/rbsd/article/view/37/47.

STAMFORD DA SILVA, Artur. *10 lições sobre Luhmann*. Petrópolis: Vozes, 2015.

STAMFORD DA SILVA, Artur. Teoria reflexiva da decisão jurídica: direito, mudança social e movimentos sociais. *Revista de Direito da UnB*, Brasília, UnB, v. 2, n. 1, p. 27-52, jun./dez. 2016. Disponível em: https://direitounb.scholasticahq.com/article/669-teoria-reflexiva-da-decisao-juridica-direito-mudanca-social-e-movimentos-sociais

STAMFORD DA SILVA, Artur. Niklas Luhmann: 20 anos do sociedade da sociedade. O lugar do ao mesmo tempo na teoria do direito. *Revista de Estudos Constitucionais, Hermenêutica e Teoria do Direito (RECHTD)*, Porto Alegre, Unisinos, n. 10, v. 1, p. 27-40, jan./abr. 2018. Doi: 10.4013/rechtd.2018.101.03 Disponível em: http://revistas.unisinos.br/index.php/RECHTD/article/view/rechtd.2018.101.03/60746255

STICHWEH, Rudolf. Niklas Luhmann. *International Encyclopedia of the*

Social & Behavioral Sciences, 2nd edition, Volume 14, 2015. http://dx.doi.org/10.1016/B978-0-08-097086-8.61080-2.

TORRES NAFARRATE, Javier. Presentación. In: LUHMANN, Niklas. *La política como sistema*. México/Barcelona, Universidad Iberoamericana/Herder, 2009.

WULF, Alexander J., Insights From the Historical German Codification Debate With Relevance for the Development of a Uniform Civil Code for India (December 2, 2018). Wulf, A. J. "Insights from the German Codification Debate between Thibaut and Savigny for a Uniform Indian Civil Code", Journal of the Indian Law Institute, v. 60, n. 2, p. 121-136, 2018. Disponível em: https://ssrn.com/abstract=3431226

Para uma virada institucional na teoria dos sistemas sociais autopoiéticos

Lucas Fucci Amato

Introdução

A diferenciação funcional não é a forma exclusiva de codificação das comunicações na sociedade atual; ela não elimina outras "regras" comunicativas nem outros modos de construção de instituições. Analisar o plano das instituições – como estruturas internas dos sistemas sociais, especialmente dos sistemas funcionais – é crucial para entender as operações desses sistemas e seus limites. Essa é a tese deste capítulo.

No primeiro tópico, o texto aborda três pontos: os planos de composição das estruturas sociais em que se baseiam as operações comunicativas; a dependência da autonomia operacional dos sistemas em relação ao desenvolvimento de suas estruturas institucionais; a fusão de formas de diferenciação social que ocorre na sociedade atual, mesmo se aceitarmos o primado da diferenciação funcional. No segundo tópico, a obra de Marcelo Neves é tomada como referência para a proposição de alternativas explicativas para quatro temas: primeiro, defende-se a necessidade de um conceito específico de esfera pública para o sistema jurídico, diferente da esfera pública política (opinião pública) ou econômica (mercado); em segundo lugar, apresenta-se a possibilidade de relacionar "disfunções" como o legalismo e o simbolismo com a estrutura institucional do sistema jurídico e suas operações; a seguir, apresenta-se a ideia de que a concretização do direito ocorre não apenas por interpretação, mas também pela implementação burocrática de programas e pela inovação institucional (reforma do direito); finalmente, questiona-se em que medida a sociedade funcionalmente diferenciada recoloca contemporaneamente diferenças naturais, geográficas e hierárquicas (embora essas sejam associadas por Luhmann a fases anteriores da evolução social). Com essa argumentação, o texto busca defender o potencial de uma virada na teoria dos sistemas que tome como crucial o plano de análise das instituições.

A abordagem sistêmico-institucional

O problema hobbesiano da ordem social é a fragilidade da submissão de indivíduos egoístas a um esquema de cooperação mais abrangente, que transcenda seus interesses imediatos e seu oportunismo, ainda que no longo prazo estabilize a própria garantia dos interesses individuais (ver LUHMANN, 2009 [1980]). Luhmann (1981, p. 123-124) transforma tal problema na questão da improbabilidade da comunicação, sendo esta o elemento básico da sociedade. Tal improbabilidade manifesta-se em três aspectos, que podem ser associados às respectivas soluções engendradas pela evolução social.

O primeiro aspecto da improbabilidade da comunicação é que o sentido só pode ser entendido em contexto; comunicações dependem de estruturas, que são, de um lado, as expectativas. De outro, para Luhmann (2013a [1997], p. 11), a forma de diferenciação social é "a mais importante estrutura social, que, se puder impor-se, determina as possibilidades evolutivas do sistema e influencia a formação de normas, posteriores diferenciações, autodescrições do sistema, e tudo o mais".

O segundo aspecto diz respeito a que a comunicação em sistemas de interação (ver LUHMANN, 1987; 2015 [1981]) é limitada no espaço e no tempo; a interação é um sistema fluido e fugaz de encontro, presencial ou digital. É preciso que emirjam sistemas sociais capazes de sustentar complexidade mais estruturada e com mais durabilidade. Os sistemas organizacionais, por exemplo, distinguem entre membros e não membros, estabilizam uma hierarquia comunicacional e constroem decisões (LUHMANN, 2018 [1978]). Os sistemas funcionais são ainda mais estáveis, estruturando as comunicações a partir de suas diferenças operativas – vinculam um determinado problema a um determinado sistema de referência. Se a questão é a licitude ou ilicitude (ou validade ou invalidade), a comunicação é do sistema jurídico; se a questão é ter ou não ter (dinheiro), trata-se de comunicação econômica; se a comunicação diz respeito ao poder (governo ou oposição), ocorre no sistema político.

O terceiro aspecto é que o sucesso na comunicação depende de que *alter* entenda a informação dada por *ego*, confie nela e a tome como premissa para enlaçar sua própria comunicação em continuidade, tomando aquela informação como premissa para sua concordância ou discordância. Segundo a explicação evolutiva de Luhmann, a atribuição de valor às comunicações em uma sociedade estratificada baseava-se na hierarquia estamental dentro da qual se inseriam os comunicadores: a comunicação só obtinha sucesso uma vez que respeitasse a codificação *nobreza/ povo* e circulasse como reafirmação dessa diferença. Na modernidade, os valores comunicativos foram desvinculados de marcações inatas e expandiram-se a partir de meios de comunicação simbolicamente generalizados (LUHMANN, 2012 [1997], cap. 2), como dinheiro, direito (validade), poder, amor e verdade. Ao redor desses *media* é que os sistemas se fecharam formalmente na construção de seus próprios critérios comunicacionais especializados – os canais de obtenção do poder, os métodos de testar e validar a verdade, os ritos do amor, os procedimentos do direito, a precificação dos recursos.

Este ponto nos faz remontar à primeira improbabilidade da comunicação – a necessidade de um contexto e o problema das estruturas. Luhmann e seus seguidores costumam conectar diretamente dois planos de estruturas: o aspecto "micro" das expectativas e o aspecto "macro" da forma de diferenciação. Esta explicação acaba por eludir e elidir um nível intermediário crucial para a articulação entre os sistemas sociais (especialmente os sistemas funcionais) e as expectativas sociais generalizadas – isto é, um nível crucial para a análise funcional, que trata justamente do "serviço" que tais sistemas prestam com relação às expectativas.

O jovem Luhmann (2010 [1965], p. 86.) intuía a importância do plano "institucional" de análise, conceituando as instituições como "expectativas de comportamento temporal, objetual e socialmente generalizadas [qu]e como tais formam a estrutura dos sistemas sociais". Também apresentava as instituições como objeto central ao seu projeto de *Iluminismo sociológico*. No diagnóstico luhmanniano, o iluminismo buscara desgarrar as relações sociais dos entraves da tradição e dos preconceitos; seu apogeu no século XVIII seguira-se a um declínio rumo ao ceticismo no século seguinte, quando se constituiu a sociologia como disciplina científica. A sociologia colocou em suspeição "a participação igual de todos os homens numa razão comum que eles possuem sem ulterior mediação institucional, e o otimismo, certo do seu triunfo, em relação ao estabelecimento de situações justas" (LUHMANN, 2005 [1967], pp. 21-2). Mas, afinal, quais são as formas variáveis dessa "mediação institucional"? Para responder a esta pergunta, seria preciso inovar em três pontos a teoria dos sistemas sociais:

- o discernimento de três níveis de agregação de estruturas sociais (expectativas, instituições e contextos);
- a relação entre construção institucional interna aos sistemas funcionalmente diferenciados e a autonomia operacional desses sistemas em relação a seu ambiente (autopoiese);
- caráter sincrético dos contextos sociais, formados por um *mix* de formas de diferenciação social.

O primeiro ponto já foi aqui salientado. As expectativas são estruturas básicas da soceidade, a soldar suas operações ou unidades elementares: as comunicações. Elas constituem ao mesmo tempo "fatias" das instituições que são estruturadas pelos sistemas sociais – como as instituições jurídicas, econômicas, políticas, científicas. As instituições, por sua vez, são aglomerados de expectativas e constituem as estruturas internas dos sistemas sociais, como interações, organizações e sistemas funcionais. Papéis sociais e procedimentos decisórios são instituições. A morfologia institucional dos sistemas funcionais é estruturada sobretudo ao redor de duas diferenças:

- a diferença entre esfera pública e esfera organizada (LUHMANN, 2013 [1997], p. 102; TEUBNER, 2012, p. 88-96): a primeira funcionando como um ambiente interno, isto é, como um espelho do ambiente dentro do sistema, como uma esfera que decodifica as irritações ambientais e as pré-programa como comunicações atinentes ao código do sistema; a segunda, como uma esfera de organizações, isto é, de sistemas decisórios;
- a diferença entre centro e periferia (LUHMANN, 2004 [1993], cap. 7): esta é uma distinção interna às esfera das organizações e decisões; há organizações e programas periféricos, que têm maior abertura às irritações ambientais, assim como organizações e programas centrais, que lidam com o paradoxo constitutivo dos sistemas.

O paradoxo da política é que aqueles que tomam as decisões coletivamente vinculantes imponíveis a todos estão também subordinados a tais decisões; a soberania do Estado está subordinada à "soberania popular" (adaptada aos procedimentos da democracia representativa) (NEVES, 2008 [2000], p. 156-166). A garantia de que haja uma provisão estável de recursos no futuro, e sua vinculação à distribuição atual desses recursos (função da economia; ver LUHMANN, 2013b [1984], p. 12), é dada pelo centro do sistema econômico: o sistema financeiro e bancário, que opera paradoxalmente, ao gerenciar a liquidez ganhando tanto dos poupadores quanto dos devedores. Finalmente, no direito, a proibição do *non liquet* transforma a obrigação de decidir dos juízes e tribunais em liberdade para decidir, isto é, para fundamentar a sentença.

Há, ainda, dois aspectos cruciais na institucionalidade dos sistemas funcionais: as instituições de interface, que potencializam a irritação seletiva entre sistemas (acoplamentos estruturais) e os "mecanismos de triangulação" (categoria sugerida por AMATO, 2017). Os procedimentos proporcionam uma triangulação entre (1) a esfera pública (ou ambiente interno), que pré-programa as comunicações; (2) as organizações periféricas, que produzem algumas decisões e programações sobre o tema; e (3) as organizações centrais, que precisam tomar decisões cruciais para o cumprimento da função à qual se orienta aquele sistema funcional. O quadro a seguir apresenta tais categorias por referência ilustrativa aos sistemas político, jurídico e econômico.

		Política	Direito	Economia
Esfera organizada	*Centro*	Poderes políticos (Executivo e Legislativo)	Tribunais	Bancos
	Paradoxo	Soberania	Vedação da denegação de justiça	Liquidez
	Periferia	Partidos, grupos e movimentos	Poderes Políticos Advocacia Ministério Público	Produção Comércio Consumo
Esfera pública ou ambiente interno		Opinião pública	Personalidade jurídica	Mercado
Acoplamentos estruturais		Constituição (direito); eleições, política econômica, tributação (economia)	Constituição (com política); contrato e propriedade (com economia)	Eleições, política econômica, tributação (com política); contrato e propriedade (com direito)
Mecanismos de triangulação		Voto	Ação judicial	Crédito e dívida; poupança e investimento

Quadro. Morfologia institucional dos sistemas político, jurídico e econômico

Fonte: elaborado pelo autor, baseado em Amato (2017)

Discernidos os níveis estruturais (expectativas, instituições e contextos), podemos passar ao segundo ponto esquematizado de uma abordagem sistêmico-institucional: a vinculação entre o processo de diferenciação dos sistemas em relação ao seu ambiente social (*ausdifferenzierung, outdifferentiation* – ver LUHMANN, 2013a [1997], p. 65-87) e o desenvolvimento de sua diferenciação interna (que poderíamos chamar de *"inner-differentiation"*), isto é, sua construção institucional (AMATO, 2020a). É usual na teoria dos sistemas se referir ao "grau" de autonomia (TEUBNER, 1993 [1989]), ao caráter "autopoiético" ou "alopoiético" dos sistemas (NEVES, 2001), a sua autonomia operacional ou corrupção sistêmica/ desdiferenciação (ver LUHMANN, 2013a [1997], p. 8-9, 308, 346, 394 (nota 432); GRABER; TEUBNER, 1998, p. 65). Entretanto, é no plano institucional, de construção de suas estruturas internas, que um sistema engendra sua autonomia operacional e sua abertura cognitiva. E – o que é mais relevante – conforme a variável configuração institucional que desenvolvam, os sistemas serão mais "funcionais" tanto em seu fechamento quanto em sua abertura, tanto em sua consistência interna quanto em sua adequação ao ambiente. Como máquinas históricas, os sistemas têm sua própria trajetória de construção de suas organizações, procedimentos, acoplamentos e ambientes internos. A debilidade de um sistema jurídico para cumprir sua função de generalizar congruentemente expectativas normativas (LUHMANN, 2014 [1972]) é explicável, sobretudo, a partir da história e das formas que tomaram suas organizações centrais (juízes e cortes), a periferia do direito (poderes políticos; advocacia pública e privada; soluções não judiciais de disputas), os tipos de ações e recursos e as esquematizações de direitos e deveres, poderes e responsabilidades que moldam a esfera pública do direito – a "personalidade jurídica" (categoria que Luhmann não indica, mas que foi sugerida por AMATO, 2017; 2020b). Por certo, os sistemas são máquinas não apenas históricas, mas também geográficas: isto é, diferentes configurações dessa institucionalidade básica do direito moderno existem em diferentes regiões da sociedade mundial e mesmo nas diferentes ordens jurídicas. O direito internacional e suas organizações, como ONU ou Banco Mundial, mimetizam as instituições dos sistemas político e econômico nacionais; as ordens jurídicas privadas transnacionais mimetizam, com suas próprias organizações e programas (tribunais arbitrais, cláusulas comerciais uniformes), a configuração doméstica do sistema jurídico.

O outro lado da explicação da autonomia operacional e abertura cognitiva dos sistemas é a descrição da emergência dos sistemas sociais (principalmente dos sistemas funcionais) a partir da dinâmica geral do desenvolvimento da diferenciação funcional como forma prevalente de diferenciação social. Este é o terceiro ponto de inovação necessária para a teoria dos sistemas.

Luhmann (2013 [1997], cap. 4) apresenta uma teoria das "formas de diferenciação" análoga à teoria marxista dos "modos de produção". Ambas parecem, igualmente, de três vícios explicativos: naturalismo, etapismo e purismo. A emergência da sociedade funcionalmente diferenciada é explicada por fatores ambientais (orgânicos), embora, diante dos mesmos constrangimentos, respostas funcionalmente equivalentes pudessem ter sido produzidas pelos sistemas sociais, dando origem a outro "tipo" de sociedade. A diferenciação funcional é explicada como uma formatação da estrutura social que representa uma etapa da história mundial, mas sobretudo da experiência delimitada da história europeia. Finalmente, a diferenciação funcional é vista como uma nova "regra" que triunfa sobre as formas "anteriores" de diferenciação social: as diferenças naturais das sociedades segmentárias, as relações de dependência entre centros e periferias, a estratificação da sociedade estamental.

Não cabe aqui detalhar essa explicação nem todas as alternativas explicativas que a própria teoria luhmanniana fornece para nos evadirmos dessa versão-padrão do discurso sistêmico (ver AMATO, 2020c; 2018). Mas cabe aludir à ideia de que os contextos sociais (histórica e geograficamente delimitáveis dentro da sociedade mundial) formam-se no entrechoque entre a dinâmica da emergência da sociedade mundial e as especificidades da trajetória de cada região; e que esses contextos apresentam, então, nunca a pura diferenciação funcional, mas um sincretismo ou fusão desta forma de diferenciação com formas naturais, geográficas e hierárquicas. A diferenciação funcional não elimina essas formas, mas é constrangida pela persistência desses critérios outros ("não funcionais") de codificação da comunicação e, ao mesmo tempo, os decodifica dentro dos próprios sistemas funcionais diferenciados. A partir disso, as instituições atuam sobre as expectativas – sustentando-as (institucionalizando-as) ou reformando-as (desinstitucionalizando-as).

Tão típicas da modernidade quanto a diferenciação funcional são diferenças nacionais, raciais e sexuais, assimetrias entre centros e periferias (econômicos, científicos, artísticos, políticos) e desigualdades de classe. Tudo isso é típico da sociedade moderna e a distingue, por exemplo, em relação às sociedades em que a diferenciação funcional apresentava-se ainda pouco desenvolvida (como na Antiguidade ocidental clássica). Portanto, importa analisar cada "macroestrutura" social como uma miscelânea localizada no tempo e no espaço de várias formas de diferenciação social. Esse contexto social é, visto de outro ângulo, uma aglomeração de instituições – que são estruturas internas de sistemas funcionais, mas também estruturas que se enraízam na sociedade a partir de outras distinções sociais – como as diferenças hierárquicas, regionais ou naturais (ou naturalizadas). A (plena) diferenciação funcional projeta-se como normatividade (funcional), como imperativo não plenamente realizado, limitado pelas outras formas de diferenciação que curto-circuitam a diferenciação funcional, mas limitado também pelas próprias caraterísticas desta forma de diferenciação (por exemplo, os sistemas funcionais podem em larga medida operar sob o pressuposto de que todos são – universal e abstratamente – incluídos como endereços de comunicação, embora concretamente varie e se gradue a inclusão/ exclusão nos sistemas sociais de cada indivíduo concreto).

Relendo Marcelo Neves

Este trabalho defende que a inclusão do nível institucional na abordagem sistêmica fornece alternativas ou complementos explicativos importantes ao projeto de inovação da teoria sistêmica da sociedade e do direito, projeto este levado que encontra Marcelo Neves como um de seus mais significativos e criativos líderes globais. Destaco quatro pontos em que essas alternativas ou complementos são abordados em relação à obra de Neves: 1) o problema da esfera pública; 2) o problema do legalismo, da impunidade e do simbolismo; 3) a questão da concretização jurídica; 4) a análise dos limites da diferenciação funcional como forma da sociedade atual.

Um primeiro ponto a se destacar é a ausência na concepção de Neves de uma esfera pública especificamente jurídica; ele alude a uma "esfera pública constitucional" (NEVES, 2008 [2000], cap. 4; 2013a [2008]) que vaga indefinidamente entre os sistemas político e jurídico, projetando-se a partir de seu acoplamento estrutural. Esta indefinição leva à sobrecarga normativa da noção de "esfera pública", em um entendimento mais afim à teoria da ação comunicativa do que ao modelo luhmanniano dos sistemas funcionalmente diferenciados (ver a crítica em AMATO, 2020b, p. 53-56; para uma comparação entre as concepções de esfera pública de Luhmann e de Habermas, ver RIBEIRO, 2012). Isto leva a uma idealização da "esfera pública", muito embora Neves critique a idealização interpretativa proposta pelas ideias de "comunidade" e "consenso" nas teorias liberais contemporâneas do direito e da constituição – assim, por exemplo, Neves (2013 [2011], p. 141-170) criticou a subcomplexidade da "comunidade liberal" posta como ideal regulativo do juiz Hércules (Dworkin) diante da policontexturalidade da sociedade atual; e criticara a pretensão consensualista no modelo normativo de democracia deliberativa (Habermas), o que o levara Neves (2008 [2000], p. 136-56) a enfatizar a dualidade *dissenso substantivo/ consenso procedimental* como condição estrutural do Estado democrático de direito.

A especificação da esfera pública do direito como a "personalidade jurídica" ajudaria a enfatizar a diferença entre as operações comunicativas da política e do direito: as primeiras ressoam a opinião pública e a moldam por meio de decisões coletivamente vinculantes; as comunicações jurídicas (sobretudo as judiciais) baseiam-se na formatação específica da personalidade jurídica oferecida pelos programas decisórios válidos: qual a definição de direitos e deveres, poderes e responsabilidades estruturada por esses programas, de modo a construir os diferentes "sujeitos de direito" que são observados como endereço das comunicações jurídicas – e, muito especialmente, como protagonistas dos procedimentos judiciais e extrajudiciais de solução de controvérsias. A constituição, é claro, vincula os ambientes internos da política e do direito: por exemplo, quando direitos civis viabilizam a opinião pública pela proteção da liberdade de expressão. Mas a jurisdição constitucional, como operação primacialmente do sistema jurídico, deve vincular-se aos direitos textualizados, por meio de interpretação, e não à opinião pública, pela aferição da vontade da maioria.

Assim, defendo que a esfera pública da constituição não pode ser considerada para além dos sistemas, como uma emanação do "mundo da vida", mas apenas como a unidade de uma diferença:

entre opinião pública e personalidade jurídica. Assim, na tensão entre a esfera pública da política e aquela do direito "está" a esfera pública constitucional. Não se trata de um campo de debates da "sociedade civil" desvinculado de referências sistêmico-funcionais. Ademais, continua havendo uma esfera pública especificamente jurídica em conflitos de direito público ou privado que não evoquem ao primeiro plano a constituição como acoplamento estrutural entre direito e política.

Por fim, a dualidade *dissenso substantivo/ consenso procedimental* sugerida por Neves (2008 [2000], p. 136-156) vê-se mais bem documentada se ganha detalhamento institucional, a partir da morfologia dos sistemas funcionais. O dissenso emergente dos debates na opinião pública ou das interpretações dos direitos e deveres, poderes e responsabilidades é o momento de tematização das irritações ambientais no sistema (pela esfera pública) e precisa ser gerenciado por decisões tomadas na esfera organizada, as quais interrompem as cadeias de comunicação (interpretação e argumentação) e, por meio desta "autólise", estabelecem novos pressupostos (programas legislativos, precedentes jurisprudenciais) para as futuras comunicações, isto é, para a continuidade da autopoiese.

Um segundo ponto ao qual contribui a abordagem sistêmico-institucional é abordar a relação interna entre semântica e estrutura, isto é, entre os variados programas decisórios e estilos de interpretação, de um lado, e a configuração institucional dos sistemas, de outro. Assim, uma interpretação pautada em programas condicionais, métodos formalistas e postura de deferência judicial aos poderes políticos (ou aos acordos privados) baseia-se em um relativo isolamento da esfera organizada (centro e periferia) em relação à esfera pública (no caso do direito, a esfera dos direitos). Essa postura "legalista" é deflacionária: subutiliza o potencial comunicativo do símbolo da validade jurídica; por exemplo, deixa de reconhecer demandas por novos direitos e de inovar a ordem jurídica. Por oposição, programas finalísticos como os princípios trazem uma complexidade menos estruturada aos juízes (NEVES, 2013b [2011], p. 120-141; ver também AMATO, 2014); evocam métodos de intepretação e argumentação mais material ou substantiva (político-moral) e uma postura ativista das cortes. Essa postura vincula diretamente o centro do sistema jurídico (tribunais) a sua esfera pública (direitos), carecendo da mediação pela periferia (legislação, administração e acordos privados), que se avalia estar na omissão de inovar a ordem jurídica. Tal ativismo constitui, por sua vez, uma inflação do símbolo da validade. Fenômenos semelhantes de inflação e deflação da comunicação (LUHMANN, 2012 [1997], p. 227-232) – dada a sustentação que elas têm ou presumem ter em seus respectivos meios de comunicação simbolicamente generalizados – são observáveis também na economia (a inflação desvaloriza o dinheiro, as bolhas de ativos desvalorizam os investimentos) e na política (populismo como inflação do poder; corporativismo como deflação).

Este aspecto da idealização do direito como inflação da comunicação jurídica (baseada na validade) capaz de comprometer o espaço da decisão democrática (baseada no poder político) foi já notado pelos realistas americanos: quando estes observaram que a justificação decisória das sentenças importa escolhas valorativas, avaliaram tal modalidade de comunicação como próxima à deliberação política; nessa medida, quanto menos base textual e menor programação condicional – isto é, quanto menos estruturada a complexidade disponibilizada a quem vai tomar uma decisão jurídica, quanto menos formalizados os pressupostos decisórios –, mais os juízes deveriam se conter e prestar deferência às escolhas políticas legitimadas nos termos do sistema político (ver SOLAR CAYÓN, 2002, p. 135-153).

A vinculação entre as operações de interpretação e argumentação jurídica e a configuração da moldura institucional sob a qual elas ocorrem explica as "posturas" de legalismo ou ativismo. Neves (2008 [2000], p. 244-158) similarmente apresentou o legalismo e a impunidade como problemas decorrentes da "corrupção sistêmica" (do direito pela política, pela economia e pelas boas relações) que trava a interpretação, como processamento da diferença entre texto normativo e norma jurídica, e se associa à relação diferenciada de acesso ao direito e dependência do direito: em relações de "sobrecidadania", o indivíduo goza do apoio do sistema jurídico a suas expectativas, mas não se submete às obrigações e sanções (acesso sem dependência); os "subcidadãos" são "excluídos por baixo", sofrem as punições, mas não têm acesso aos benefícios (dependência sem acesso).

Entretanto, detalhando o que está dentro do sistema jurídico – as bases institucionais em que se fundamenta sua autopoiese – poderíamos observar legalismo e impunidade como posturas típicas emergentes do desnível de complexidade entre a esfera pública e a esfera organizada do sistema. O campo da personalidade jurídica (as diversas modelações e atribuições de direitos e deveres, poderes e responsabilidades) permanece sempre maior que os meios de acesso aos tribunais (ou mecanismos públicos ou privados equivalentes) e a capacidade institucional de processamento do centro decisório do direito. Assim, as expectativas podem oscilar entre reclamações sobre o "legalismo" e o inconformismo com a "impunidade" – o direito está funcionando "demais" ou "de menos".

Particularmente no contexto constitucional, a ação convicta e resoluta para acabar com a distância entre esfera pública e esfera organizada pode cair em uma concepção instrumental do direito, com a submissão a uma política autoritária. Porém, na democracia, o que ocorre como desajuste sobre as expectativas que encorpam a confiança na relação entre o centro constitucional (os poderes do Estado) e a esfera pública (os direitos fundamentais) é o simbolismo constitucional. O simbolismo (NEVES, 2007 [1992]) corresponde ao descrédito dos centros político e jurídico em dar um mínimo de realidade às pretensões da cidadania (esfera pública). O simbolismo vincula-se, assim, a uma prática inflacionária da positivação jurídica – interpretações (judiciais, sobretudo) sustentadas por base textual insuficiente de normas válidas; decisões políticas sustentadas por pouco apoio no poder efetivo.

Um terceiro aspecto que a abordagem sistêmico-institucional acresceria às contribuições de Neves diz respeito ao entendimento de que a reprodução do direito pode ser insuficiente para a "concretização" de suas promessas não apenas por motivos de corrupção sistêmica na interpretação do direito posto, mas pela inadequação ou insuficiência das instituições que o direito formaliza para si mesmo e para os demais sistemas (procedimentos, órgãos decisórios etc.) – isto é, por um déficit de construção institucional. Neves (2008 [2000]) plausivelmente rechaça a discussão sobre "eficácia das normas constitucionais", que perdeu seu caráter de heterorreferência fática e tornou-se um padrão de autorreferência normativa. Em sentido próprio, eficácia é a constatação empírica da aplicação da norma (a observância espontânea da conduta prescrita ou a imposição efetiva da sanção). A doutrina constitucional passou a considerar a eficácia quase que uma qualificação da validade das normas: a produção de efeitos na relação entre normas. Esse significado é impróprio para descrever o problema da concretização.

A ideia de "concretização normativa" apontada por Neves (2008 [2000]) como alternativa pretende indicar a passagem da norma jurídica à "realidade normada". Parece, porém, que essa concepção aposta excessivamente na interpretação constitucional, descuidando da necessidade de não apenas interpretar normas, mas também de implementar medidas (relacionadas ou não à interpretação da constituição e a procedimentos judiciais). Uma constituição é concretizada também por providências outras que não a interpretação jurídica de textos jurídicos. Além da interpretação estritamente jurídica/ judicial, há a interpretação-aplicação administrativa, na formatação de políticas públicas como meios aptos a implementarem as finalidades programadas pelo direito. E, além da argumentação justificatória das decisões jurídicas e da implementação burocrática de políticas públicas, há a mudança institucional. A inovação institucional é realizada sobretudo na periferia do direito – pela autonomia privada e pelos Poderes políticos. Aliás, assim como há uma doutrina jurídica dogmática, vinculada justamente à vedação da denegação da justiça (e à liberdade de justificação que daí emerge), há um pensamento jurídico voltado para a reforma do direito e dirigido sobretudo às organizações e programas da periferia do sistema (AMATO, 2017).

O quarto aspecto pelo qual a abordagem sistêmico-institucional interpela a contribuição de Marcelo Neves talvez seja a faceta mais visível da inovação de Neves na teoria dos sistemas no plano da sociologia geral (embora esta contribuição esteja situada em escritos de teoria constitucional). Este aspecto diz respeito à concepção de "modernidade periférica" e ao déficit de diferenciação funcional que haveria na região periférica da sociedade mundial (com tendências, portanto, a desdiferenciação e corrupção sistêmica), por contraposição ao caráter altamente formalizado, especializado e diferenciado das regiões centrais (NEVES, 2018 [1992]; 2008 [2000], cap. 5; 2007 [1992], cap. 3). A diferença "centro/ periferia" é aplicável a diversas escalas e não se resume a singularidades culturais nacionais. Essa concepção macrossociológica é vinculada ao problema da corrupção do direito por códigos da política e da economia, da família e da amizade; um exemplo é a abertura que programas jurídicos menos estruturados e argumentações mais substantivas (principiológicas) dariam para mascarar justamente a intrusão no direito dessas diferenças não jurídicas (NEVES, 2013 [2011], cap. 4). A ideia também se aplica na exploração de problemas constitucionais que despertam a colisão de diversas ordens jurídicas na sociedade mundial (NEVES, 2009).

Marcelo Neves também se esforça para encaixar no modelo luhmanniano outros aspectos que a visão "purista" da diferenciação funcional escamoteia: como nas discussões sobre "subinclusão e sobreinclusão" (NEVES, 2005), que visam a recolocar de maneira mais flexível as assimetrias sociais geralmente associadas às desigualdades de classe; ou quando Neves (2015, p. 111, nota 1) apresenta os Estados nacionais como formações político-jurídicas territoriais que são "decorrência da expansão da sociedade mundial (moderna)" – de certo modo, pode-se dizer, a ideia moderna de nação reconstrói a forma segmentária de diferenciação social. Ainda, seria preciso explorar as diversas *escalas* em que ocorre a emergência de periferias nos centros ou vice-versa; assim, a miscelânea de códigos que Neves (2003 [1993]) costuma associar à "modernidade periférica" parece ter muitas expressões para além das regiões (nacionais) usualmente associadas a tal rótulo. Há periferias nos países da "modernidade central", assim como centros nos países da "modernidade periférica" – e também em suas regiões, estados, cidades e bairros.

Talvez as sugestões conceituais e explicativas pelas quais Marcelo Neves inovou a teoria dos sistemas pudessem ser enriquecidas pela assunção mais direta do ponto de partida de que nem tudo na sociedade prevalentemente diferenciada em sistemas funcionais ocorre nos termos da própria diferenciação funcional – e de que esta pode, inclusive, decodificar e reiterar distinções a princípio "não funcionais" (naturais, geográficas e hierárquicas), além de paradoxalmente ter seu potencial de desintegração e inclusividade (LUHMANN, 2013a [1997], p. 25) restringido por aquelas mesmas distinções. A diferenciação funcional é uma das variáveis a se mensurar para identificar as "regras" que estruturam as instituições sob as quais a sociedade se reproduz; ela não é uma realização plena, mas um esforço histórico pelo qual novas estruturas e semânticas construíram novas distinções comunicativas que amainaram ou constrangeram – mas não eliminaram – outras modalidades de diferenciação e desigualdade: associadas a atributos naturais (*e.g.* nacionais e étnicas), a diferenças geográficas (*e.g.* relações de dependência) e a hierarquias sociais (*e.g.* nas organizações).

Conclusão

Marcelo Neves é um dos pensadores que mais contribuíram para o enriquecimento do potencial analítico da teoria dos sistemas de Niklas Luhmann, para a construção de novos conceitos dentro dessa abordagem e para a visualização de seus limites e vieses. Sua contribuição tem vocação mundial e extrapola a própria teoria do direito e da constituição, atingindo igualmente a teoria da sociedade. A melhor postura a se adotar diante das obras de Neves e Luhmann é a crítica construtiva: imitar a postura desses mesmos autores – e, ao segui-los, subverter seus pressupostos e explicações.

Este capítulo buscou propor alternativas e complementos às propostas teóricas de Neves, não simplesmente opondo-as a uma interpretação ortodoxa do próprio Luhmann, mas também questionando as incompletudes ou faltas de ênfase que marcam a própria evolução da obra luhmanniana. Trazendo à luz o conceito de "instituição", marginalizado nessa obra, propus redescrevê-lo como ferramenta crucial para aumentar a acuidade explicativa da teoria sistêmica do direito e da sociedade e para gerar novas hipóteses e caminhos de pesquisa nesta senda. Ao explorar o que está dentro dos sistemas funcionais como o direito, especialmente, compreendemos melhor o problema da autorreferência de um sistema e de sua autonomia operacional diante de outros sistemas sociais, bem como podemos apontar com mais precisão a raiz das assimetrias reproduzidas dentro de uma sociedade funcionalmente diferenciada – mundial e moderna, mas heterogênea e plural nas trajetórias e contextos regionais que a especificam e realizam.

Referências

AMATO, Lucas Fucci. Law and economy without 'law and economics'? From new institutional economics to social systems theory. *In:* CAMPILONGO, Celso Fernandes; AMATO, Lucas Fucci; BARROS, Marco Antonio Loschiavo Leme de (eds.). *Luhmann and socio-legal research*: an empirical agenda for social systems theory. London: Routledge, 2020a.

______. Personalidade jurídica, mercado e opinião pública: uma visão sistêmico-institucional. *Revista Brasileira de Sociologia do Direito*, v. 7, n. 2, p. 78-96, 2020b.

______. Still a European anomaly? Theses on Luhmann, functional differentiation, world. *In:* BARROS, Marco Antonio Loschiavo Leme de; AMATO, Lucas Fucci; FONSECA, Gabriel Ferreira da (eds.). *World society's law:* systemic socio-legal studies. Porto Alegre: Fi, 2020c.

______. Luhmann e Mangabeira Unger: da crítica social ao construtivismo jurídico. *In:* AMATO, Lucas Fucci; BARROS, Marco Antonio Loschiavo Leme de (orgs.). *Teoria crítica dos sistemas?* Crítica, teoria social e direito. Porto Alegre: Fi, 2018. p. 243-277.

______. *Construtivismo jurídico*: teoria no direito. Curitiba: Juruá, 2017.

______. Princípios/ regras, abertura/ fechamento: interpretação e argumentação constitucional entre diferenças e paradoxos. *Revista de Estudos Jurídicos Unesp,* v. 18, n. 27 p. 1-5, 2014.

GRABER, Christoph Beat; TEUBNER, Gunther. Art and money: constitutional rights in the private sphere? *Oxford Journal of Legal Studies,* v. 18, n. 1, p. 61-73, 1998.

LUHMANN, Niklas. Organization and decision. Edited by Dirk Baecker. Translated by Rhodes Barrett. Cambridge: Cambridge University Press, 2018 [1978].

______. Communication about law in interaction systems. *In:* KNORR-CETINA, K.; CICOUREL, A. V. (eds.). *Advances in social theory and methodology: toward an integration of micro- and macro-sociologies.* London: Routledge, 2015 [1981]. p. 234-256.

______. *A sociological theory of law.* Tradução de Elizabeth King-Utz e Martin Albrow. 2 ed. New York: Routledge, 2014 [1972].

______. La economía de la sociedad como sistema autopoiético. *Revista Mad,* n. 29, p. 1-25, 2013b [1984].

______. *Theory of society II.* Tradução de Rhodes Barrett. Stanford: Stanford University Press, 2013a [1997].

______. *Theory of society I.* Tradução de Rhodes Barrett. Stanford: Stanford University Press, 2012 [1997].

______. *Los derechos fundamentales como institución: aportación a la sociología política.* Tradução de Javier Torres Nafarrate. México: Universidad Iberoamericana, 2010 [1965].

______. *¿Cómo es posible el orden social?* Tradução de Pedro Morandé Court. México: Herder, 2009 [1980].

______. Iluminismo sociológico. Tradução de Artur Mourão. *In:* SANTOS, José Manuel (erg.). *O pensamento de Niklas Luhmann.* Corvilhã: Universidade da Beira Interior, 2005 [1967]. p. 19-70.

______. *Law as a social system.* Tradução de Klaus A. Ziegert. Oxford:

Oxford University Press, 2004 [1993].

______. The evolutionary differentiation between society and interaction. *In:* ALEXANDER, Jeffrey C.; GIESEN, Bernhard; MÜNCH, Richard; SMELSER, Neil J. (eds.). *The micro-macro link.* Berkeley: University of California Press, 1987. p. 112-131.

______. The improbability of communication. *International Social Science Journal,* v. 33, n. 1, p. 122-132, 1981.

NEVES, Marcelo. *Constituição e direito na modernidade periférica:* uma abordagem teórica e uma interpretação do caso brasileiro. Tradução de Antônio Luz Costa. São Paulo: WMF Martins Fontes, 2018 [1992].

______. Os Estados no centro e os Estados na periferia: alguns problemas com a concepção de Estados da sociedade mundial em Niklas Luhmann. *Revista de Informação Legislativa,* a. 52, n. 206, p. 111-136, 2015.

______. A constituição e a esfera pública: entre diferenciação sistêmica, inclusão e reconhecimento. *In:* DUTRA, Roberto; BACHUR, João Paulo (Orgs.). *Dossiê Niklas Luhmann.* Belo Horizonte: Editora UFMG, 2013a [2008]. pp. 105-147.

______. *Entre Hidra e Hércules:* princípios e regras constitucionais como diferença paradoxal do sistema jurídico. São Paulo: WMF Martins Fontes, 2013b [2011].

______. *Transconstitucionalismo.* São Paulo: WMF Martins Fontes, 2009.

______. *Entre Têmis e Leviatã:* uma relação difícil: o Estado democrático de direito a partir e além de Luhmann e Habermas. 2 ed. São Paulo: Martins Fontes, 2008 [2000].

______. *A constitucionalização simbólica.* 2 ed. São Paulo: WMF Martins Fontes, 2007 [1992].

______. Between Under-Integration and Over-Integration: Not Taking Citizenship Rights Seriously. *In:* SOUZA, Jessé; SINDER, Valter (eds.). *Imagining Brazil.* Lanham: Lexington Books, 2005. p. 61-90.

______. From legal pluralism to social miscellany: the problem of the lack of identity of the legal sphere(s) in peripheral modernity and its implications for Latin America. *Beyond Law,* n. 26, p. 125-154, 2003 [1993].

______. From the Autopoiesis to the Allopoiesis of Law. *Journal of Law and Society,* v. 28, n. 2, p. 242-264, 2001.

RIBEIRO, Pedro Henrique Gonçalves de Oliveira. *Entre eclusas e espelhos*: a esfera pública vista a partir de uma leitura crítica de Niklas Luhmann e de debates contemporâneos. 2012. Dissertação (Mestrado em Direito) – Faculdade de Direito, Universidade de São Paulo, São Paulo, 2012.

SOLAR CAYÓN, Jose Ignacio. *Política y derecho en la era del New Deal*: del formalismo al pragmatismo juridico. Madrid: Dykinson, 2002.

TEUBNER, Gunther. *Constitutional fragments:* societal constitutionalism and globalization. Tradução de Gareth Norbury. Oxford: Oxford University Press, 2012.

________. *Law as an autopoietic system*. Oxford: Blackwell, 1993 [1989].

Parte II

No Brasil, hidras nos tribunais afogam teoria e prática no lago dos princípios: o Juiz Iolau como uma solução possível

A diferença entre regras e princípios constitucionais e sua relação com o transconstitucionalismo: desparadoxizando Marcelo Neves entre Hidra e Hidra

ALEXANDRE DA MAIA

Introdução: novas cabeças da Hidra em novos espaços

A doutrina e a prática judicial no Brasil foram inundadas por aquilo que Marcelo Neves chamou, em seu livro "Entre Hidra e Hércules", de "lago dos princípios" (NEVES, 2013, p. 221). Tanto no debate desenvolvido no meio acadêmico, quanto na sua operacionalização concreta por juízes e Tribunais, pudemos observar o manejo da diferença entre regras e princípios constitucionais como uma panaceia capaz de dar conta de todos os problemas concernentes à segurança jurídica e à justiça. E a distinção entre regras e princípios constitucionais, no interior do sistema jurídico, foi utilizada em muitas situações, por exemplo, para a materialização de um principiologismo sem limites, como se os princípios encarnassem *de per si* modelos de moralidade com pretensões universalistas, sem considerarmos a hipercomplexidade da sociedade mundial do presente.

Noutras formulações, apela-se para uma distinção baseada em um grau maior de imprecisão semântica dos princípios em relação às regras, quando há situações, e não são poucas, em que princípios podem ser enunciados de forma menos imprecisa semanticamente do que certas regras. Marcelo Neves, em "Entre Hidra e Hércules", cita o exemplo do art. 94, II, do Código Penal, que determina como requisito da reabilitação o "bom comportamento público e privado". A definição do que seria "bom comportamento" pode envolver múltiplas variáveis relacionadas ao contexto social e perspectivas valorativas de quem irá decidir (NEVES, 2013, p. 15-16). Por outro lado, há princípios constitucionais com certo grau de precisão semântica, e Neves cita o da "livre iniciativa", estipulado no art. 1º, II, da Constituição da República (NEVES, 2013, p. 17). Como se vê, esses critérios, assim como outros trazidos no livro em questão, são insuficientes para apontar uma distinção precisa entre regras e princípios constitucionais.

O que se pretende nesta comunicação é apresentar como Marcelo Neves observa a distinção entre regras e princípios constitucionais enquanto diferença paradoxal do sistema jurídico e a sua relação com o transconstitucionalismo. Nesse contexto, e usando a metáfora mitológica do segundo trabalho de Hércules em matar a Hidra de Lerna, Neves apresenta os princípios como Hidra, com cabeças que, na medida em que eram cortadas por Hércules, regeneravam-se, gerando a dificuldade em dar conta do trabalho. Para auxiliá-lo, Iolau passa a cauterizar com tições os pontos em que se cortavam as cabeças. Portanto, usando a metáfora proposta por Marcelo Neves, o espaço da cauterização delimitaria a sorte da Hidra. Pretendemos lançar uma reflexão a partir de dois pontos na análise da relação paradoxal entre regras e princípios, da seguinte forma:

a) se o direito no transconstitucionalismo é um sistema mundial de níveis múltiplos (algo que será detalhado mais adiante), sem que haja uma *ultima ratio* capaz de neutralizar de forma hierárquica e supraordenada a dinâmica entre esses níveis, como pensar a circularidade paradoxal dos princípios em relação às regras se os mecanismos reflexivos podem vir de múltiplos sistemas jurídicos diferentes e, nos mais das vezes, das pontes de transição entre eles? Talvez estejamos aqui diante de uma questão "metodológica";

b) na sociedade hipercomplexa do presente, a noção de *espaço* não fica mais restrita a unidades geopolíticas previamente delimitadas e delineadas, mas reconheço que no sistema jurídico, seus níveis múltiplos podem envolver uma operacionalização a partir de programas e critérios localizados, mas que podem construir "pontes de transição" entre esses níveis. Aliás, esse é um pressuposto do próprio transconstitucionalismo, já que os problemas constitucionais não ficam necessariamente restritos a uma ordem jurídica específica, mas podem ser sedimentados por meio da construção de tais pontes entre várias ordens semelhantes (ex: Estado-Estado) ou ordens jurídicas distintas (Ex: Estado-Direito internacional público). Portanto, outras cabeças da Hidra (portanto, da própria construção recursiva dos princípios no sistema do direito) podem aparecer em outros espaços distintos daqueles cauterizados por Iolau. Estaríamos diante de pontos cegos do juiz Iolau ou, como possibilidade não excludente, do espaço de indeterminação do futuro frente às possibilidades de construção do direito a partir do paradoxo da justiça como fórmula de contingência do sistema jurídico?

Tentarei propor uma desparadoxização da relação entre regras e princípios no transconstitucionalismo pelo entrelaçamento entre Hidra e Hidra.

1 Regras e princípios como "diferença paradoxal do sistema jurídico"

No livro "Entre Hidra e Hércules", podemos sintetizar o argumento de que, na relação entre o sistema jurídico e o seu entorno, os princípios funcionam como mecanismo capaz de absorver a complexidade desestruturada das múltiplas expectativas normativas próprias de uma sociedade hipercomplexa e multicêntrica – incluindo-se as dos envolvidos no processo – para transformá-las em complexidade estruturável para o sistema jurídico; por sua vez, as regras transformam essa complexidade estruturável em complexidade estruturada no âmbito do sistema jurídico de forma a permitir a construção, para o caso, da norma de decisão.

Portanto, não há que se falar em hierarquia entre regras e princípios, como muito se difunde. Ao revés: do mesmo jeito que as regras estruturam a complexidade para que se estabeleçam as normas de decisão, elas tampouco determinam um isolamento unilateral do sistema jurídico em relação ao seu entorno, pois, por conta da complexidade e da contingência, e podemos ter situações de frustração de expectativas quanto de surgimento de outras tantas ainda não cogitadas em um determinado momento presente. Como diz Koselleck, o "horizonte de expectativa" (KOSELLECK, 2006, 305 s.) como categoria histórica pode descortinar possibilidades para o futuro que envolvam continuidades e rupturas envolvidas na multiplicidade de possibilidades do agir e do vivenciar, permitindo, no âmbito do sistema jurídico, uma abertura por meio dos princípios a novas e constantes possibilidades de seleção da complexidade desestruturada do ambiente. Portanto, a relação entre regras e princípios é de circularidade, não de hierarquia.

Essa circularidade pode ser ilustrada na seguinte passagem de "Entre Hidra e Hércules":

> Pode-se dizer, com o devido cuidado, que eles [os princípios] atuam como razão ou fundamento das regras, inclusive de regras constitucionais, nas controvérsias jurídicas complexas. Mas as regras são condições de aplicação dos princípios na solução de casos constitucionais. Ou seja, caso não haja uma regra diretamente atribuída a texto constitucional ou legal nem seja construída judicialmente uma regra à qual o caso possa ser subsumido mediante uma norma de decisão, os princípios perdem o seu significado prático ou servem apenas à manipulação retórica para afastar a aplicação das regras completas, encobrindo a inconsistência do sistema jurídico (NEVES, 2013, p. 134-135).

Pelo fato de os princípios terem a função de transformar a complexidade desestruturada em complexidade estruturável, não é possível extrair diretamente deles a chamada norma de decisão. Eles ampliam as possibilidades de argumentação, atuando como "estímulos à construção de argumentos que possam servir a soluções satisfatórias de casos, sem que essas se reduzam a opções discricionárias", o que permite a abertura para diversos pontos de partida e múltiplos olhares dos vários observadores.

Na síntese de Marcelo Neves, os princípios "estimulam a expressão do dissenso em torno de questões jurídicas e, ao mesmo tempo, servem à legitimação procedimental mediante a absorção do dissenso". Dessa abertura ao dissenso não se extrai, como dissemos, a criação direta da norma de decisão, já que a solução dos casos depende de regras, que servem ao "fechamento da cadeia argumentativa que contorna a interpretação e aplicação concreta do direito". No jogo paradoxal de abertura e fechamento, tão cara à teoria dos sistemas, os princípios abrem a cadeia argumentativa e as regras tendem ao fechamento por meio da "absorção da incerteza".

Nesse contexto da teoria dos sistemas, é possível falar de Constituição como acoplamento estrutural ou de racionalidade transversal entre direito e política (NEVES, 2013, p. 116), já que os chamados "acoplamentos operativos" seriam insuficientes, pois representariam tão somente relações esporádicas e pontuais entre os sistemas sociais. Os acoplamentos estruturais envolveriam, como afirma Neves em seu Transconstitucionalismo "vínculos estruturais que possibilitem as interinfluências entre os diversos âmbitos autônomos da comunicação" (2009, p. 35). Com isso, os acoplamentos estruturais permitem influências recíprocas entre os sistemas no plano das estruturas dos sistemas, sem que haja a perda da autonomia de cada um. Ainda no plano do transconstitucionalismo, Marcelo Neves, a partir da obra de Wolfgang Welsch, reconstrói o conceito de "racionalidade transversal" que pressupõe a existência dos acoplamentos estruturais, em que, no campo das comunicações e suas diferenciações, permitiria o manejo do conceito de "racionalidades transversais parciais" com ênfase no intercâmbio e aprendizado recíproco entre elas, que, nas palavras de Neves,

> pode servir à relação construtiva entre as racionalidades particulares dos sistemas ou jogos de linguagem que se encontram em confronto. Cada racionalidade transversal está vinculada estruturalmente às correspondentes racionalidades particulares, para atuar como uma 'ponte de transição' específica entre elas (NEVES, 2009, p. 42)

Marcelo Neves reconhece que, como forma de dois lados, a racionalidade transversal pode envolver problemas como o "perigo da atomização", traduzido em duas possibilidades: a) o problema de o sistema tender a uma cristalização e com isso gerar uma apatia de forma a fazer com que a consistência interna se torne algo absoluto (como num sistema jurídico estruturado unicamente por regras, em detrimento da adequação social propiciada pelos princípios); b) O que Marcelo Neves chama de "inadequação sobre outras esferas sociais", em que o sistema não consegue oferecer seus elementos estruturais para que outro possa construtivamente incorporá-lo e aprender com ele. Além do "perigo da atomização", teríamos também "o perigo da expansão imperialista de uma racionalidade contra as demais" (NEVES, 2009, p. 47).

Neves argumenta que a Constituição atua como "mecanismo reflexivo mais abrangente do sistema jurídico", haja vista que atua como normatização de processos de normatização. Essa afirmação só tem sentido no contexto da sociedade moderna e de positivação do direito, já que essa reflexividade só tem sentido em um contexto de diferenciação funcional.

A relação circular entre princípios e regras, mencionada anteriormente, envolve as observações de primeira e segunda ordem não no plano das comunicações, mas no das estruturas, ou seja, das expectativas. Nesse sentido, as regras, mais próximas à solução do caso, são observações de primeira ordem em relação ao caso que se busca decidir e à construção da norma de decisão. Os princípios, por sua vez, são observações de segunda ordem ao caso a ser decidido e à norma, já que a evocação aos princípios, enquanto normas de normas, como diz Marcelo Neves, "contam apenas com hipótese normativa ampla", que só ganha contornos mais específicos no momento da concretização, quando a "hipótese normativa ampla" dos princípios ganha um grau de delimitação mediante uma regra que transforma o suporte fático em fato jurídico que faz espraiar efeitos jurídicos específicos. Por isso que, retomemos o raciocínio inicial, os princípios não oferecem os critérios aplicáveis diretamente à solução do caso, pois, como esclarece Marcelo Neves (2013, p. 125) estão no plano estrutural do direito, como observação de segunda ordem, por isso Marcelo Neves afirma que os princípios

> são mecanismos reflexivos em relação às regras, servindo ao balizamento, à construção, ao desenvolvimento, à fortificação ou ao enfraquecimento, à restrição ou à ampliação do conteúdo das regras (NEVES, 2013, p. 131).

Para além dos problemas das racionalidades transversais que envolvem múltiplos sistemas sociais, Marcelo Neves alerta para os perigos, no âmbito do sistema jurídico, da fascinação, que eu poderia dizer que pode existir tanto dos princípios quanto das regras. Construir o direito unicamente a partir de princípios pode gerar o problema de ruptura com a segurança jurídica, já que, como bem alerta nosso autor, "o direito não começa com a decisão daquele caso", e um modelo de direito baseado em princípios envolve o alto risco de ruptura com a consistência interna do direito, podendo dar lugar a decisões tomadas a partir da manipulação retórica dos princípios para fazer prevalecer elementos de outros sistemas sociais, incluindo os elementos relacionais baseados na distinção amigo/inimigo. Dessa forma, as fronteiras operativas do direito se diluem e ele perde sua consistência. De outro lado, basear o direito em um modelo petrificado de regras impede a absorção da complexidade e da contingência próprias da sociedade mundial do presente, impedindo a adequação social do sistema jurídico. Como sabemos, "consistência interna" e "adequação social" constituem o paradoxo da justiça como fórmula de contingência do sistema jurídico.

2 Direito como sistema mundial de níveis múltiplos no Transconstitucionalismo e a discussão da diferença entre regras e princípios

Como sabemos, o transconstitucionalismo, que toma como elemento importante a reconstrução do conceito já aqui trabalhado de "racionalidade transversal", envolve a percepção de que problemas constitucionais – como tais, aqueles relativos a direitos humanos e fundamentais, bem como os referentes à limitação de poder – podem envolver simultaneamente múltiplas ordens jurídicas, quer sejam ordens de mesma espécie ou de tipos distintos (NEVES, 2009, p. 235 s.). Portanto, o transconstitucionalismo envolve um mecanismo capaz de, nas palavras do autor, "delinear as formas de relação entre as ordens jurídicas diversas" (NEVES, 2009, p. 115). Vale salientar que o conceito de "ordem jurídica" aqui empregado não encontra similaridade a modelos estruturalmente hierarquizantes ou baseados no dualismo "ordem estatal" x "ordem jurídica internacional", tampouco corresponde ao conceito de "esferas de juridicidade" apresentado pelo próprio Marcelo Neves no texto "Do pluralismo jurídico à miscelânea social", quando, na década de 90, apresentava uma crítica ao então pulsante movimento do pluralismo jurídico ligado a perspectivas próximas ao debate do direito alternativo, de um lado, e de uma sociologia da retórica jurídica, de outro, ao anunciar a falta de identidade capaz de diferenciar as possíveis "múltiplas ordens jurídicas" existentes no interior do Estado a partir de realidades localizadas em contextos específicos, como as favelas, ocupações urbanas etc.

No transconstitucionalismo, constrói-se a observação de que, na sociedade mundial do presente, o direito se apresenta como um sistema mundial de níveis múltiplos, no qual a reprodução do código "conforme o direito" e "não conforme o direito" envolve inúmeras ordens jurídicas diferentes entre si, com diversos programas e critérios que distinguem umas das outras (NEVES, 2009, p. 115). Pela tese do transconstitucionalismo, como efeito da ampliação da complexidade dos problemas constitucionais para além das esferas estatais específicas, verifica-se que tais problemas surgem em diversas ordens jurídicas nesse sistema multinível e heterárquico, e as respectivas soluções passam pelo entrelaçamento entre essas ordens (NEVES, 2009, p. 121), pelo que um mesmo problema constitucional pode surgir em ordens jurídicas locais, estatais, supranacionais, internacionais e transnacionais isoladamente e também em mais de uma dessas ordens (NEVES, 2009, p. 121). Nesse ponto de entrelaçamento, podemos ter, como observação dessa multiplicidade de níveis, transconstitucionalismo entre ordens estatais distintas (Estado-Estado), entre a direito internacional público e direito estatal, entre direito supranacional e direito estatal, entre ordens jurídicas estatais e transnacionais, entre ordens jurídicas estatais e ordens locais extraestatais, bem como entre o direito supranacional e o direito internacional, além de outras possibilidades em face de ser o direito, como já afirmado, um sistema mundial de níveis múltiplos. Ou seja, um transconstitucionalismo não apenas bidimensional, como aparentemente se coloca, mas pluridimensional, sem que se queira cair nos lugares comuns da hierarquização ou da supraordenação de certas ordens jurídicas em relação a outras, ou mesmo de uma pluralidade de Constituições. Aqui encontramos a possibilidade de pensar em um caminho teórico para enfrentar os dois problemas levantados na introdução deste trabalho: os espaços de produção do direito que, no transconstitucionalismo, aparecem como forma de Hidra, não envolvem necessariamente a pretensão de estabelecer ou determinar uma Constituição, como veremos a seguir.

3 Caminhos para a desparadoxização do juiz Iolau: entre Hidra-problema e Hidra-princípio

Afirmada a emergência dos problemas constitucionais perante ordens jurídicas as mais diversas, reaparecendo a cada momento em forma de Hidra, não há mais uma Constituição-Hércules que possa solucioná-los. A fragmentação dos problemas constitucionais permaneceria desestruturada se cada ordem jurídica pretendesse enfrentá-los isoladamente a cada caso. Impõe-se, pois, um "diálogo" ou uma "conversação" transconstitucional. (NEVES, 2009, p. 121-122).

A chave para enfrentar os problemas colocados envolve a observação de que pode haver um entrelaçamento entre as dimensões de Hidra: de um lado, no plano do transconstitucionalismo, como **Hidra-problema**, ou seja, enquanto problemas constitucionais que reaparecem em ordens jurídicas distintas e por meio das pontes de transição que propiciam o diálogo e a conversação entre elas para uma solução do caso. Assim, o problema espacial é uma falsa questão, já que Hidra, nesse momento, pode reaparecer em múltiplas ordens jurídicas distintas ou por meio da relação entre elas. Como as expectativas nesse elevado grau de complexidade são múltiplas e colidentes, Hidra enquanto problema transconstitucional sempre estará envolta no paradoxo da solução do problema que, ao mesmo tempo, abre-se a novas perspectivas de compreensão e absorção da diferença.

No segundo aspecto, temos **Hidra-princípio**. Afinal, como não há uma "Constituição-Hércules", a dinâmica reflexiva dos princípios sobre as regras não exclui a possibilidade de se pensar caminhos de diálogos transconstitucionais, como o transconstitucionalismo tampouco impede a observação de primeira e segunda ordem em nível estrutural das regras e dos princípios quanto ao caso a ser decidido e à norma de decisão, o que permite, como um dos recursos, a utilização do que Neves chama de ponderação comparativa no contexto argumentativo, distinta do modelo alexiano da ponderação otimizante.

Não há que se falar numa irredutibilidade da Hidra-princípio à Hidra-problema ou da Hidra-problema à Hidra-princípio. Tratam-se de dimensões distintas do direito na sociedade mundial do presente. Na hidra-problema, enquanto articulação e rearticulação de problemas constitucionais nos níveis múltiplos do sistema jurídico mundial; na hidra-princípio, enquanto reflexividade das regras e observação de segunda ordem em nível estrutural do caso a decidir e da norma de decisão.

Com a articulação entre essas duas dimensões que não se excluem, Iolau pode, com a morte de Hércules, acender a pira que permita ver o corpo do seu tio-juiz arder, permitindo algo que envolve a preocupação constante do nosso homenageado: perceber o direito em sua complexidade, não esquecer da diferença e de lidar com os paradoxos da justiça como fórmula de contingência do sistema jurídico, algo que aproxima as duas obras aqui brevemente discutidas.

Referências

KOSELLECK, Reinhart. "Espaço da experiência" e "horizonte de expectativas": duas categorias históricas. *Futuro passado*: uma contribuição à semântica dos tempos históricos. Rio de Janeiro: Contraponto, 2006.

NEVES, Marcelo. Do pluralismo jurídico à miscelânea social: o problema da falta de identidade da(s) esfera(s) de juridicidade na modernidade periférica e suas implicações na América Latina. *Anuário do Mestrado em Direito*. n. 5. Recife: Universitária (UFPE), 1994.

NEVES, Marcelo. *Transconstitucionalismo*. São Paulo: Martins Fontes, 2009.

NEVES, Marcelo. *Entre Hidra e Hércules*: princípios e regras constitucionais como diferença paradoxal do sistema juríico. São Paulo: WMF Martins Fontes, 2013.

A presunção da inocência em desencanto no Brasil (ou um caso de como Marcelo Neves desmistifica a inconsistência hidraforme de Luís Roberto Barroso)

LEONAM LIZIERO
TAINARA QUIRINO

Introdução

O presente texto incialmente se destinará a demonstrar as diferenças básicas existentes entre dois movimentos do constitucionalismo dentro da perspectiva do Brasil Pós-1988: o neoconstitucionalismo e o "pós-positivismo". Em razão de o termo neoconstitucionalismo ser polissêmico, comumente há confusão da sua significação com o pós-positivismo, principalmente porque busca-se um novo conceito constitucional dentro da perspectiva brasileira. Ocorre que, geralmente quando se fala em "pós-positivismo" no Brasil, é atribuído um sentido idealista ao termo, que não possui paralelo em outros países[1].

Como figura-chave deste movimento no Brasil a partir dos anos 1990, Luís Roberto Barroso realiza uma espécie de sincretismo metodológico em sua análise de como são tratados princípios e regras na interpretação e aplicação do Direito Constitucional, sobretudo ao trazer em seus escritos teses de autores críticos ao positivismo jurídico (em *stricto sensu*) Alexy e Dworkin. Conforme será demonstrado, este modo de compreensão do fenômeno jurídico, ao passo que foram tiradas de contexto e balizadas dentro de argumentos essencialmente retóricos[2], tem consequências nefastas na prática e compromete a já pouca normatividade da

---

[1] DIMOULIS, Dimitri. *Positivismo Jurídico:* Teoria da validade e interpretação do Direito. 2 ed. Porto Alegre: Livraria do Advogado, 2018.

[2] BARROSO, Luís Roberto. Neoconstitucionalismo e constitucionalização do direito (O triunfo tardio do direito constitucional no Brasil). *Revista de Direito Administrativo*, n. 240, p. 1-42, 2005, p. 10.

Constituição de 1988.

Marcelo Neves, em *Entre Hidra e Hércules*, desmistifica esse uso (e abuso) meramente retórico dos princípios e propõe um novo olhar a ser atribuído em uma possível distinção entre princípios e regras constitucionais[3]. O recorte dado nesta contribuição foi a análise do voto de Luís Roberto Barroso (agora como Ministro Roberto Barroso) no julgamento da ADC 43, tendo em vista que nesse documento foram utilizados alguns argumentos equivocados teoricamente, como por exemplo a possibilidade de flexibilização da presunção da inocência, por desqualifica-la como regra e, portanto, na leitura de Barroso, passível de ponderação.

Problemas conceituais entre neoconstitucionalismo e "pós-positivismo" no Brasil (o encanto "iluminista" de Luís Roberto Barroso)

Desde a promulgação da Constituição de 1988 a compreensão do Direito brasileiro e o modo de ensiná-lo sofreram significativas mudanças, mas nem todas visivelmente positivas. Entre tantas questões, uma das centrais é a confusão entre neoconstitucionalismo e "pós-positivismo" que tanto colocou o pensamento teórico (e consequentemente, a prática jurídica) em crise. Neste início serão demonstradas algumas diferenças entre os dois termos e como esta confusão acaba comprometendo o conhecimento jurídico.

Incialmente, é preciso uma definição (ainda que não propriamente analítica) do que é o "neoconstitucionalismo" ou mesmo o porquê do uso do nome. Em um aspecto geral, ao ler a palavra neoconstitucionalismo é possível extrair semanticamente do termo o sentido de um modo diferente de pensar o Direito Constitucional brasileiro a partir de algum marco que vem a ser justamente a promulgação da Constituição de 1988. Mas não é apenas acerca deste sentido que a o termo trata. O "neoconstitucionalismo", a depender de sua abordagem, pode ganhar outras significações dadas por uma sorte de autores diversos.

Uma das mais definições mais basilares seria a de que o neoconstitucionalismo "é fruto de uma elaboração surgida no contexto europeu a partir de uma releitura da tradição constitucional

---

[3] NEVES, Marcelo. *Entre Hidra e Hércules*: Princípios e Regras constitucionais. WFM Martins Fontes: São Paulo. 2013.

e a fundação de um novo constitucionalismo"[4]. Tal definição permite o direcionamento da discussão em duas grandes teses básicas (desdobráveis em outras): uma tese de caráter ideológico em relação à política constitucional e uma tese de caráter teórico em relação aos fundamentos da ordem jurídica. Apesar de aproximadas, buscam abordagens distintas acerca de um mesmo fenômeno em um mesmo momento.

Não se pode, porém, deixar de se considerar que, assim como muitos conceitos do conhecimento jurídico, o termo "neoconstitucionalismo" é vago em demasia. Há uma grande gama de obras que versam sobre o tema em diversos idiomas. Para se ter uma ideia, em uma obra organizada por Miguel Carbonell e García Jaramillo é possível encontrar quase vinte artigos que discutem o tema, sendo que boa parte deles se dedicam a apresentar alguma definição do tema[5]. Entre tantos que buscam estudar o tema (de modo mais favorável ou não), há o levantamento de determinadas características do que vem a ser neoconstitucionalismo, como as apresentadas por García Amado. Em uma contribuição neste mesmo citado livro, este autor elenca dez elementos que caracterizam as características definidoras do neoconstitucionalismo, ainda que nem sempre apareçam concomitantemente[6]. Para os propósitos deste trabalho, destacar-se-á o décimo destes elementos: o neoconstitucionalismo possui três componentes filosóficos muito claros: i) o ontológico; ii) o epistemológico e; iii) o sociopolítico[7].

---

[4] LEITE, Glauco Salomão; ALLAIN TEIXEIRA, João Paulo. O Pensamento Jurídico Brasileiro e a reconstrução da dogmática constitucional Pós-1988: o neoconstitucionalismo e a armadilha do protagonismo judicial. In: LEITE, George Salomão; LEITE, Glauco Salomão; STRECK, Lenio Luiz (coord.). *Neoconstitucionalismo*: avanços e retrocessos. Belo Horizonte: Fórum, 2017, p. 53-54.

[5] Vide CARBONELL, Miguel; GARCÍA JARAMILLO, Leonardo (ed). *El canon neoconstitucional*. Bogotá: Universidad Externado de Colombia, 2010.

[6] GARCÍA AMADO; Juan Antonio. Neoconstitucionalismo, ponderaciones y respuestas más o menos correctas. Acotaciones a Dworkin e Alexy. In: CARBONELL, Miguel; GARCÍA JARAMILLO, Leonardo (ed). *El canon neoconstitucional*. Bogotá: Universidad Externado de Colombia, 2010.

[7] GARCÍA AMADO; Juan Antonio. Neoconstitucionalismo, ponderaciones y respuestas más o menos correctas. Acotaciones a Dworkin e Alexy…, p. 371.

O primeiro destes componentes destacado por García Amado é o ontológico. Este componente afirma a existência de uma ordem de valores, um sistema constitucionalmente moral, com alguma carga de bem e ética juntamente com os enunciados do texto constitucional e suas indeterminações. É uma discussão do *ser* da Constituição. O que define uma Constituição, neste aspecto não é apenas a existência de suas características formais (como a previsão de um processo legislativo ou maior dificuldade de alterabilidade de seu texto), mas também necessariamente uma ordem de valores os quais seriam parte de sua composição.

O segundo componente filosófico do neoconstitucionalismo é o epistemológico. Se o ontológico trata da necessária existência de valores necessária na Constituição, este afirma que tais podem ser conhecidos e aplicados aos juízes (e demais decisores). O terceiro, por sua vez, é sociopolítico. Os juízes (em especial) teriam a capacidade de conhecer (ou revelar) os valores presentes na Constituição (por meio da interpretação) e os aplicar ainda que contrariamente uma expressa previsão legal sob a justificativa (na argumentação) de que a decisão é constitucional por trazer alguma motivação de valoração constitucional.

Essa mesma definição (entre tantas) apresentadas por García Amado corrobora com a visão acerca das duas teses: a relacionada à Teoria do Direito e a da Política do Direito. Em relação à segunda, a discussão se refere à uma nova abordagem de se conceber o Direito Constitucional com a finalidade de aliar a proteção constitucional de direitos fundamentais com valores associados à democracia e Estado de Direto (que assim como "neoconstitucionalismo" são conceitos polissêmicos). É uma abordagem, como acima dito, de Política do Direito e nesse ponto pode ser entendida como uma "superação" em relação ao constitucionalismo liberal, cujo modelo foi tradicionalmente perpetuado nos países de modernidade periférica em boa parte dos Séculos XIX e XX[8].

A outra grande tese é a discussão acerca da Teoria do Direito e sobre as propostas de se pensar um novo conhecimento do Direito no Brasil. Este será o principal aspecto problematizado neste

---

[8] Conferir em NEVES, Marcelo. Os Estados no centro e os Estados na periferia: Alguns problemas com a concepção de Estados da sociedade mundial em Niklas Luhmann. *Revista de Informação Legislativa*, Ano 52, n. 206, p. 111-136, 2015.

trabalho. Neste aspecto a noção de "neoconstitucionalismo" se confunde com outra muito aqui propagada: a de "pós-positivismo" e, consequentemente, uma característica a ele inerente: o fetichismo por princípios. Entre tantos aspectos, esta é uma discussão acerca de uma teoria das fontes jurídicas que busca algum modo de negar o positivismo jurídico (ou mesmo superá-lo).

O que é isto, o "pós-positivismo"? Isto o é. Assim como tantos outros termos, a definição não é fácil e nem será possivelmente precisa. Incialmente é necessário alumiar que parte do que se compreende por "pós-positivismo" no Brasil vem de acusações fantasiosas acerca do positivismo jurídico, apresentado muitas vezes caricaturizado[9].

A menção ao pós-positivismo jurídico, como amplamente divulgado no Brasil, parece à primeira vista se tratar de uma corrente de pensamento sólida e estabelecida internacionalmente, inclusive rotulando autores estrangeiros como adeptos desta concepção. Como bem desmistifica Dimoulis, "a pesquisa da bibliografia indica que o temo é praticamente *desconhecido* fora do Brasil. O termo é usado esporadicamente em países de língua alemã"[10] (*nachpositivistisch*), com menções escassas ao termo e com significados diferentes ao longo do tempo[11]. Neste contexto, sobretudo é para reafirmar pressupostos positivistas com algumas modernizações e avanços (Müller[12]) ou em um retorno ao construtivismo (Somek[13]).

---

[9] Ver o Capítulo VI de DIMOULIS, Dimitri. *Positivismo Jurídico*: Teoria da validade e interpretação do Direito. 2 ed. Porto Alegre: Livraria do Advogado, 2018.

[10] DIMOULIS, Dimitri. *Positivismo Jurídico...*, p. 182

[11] DIMOULIS, Dimitri. *Positivismo Jurídico...*, 2018, p. 183.

[12] MÜLLER, Friedrich. *Métodos de Trabalho do Direito Constitucional*. 3 ed. Trad. Peter Naumann. Rio de Janeiro: Renovar, 2005, p. 160-161.

[13] Em uma breve explicação sobre o uso do termo pós-positivismo no incício de sua obra, Somek esclarece: "They variously reinvigorate the long forgotten tradition of constructivism by abstaining from idealizing the legal system and rebuilding our conception of law from the legal relation. It actually joins those authors, such as Marx, who have criticized law as a social institution. It parts company with legal positivism in that it ascribes subjectivity to law. The law is not an abstract object amenable to description. Sources of law are forms of legal knowledge that alter the law. In a sense, they enhance its self-understanding. A value-neutral description of law, even if possible, would be pointless".

No Brasil, contudo, o termo emprega um sentido idealista.

Um dos textos mais divulgados e citados sobre o que vem a ser "pós-positivismo" no Brasil é *O começo da história: a nova interpretação constitucional e o papel dos princípios no direito brasileiro*[14], uma publicação de 2003 de coautoria de Luís Roberto Barroso e Ana Paula de Barcellos. Algumas ideias desenvolvidas neste artigo[15] estão também mais detalhadamente desenvolvidas no *post scriptum* da sexta edição (em 2004) de *Interpretação e Aplicação da Constituição*, de autoria única de Barroso[16].

Luís Roberto Barroso é possivelmente a figura mais importante de todos esses movimentos aqui citados no Brasil dos últimos 30 anos, não unicamente pela qualidade de seus textos acadêmicos, mas pelo caráter político dado por ele ao Direito Constitucional, "convertendo-o em instrumento prático voltado para promover a concretização de valores constitucionais como os direitos humanos e a democracia liberal"[17]. Na introdução de seu manual de Direito Constitucional, Barroso deixa isso muito evidente ao comunicar este sentimento ao leitor: "antes de me tornar professor, fui um militante do direito constitucional. E isso num tempo em que o direito constitucional não dava prestígio para ninguém"[18]. Qualquer estudo sobre o tema deste trabalho (ainda que de modo crítico [como neste texto] às ideias de Barroso) que não passe pelo seu

---

[14] BARROSO, Luís Roberto; BARCELLOS, Ana Paula de. O começo da história: a nova interpretação constitucional e o papel dos princípios no direito brasileiro. *Revista de Direito Administrativo*. Rio de janeiro, n. 232, p. 141-176, 2003.

[15] Críticas ferrenhas às ideias deste artigo estão contidas em relevante trabalho de Christian Lynch e José Vicente Mendonça, que contrapõem a narrativa de que o Direito Constitucional no Brasil antes de 1988 seria uma "pré-história", como tanto enfatizam Barroso e Barcellos. Conferir em LYNCH, Christian Edward Cyril; MENDONÇA, José Vicente Santos de. Por uma história constitucional brasileira: uma crítica pontual à doutrina da efetividade. *Direito e Práxis*, Rio de Janeiro, v. 8, n. 2, p.974-1007, 2017.

[16] BARROSO, Luís Roberto. *Interpretação e aplicação da Constituição*. 6 ed. São Paulo, Saraiva, 2004.

[17] LYNCH, Christian Edward Cyril. Ascensão, Fastígio e Declínio da "Revolução Judiciarista" (2013-2017). *Insight Inteligência*, 79, p. 158-168, 2017, p. 163.

[18] BARROSO, Luís Roberto. *Curso de Direito Constitucional Contemporâneo*: os conceitos e a construção de um novo modelo. 4 ed. São Paulo: Saraiva, 2013.

"constitucionalismo da efetividade", talvez seja carente de credibilidade.

Nesse movimento de estabelecer o Direito Constitucional pós-1988 como o início da história constitucional no Brasil[19] (pois o pré-1988 seria a época do atraso, com o Direito Constitucional na Academia escamoteado como disciplina secundária e a prática jurídica apoiada em leis, regulamentos e portarias), o neoconstitucionalismo ganha um outro lado da moeda, referente à tese relacionada à Teoria do Direito: o "pós-positivismo". Uma vez que, de acordo com esta narrativa de Barroso, o positivismo jurídico seria a faceta teórica do atraso[20], associado ao autoritarismo a legislação e, sobretudo, à limitação dos juízes terem um papel ativo na sociedade para efetivação de direitos previstos no plano constitucional[21], o prefixo *pós* representaria uma superação da

---

[19] Este parágrafo no início do artigo de Barroso e Barcellos é bem significativo nesse sentido: "A Constituição de 1988 foi o marco zero de um recomeço, da perspectiva de uma nova história. Sem as velhas utopias, sem certezas ambiciosas, com o caminho a ser feito ao andar. Mas com uma carga de esperança e um lastro de legitimidade sem precedentes, desde que tudo começou. E uma novidade. Tardiamente, o povo ingressou na trajetória política brasileira, como protagonista do processo, ao lado da velha aristocracia e da burguesia emergente". (BARROSO, Luís Roberto; BARCELLOS, Ana Paula de. O começo da história: a nova interpretação constitucional e o papel dos princípios no direito brasileiro..., p. 142)

[20] No seguinte trecho é possível perceber já uma turva concepção de Barroso sobre o que seria o Positivismo Jurídico (e seu uso de modo caricato pelo autor para justificar uma superação teórica): "Descarta-se. assim. eventual objeção de uma já superada ortodoxia positivista, que restringe o papel do jurista ao estudo do direito posto, rejeitando-lhe a função de propor esquemas para o encaminhamento de futuras opções políticas [...] Em toda linha de pensamento desenvolvida, rejeitou-se a falsa idéia da neutralidade do jurista, de indiferença ante as decorrências ideológicas que sua adesão científica possa favorecer ou mesmo engendrar. Esta é uma mistificação anacrônica do liberalismo". (BARROSO, Luís Roberto. A efetividade das normas constitucionais revisitada. *Revista de Direito Administrativo*, n. 170, p. 30-60, 1994, p. 32.).

[21] Veja-se uma associação (em certa medida, correta) que Barroso faz entre atuação forte do Poder Judiciário como salvaguarda ao autoritarismo pretérito da Ditadura Militar: 'Minha proposição é simples: o fortalecimento de uma corte constitucional, que tenha autoridade institucional e saiba utilizá-la na solução de conflitos entre os Poderes ou

frivolidade sem o retorno ao jusnaturalismo. Esta associação entre positivismo jurídico e autoritarismo é incorreta, mas na narrativa de Barroso tem sua utilidade.

A narrativa acerca do pensamento jurídico brasileiro projetada por Barroso, com um "retorno aos valores" por meio da Constituição de 1988, em uma espécie de retórica sincrética de um iluminismo progressista, cria um "encanto" no Direito Constitucional brasileiro, em contraposição ao seu cinzento passado "positivista" ou ainda a um passado mais obscuro ainda, no qual um jusnaturalismo de cunho iluminista e metafísico, foi desacreditado em razão da emergência do cientificismo característico do positivismo jurídico[22].

Em uma afirmação contra o positivismo jurídico (que faz parte da narrativa proposta por Barroso), diz expressamente que "em busca de objetividade científica, o positivismo equiparou o Direito à lei, afastou-o da filosofia e de discussões como legitimidade e justiça e dominou o pensamento jurídico da primeira metade do século XX"[23]. Este é um erro teórico grave que pode ser esclarecido rapidamente em obras como *O Positivismo* Jurídico de Norberto Bobbio[24] ou a já aqui citada *Positivismo Jurídico*, de Dimitri Dimoulis[25].

---

entre estes e a sociedade (com sensibilidade política, o que pode significar, conforme o caso, prudência ou ousadia), é a salvação da Constituição e o antídoto contra golpes de Estado". (BARROSO, Luís Roberto. Dez anos da Constituição de 1988 (Foi bom pra você também?) *Revista de Direito Administrativo*, n. 214, p. 1-25, 1998, p. 14).

[22] "A superação histórica do jusnaturalismo e o fracasso político do positivismo abriram caminho para um conjunto amplo e ainda inacabado de reflexões acerca do Direito. sua função social e sua interpretação". (BARROSO, Luís Roberto. Neoconstitucionalismo e constitucionalização do direito (O triunfo tardio do direito constitucional no Brasil). *Revista de Direito Administrativo*, n. 240, p. 1-42, 2005, p. 10.)

[23] BARROSO, Luís Roberto. Neoconstitucionalismo e constitucionalização do direito..., p. 4.

[24] Vide a Parte II de BOBBIO, Norberto. *O Positivismo Jurídico:* Lições de Filosofia do Direito. Trad. de Marcio Pugliesi et.al. São Paulo: Ícone, 1995.

[25] "Os positivistas nunca tiveram o irrefreado otimismo de considerar que as leis resolvem os problemas de forma mecânica, tornando o juiz uma espécie de máquina de subsunção, que atuaria de forma previsível, guiado pela certeza normativa, tal como ocorre com uma máquina programada a dar respostas fixas e preestabelecidas". (DIMOULIS, Dimitri. *Positivismo Jurídico...*, p. 186).

Qual a fonte, neste contexto, que sustentaria a afirmação de Barroso que o positivismo jurídico equiparou o Direito à lei e o afastou da filosofia e de discussões sobre legitimidade e justiça? Não há fonte. O uso desta afirmação no texto do Barroso (que se propõe a ser um artigo acadêmico) é meramente retórico. É o encanto na estética pós-positivista.

O discurso "pós-positivista", entre tantas características, busca sedimentar uma explicação relacionada à teoria das fontes: as normas jurídicas seriam gênero dos quais regras e princípios seriam espécies: "O reconhecimento de normatividade aos princípios e sua distinção qualitativa em relação às regras é um dos símbolos do pós-positivismo"[26]. Em especial, esta distinção geralmente aparece relacionada ao nome de dois autores, Dworkin e Alexy, que utilizam esta divisão para propósitos específicos em suas críticas ao positivismo jurídico vindos de tradições diferentes, mas que na retórica sincrética do Brasil (fortemente capitaneada por Barroso[27]) parecem ser visto como complementares para conferir uma aparente credibilidade teórica. O uso dos princípios encanta o intérprete, em especial o juiz[28], que pode usar a "fonte" para decidir conforme "valores constitucionais" que são originados de suas convicções. Uma consequência inerente a este encantamento pelo uso de

---

[26] BARROSO, Luís Roberto. Neoconstitucionalismo e constitucionalização do direito..., p. 10.

[27] Segundo Barroso, "A existência de colisões de normas constitucionais leva à necessidade de ponderação" (BARROSO, Luís Roberto. Neoconstitucionalismo e constitucionalização do direito..., p. 11). Ao fazer esta afirmação em artigo publicado, Barroso referencia na mesma nota Ronald Dworkin e Robert Alexy, o que induz ao leitor que os dois autores sustentam nas obras referenciadas (*Levando os Direitos a Sério* e *Teoria dos Direitos Fundamentais*, respectivamente), como se os dois apoiassem a colisão de princípios em ponderação do modo exposto. Esta é uma impropriedade teórica evidente, cujo uso dos citados autores (pela sua relevância mundial) serve aqui como argumento de autoridade.

[28] "Quanto ao papel do juiz, já não lhe caberá apenas uma função de conhecimento técnico. voltado para revelar a solução contida no enunciado normativo. O intérprete torna-se co-participante do processo de criação do Direito, completando o trabalho do legislador ao fazer valorações de sentido para as cláusulas abertas e ao realizar escolhas entre soluções possíveis". (BARROSO, Luís Roberto. Neoconstitucionalismo e constitucionalização do direito..., p. 9)

princípios está no surgimento do Juiz Hidra, figura proposta na tese de Marcelo Neves (que será colocada em evidência adiante como modo de desencantar tal fascínio principialista).

Veja-se uma significativa passagem escrita por Barroso ao pensar o "pós-positivismo" aplicado: "Já os princípios expressam valores a serem preservados ou fins públicos a serem realizados. Designam 'estados ideais' [...]Nos casos de colisão de princípios, será, então, necessário empregar a técnica da ponderação, tendo como fio condutor o princípio instrumental da proporcionalidade"[29]. Poderia ser um trecho de um texto acadêmico de Barroso, mas são suas expressas palavras em seu voto do HC 126.292 (2016), já na função de Ministro do Supremo Tribunal Federal, no qual entendeu que "a execução da pena após a decisão condenatória em segundo grau de jurisdição não ofende o princípio da presunção de inocência ou da não culpabilidade (CF/88, art. 5º, LVII)"[30].

Por excluir o caráter de regra da norma contida neste dispositivo constitucional, Barroso entendeu que "a presunção de inocência é princípio (e não regra) e, como tal, pode ser aplicada com maior ou menor intensidade, quando ponderada com outros princípios ou bens jurídicos constitucionais colidentes"[31]. Uma limitação séria a direitos fundamentais é resultante deste modo de compreender de modo restritivo a presunção de inocência, a classificando como "princípio" e enquanto tal, o permitir "colidir" com outros em um exercício de "ponderação", cujo voto somou aos outros da posição até então dominante no STF que limitou direito fundamental e encarcerou condenados em segunda instância, mas cujo processo ainda não havia transitado em julgado.

A rotulação de princípio como limitador da presunção de inocência no voto de Barroso na ADC 54: o debate teórico emerge na solução concreta

No julgamento da ADC 54, na qual se discute a possibilidade de

---

[29] STF. Habeas Corpus n. 126.292. Relator: Min. Teori Zavascki. São Paulo, DJ: 07/02/2017. STF, 2017. Disponível em: <http://portal.stf.jus.br/processos/detalhe.asp?incidente=4697570>. Acesso em 27 de jun. 2020.

[30] Idem.

[31] Idem.

prisão após o julgamento de segundo grau, (envolvendo o debate acerca da presunção da inocência e a interpretação do art. 283 do CPP), o Ministro Luís Roberto Barroso decidiu pela interpretação no sentido de que poderia haver a prisão apenas após o julgamento na segunda instância (manteve assim seu entendimento anteriormente exposto). Segundo o Ministro, em suas palavras iniciais, esse entendimento não prejudica o princípio da presunção da inocência, consagrado no art. 5º, LVII que diz: "ninguém será considerado culpado até o trânsito em julgado de sentença penal condenatória".

Barroso traz três argumentos principais para consolidar seu posicionamento[32]. O primeiro deles é a alegação de que não há empecilho, com base na interpretação da Constituição Federal, para a ocorrência da prisão antes do trânsito em julgado. Cita, inclusive, o artigo já mencionado e em complemento a esse cita também o inciso LXI, o qual trata da prisão em flagrante e delito ou por ordem escrita e fundamentada. Ocorre que, segundo o art. 302 do CPP, o flagrante e delito é tratado em hipóteses excetivas, assim como a ordem escrita e fundamentada, que precisa demonstrar a real necessidade da prisão, não constituindo a regra. Sendo assim, Barroso interpreta o corpo do restante das leis existentes com base na premissa da não proibição da prisão antes do fim real do processo[33].

---

[32] O site que transcreveu o discurso proferido pelo ministro sobre o qual a temática é tratada apenas foi utilizado para a análise do voto, já que na presente data o STF ainda não publicou oficialmente o julgamento. STF. *Ação Declaratória de Constitucionalidade 43*. Relator: Min. Marco Aurélio. Distrito Federal. 22/06/2020. Pp. 1. Disponível em:< https://www.conjur.com.br/dl/leia-voto-ministro-barroso-execucao. pdf > . Acesso em: 22 de Jun. 2020.

[33] Inclusive, na ocasião desta ADC, o Ministro Gilmar Mendes contrapôs essa argumentação, realizando também um levantamento histórico-jurídico das normas de âmbito penal. Nessa análise, Gilmar Mendes deixa claro que tem havido uma tendência de liberalização do cárcere e nova legislação com inclinação para excepcionalidade da prisão: A Lei 5.941/1973 conferiu nova redação aos arts. 408 e 594 do CPP, para prever que, se o réu condenado ou pronunciado fosse primário e apresentasse bons antecedentes, poderia o juiz sentenciante "deixar de decretar-lhe a prisão ou revogá-la, caso já se encontrasse preso". Além disso, a alteração legislativa inseria as mesmas excepcionalidades para afastar a necessidade de o réu estar preso para

A segunda justificação apresentada pelo Ministro Barroso é demasiadamente complexa, todavia foi reduzida a algumas linhas que explanam que o princípio da presunção da inocência, por ser assim intitulado, não satisfaz a condição tudo ou nada (característica da regra), portanto, deve ser ponderado com outros princípios e valores constitucionais (de modo como foi argumentado também no já citado HC 126.292),. Segundo Barroso, quando o julgamento chega mais perto do segundo grau, o interesse social acerca da efetividade mínima do sistema penal se sobrepõe ao princípio da presunção da inocência[34].

O último argumento colocado em evidência por Barroso alega que após o segundo grau não haveria mais dúvidas acerca da autoria e materialidade, nem tampouco cabe a discussão sobre fatos e provas, sendo necessária e imprescindível a prisão para que as instituições judiciárias tenham credibilidade[35]. Esse posicionamento dá a impressão de que, chegado o segundo grau, não haveria prejuízos ao réu em caso de prisão equivocada, dado o preenchimento dos requisitos tidos pelo Ministro como suficientes

---

interpor o recurso de apelação. Embora o "Fator Fleury" seja apontado como um "salto" no regime de segregações cautelares, fato é que as modificações posteriores do CPP caminharam igualmente no sentido da liberalização e da consagração da excepcionalidade das prisões provisórias" (STF.*Ação Declaratória de Constitucionalidade 43*. Relator: Min. Marco Aurélio. Distrito Federal. 22/06/2020, p. 6. Disponível em: < https: // www.conjur.com.br/dl/voto-gilmar-mendes1.pdf> Acesso em: 22 de jun. 2020)".

[34] STF. *Ação Declaratória de Constitucionalidade 43*. Relator: Min. Marco Aurélio. Distrito Federal. 22/06/2020, p. 1. Disponível em:< https://www.conjur.com.br/dl/leia-voto-ministro-barroso-execucao. pdf. > Acesso em: 22 de jun. 2020.

[35] Idem. Barroso apresenta alguns dados que buscam reforçar sua motivação acerca da credibilidade do Poder Judiciário estar neste caso relacionada a evitar a prescrição de ações penais: "(i)no Supremo Tribunal Federal, de um total de 25.707 recursos extraordinários julgados em matéria penal, somente em 1,12% deles houve decisão favorável ao réu, sendo que em apenas 0,035% dos casos ocorreu a absolvição; (ii) no Superior Tribunal de Justiça, de um total de 68.944 decisões proferidas em recursos especiais ou em agravos em recursos especiais, o percentual de absolvição não passou de 0,62%; (iii) num intervalo de 2 anos, quase mil casos prescreveram no âmbito do Supremo Tribunal Federal e do Superior Tribunal de Justiça"

para executar a prisão[36].

Um desdobramento deste argumento pode ser questionado em razão do desconhecimento desse tipo metodológico de escolha trata-se da seguinte proposição afirmada por Barroso: dada a volubilidade dos votos acerca dessa discussão, fica claro que existem vários sentidos para a norma discutida, estando em questão a escolha que cada um faz. Para ele, a escolha correta seria seguir padrões mundiais acerca do processo legal e justiça, todavia, há de se ressaltar que essa norma exegética é desconhecida[37]. Além disso, acaba por ir de encontro ao seu próprio argumento inicial de ponderação de princípios, já que escolher não significa ponderar[38].

Ainda vale a pena ressaltar uma alegação um tanto problemática realizada por Barroso nessa discussão. Ele afirma que a interpretação vigente à época (impossibilidade de prisão somente após condenação em segundo grau), que perdurou até 2016, na realidade não diminuiu o número de encarceramentos. Demonstra que após 2016 houve queda no número de prisões provisórias[39]. Todavia, sob uma observação polêmica, "sejam essas as causas ou não, há um inexorável e demonstrável fato objetivo: os índices de encarceramento diminuíram após a mudança de entendimento do STF que permitiu a execução após o esgotamento das instâncias

---

[36] O Ministro Gilmar Mendes, neste aspecto, contrapôs diametralmente os argumentos expostos por Barroso. Mendes destaca em um tópico específico do seu voto situações em que o STF e o STJ tiveram de corrigir ilegalidades ocorridas em instâncias inferiores. Sumariamente, Mendes trata com as seguintes palavras a discordância da ideia central de Barroso: "os desdobramentos das nossas decisões anteriores nos últimos anos parecem afastar em definitivo a ideia de que o julgamento de RE e REsp não são determinantes para a formação da culpa" (STF. *Ação Declaratória de Constitucionalidade 43*. Relator: Min. Marco Aurélio. Distrito Federal. 22/06/2020, p. 16. Disponível em:< https://www.conjur.com.br/dl/voto-gilmar-mendes1.pdf> Acesso em: 22 de jun. 2020).
[37] STF.*Ação Declaratória de Constitucionalidade 43*. Relator: Min. Marco Aurélio. Distrito Federal. 22/06/2020, p. 7 Disponível em: < https://www.conjur.com.br/dl/leia-voto-ministro-barroso-execucao.pdf>. Acesso em: 22 de jun. 2020.
[38] Idem.
[39] Idem.

ordinárias"[40].

Há uma já identificável contradição que também havia sido mencionada no já aqui mencionado Habeas Corpus n. 126.292[41]. O ministro Barroso escreve longamente sobre o argumento de que opinião pública não pode constituir juízo algum[42]. Todavia, logo em seguida volta a alegar que a interpretação pleiteada na Ação Declaratória traria "descrédito do sistema de justiça penal junto à sociedade, pela demora na punição e pelas frequentes prescrições, gerando enorme sensação de impunidade"[43].

Outros dois tópicos mais destacados pelo ministro Barroso tratam da ausência de exigência do trânsito em julgado em outras legislações e a corrupção. No tocante ao posicionamento de que outros países não exigem o trânsito em julgado para a execução da prisão, há divergência. Barroso afirma que países como Inglaterra, Estados Unidos, Canadá, Alemanha, França, Portugal, Espanha e Argentina não exigem o trânsito em julgado e cita respectivos diplomas normativos com conteúdo informativo de que ninguém será preso até a formação da culpa, que segundo o Ministro, não

---

[40] Idem. Neste mesmo sentido, Barroso é rebatido no voto de Gilmar Mendes que mais uma vez demonstra entendimento oposto. Segundo Mendes, "a diminuição de prisões provisórias na realidade se dá pelas mudanças impostas pelo CPP, como por exemplo a revogação da obrigatoriedade de prisão preventiva obrigatória em razão de crimes que resultassem em pena de reclusão igual ou superior a dez anos". (STF. *Ação Declaratória de Constitucionalidade 43*. Relator: Min. Marco Aurélio. Distrito Federal. 22/06/2020. P. 6. Disponível em:< https://www.conjur.com.br/dl/voto-gilmar-mendes1.pdf> Acesso em: 22 de jun. 2020).

[41] STF. Habeas Corpus n. 126.292. Relator: Min. Teori Zavascki. São Paulo, DJ: 07/02/2017. *STF*, 2017. Disponível em: <http://portal.stf.jus.br/processos/detalhe.asp?incidente=4697570>. Acesso em: 27 de jun. 2020.

[42] STF.*Ação Declaratória de Constitucionalidade 43*. Relator: Min. Marco Aurélio. Distrito Federal. 22/06/2020. Pp. 11-12. Disponível em:< https://www.conjur.com.br/dl/voto-gilmar-mendes1.pdf> Acesso em: 22 de jun. 2020.

[43] STF.*Ação Declaratória de Constitucionalidade 43*. Relator: Min. Marco Aurélio. Distrito Federal. 22/06/2020. P. 15. Disponível em:< https://www.conjur.com.br/dl/leia-voto-ministro-barroso-execucao.pdf>. Acesso em: 22 de Jun. 2020.

significa trânsito em julgado[44]. Em relação à corrupção, Barroso afirma em diversas passagens do texto que a interpretação de que a prisão somente pode ocorrer com o trânsito em julgado do processo favorece somente aos mais ricos[45].

Perceba-se que o discurso de Barroso neste caso tomado como exemplo demonstra que deficiências teóricas possuem uma faceta problemática na prática dos tribunais. Barroso em seu voto, como aqui demonstrado, utiliza-se de vários e vários critérios para defender uma *interpretação conforme* a Constituição do art. 283 do CPP "para excluir a interpretação que impeça a possibilidade de execução de condenação criminal depois do segundo grau, porque acho que essa é a interpretação mais adequada da Constituição"[46].

Antes dessas palavras (que encerram a transcrição de seu voto oral na ADC 43), há dois parágrafos muito significativos (o antepenúltimo e o penúltimo) neste voto que permitem enxergar o Barroso como um agente motor do constitucionalismo da efetividade, que compreende o papel protagonista do julgador no Brasil Pós-1988. É uma concretização em um caso de extrema importância nacional da narrativa estabelecida por ele (em especial a partir do já muito citado artigo de 2003) acerca a divisão entre Pré-história e História constitucional brasileira, em seu afã iluminista de superação do atraso no Brasil[47]. Neste sentido, conforme a leitura que Lynch faz do papel de Barroso neste contexto, "o direito constitucional, manejado pelas lentes do neoconstitucionalismo, teria por fim reconstruir a República brasileira contra seus males seculares"[48].

Veja-se: no antepenúltimo parágrafo, Barroso diz: "quando eu interpreto a Constituição e estabeleço limites legítimos para direitos

---

[44] Idem.

[45] Idem.

[46] Idem.

[47] De acordo com o que é apresentado por Lynch, Barroso é "um kantiano assumido, que acredita em um processo histórico de avanço civilizacional e aposta no judiciarismo, exercido por meio da hermenêutica neoconstitucional, como instrumento de superação do atraso nacional". (LYNCH, Christian Edward Cyril. Ascensão, Fastígio e Declínio da "Revolução Judiciarista" (2013-2017). *Insight Inteligência*, 79, p. 158-168, 2017, p. 163).

[48] LYNCH, Christian Edward Cyril. Ascensão, Fastígio e Declínio da "Revolução Judiciarista" (2013-2017) ..., p. 163.

fundamentais [...], eu me preocupo em dar os incentivos certos para as pessoas. É preciso mudar paradigmas no Brasil e superar tempos passados no Brasil"[49]. É notório que Barroso entende que o atraso que insiste em permanecer na sociedade brasileira (ainda que naquele momento já a havia passado mais de 30 anos de 1988) e que ele, enquanto agora Ministro do STF, precisa assumir o papel (mais que nunca) do motor da efetividade constitucional. Continua: "Nós queremos mudar essa história, em que o crime compensa, os bandidos perseguem os mocinhos e o mal vence no final. E restabelecer, nas pessoas em geral, a crença de que vale a pena ser honesto, agir de boa-fé. E restabelecer a primazia dos bons sobre os espertos"[50]. Barroso aqui evoca o discurso da moral como modo de corrigir um problema social: o da corrupção. Neste caso, uma interpretação conforme que fosse restrita à presunção de inocência seria meio para contribuir na superação do atraso. Novamente aqui Barroso utiliza do encanto de modo a encobrir a restrição a direito fundamental.

No parágrafo seguinte, a hermenêutica constitucional como mecanismo de atribuição de sentido elástico à presunção de inocência, tal qual uma cruzada contra o atraso, fica mais em evidência: "É assim que eu interpreto a Constituição, porque acho que esses são os valores que estão nela inscritos. E, portanto, acho que o Supremo em boa hora mudou para melhor a jurisprudência. Nós começamos a melhorar o país"[51]. Neste ponto, percebe-se que o "pós-positivismo" tão evocado por Barroso em seus escritos acadêmicos adquire uma dimensão prática na medida em que se estabelece como uma visão do conhecimento jurídico que serve ao enorme subjetivismo na tomada de decisão por parte dos juízes (de modo muito maior e desordenado do que a ampla discricionariedade do positivismo jurídico) e, por consequência, enfraquece a tão pouca normatividade da Constituição de 1988, que em si se figura como

---

[49] STF. *Ação Declaratória de Constitucionalidade 43*. Relator: Min. Marco Aurélio. Distrito Federal. 22/06/2020, p. 35. Disponível em:< https://www.conjur.com.br/dl/leia-voto-ministro-barroso-execucao.pdf>. Acesso em: 22 de jun. 2020.
[50] Idem.
[51] Idem.

uma Constituição nominalista[52] na leitura de Marcelo Neves[53].

Marcelo Neves desencanta o encanto "pós-positivista" (ou o desvelamento do fascínio princialista)

Marcelo Neves, em *Entre Hidra e Hércules*[54], realiza uma longa explicação baseada em autores como Alexy, Dworkin, Habermas, Teubner para chegar a uma tese atualizada[55], possível e concreta sobre a solução dos casos difíceis envolvendo conflitos entre princípios e regras[56].

A característica "tudo ou nada" inerente às regras e de que os

---

[52] Em relação às Constituições nominalistas, Neves explica que "falta-lhes, em larga medida, força normativa; elas fracassam na função especificamente jurídica de generalização congruente de expectativas normativas de comportamento. Fala-se, então, de 'constitucionalismo aparente'. Nesse caso, a constitucionalização ou o texto constitucional servem, porém, à legitimação simbólico-ideológica do poder mediante efeitos que ocultam a realidade e eliminam possiblidades". (NEVES, Marcelo. *Constituição e Direito na Modernidade Periférica*: uma abordagem teórica e uma interpretação do caso brasileiro. Trad. de Antônio Luz Costa. São Paulo: Martins Fontes, 2018, p. 148).

[53] "Com a elaboração da Constituição de 1988, completou-se a transição do instrumentalismo constitucional para um novo nominalismo constitucional. Não há até o momento uma perspectiva segura para a realização do Estado de direito democrático sugerido no documento constitucional". (NEVES, Marcelo. *Constituição e Direito na Modernidade Periférica...*, p. 208).

[54] NEVES, Marcelo. *Entre Hidra e Hércules*: Princípios e Regras constitucionais. WFM Martins Fontes: São Paulo. 2013.

[55] "[A tese] concentrar-se-á criticamente no debate jurídico-constitucional que se desenvolve desde os anos 1970 do século XX sobre princípios e regras constitucionais, particularmente sob o impacto das obras de Ronaldo Dworkin e Robert Alexy, para, a partir daí, oferecer um modelo alternativo e apontar para os limites e equívocos da recepção da principiologia jurídica e prática constitucional brasileira". (NEVES, Marcelo. *Entre Hidra e Hércules...*, p. XXV).

[56] "Oferecerei um modelo para a distinção entre princípios e regras constitucionais, enfatizando tratar-se de uma diferença jurídico-dogmática que emerge com o constitucionalismo moderno. Nesse contexto, os princípios serão definidos como mecanismos reflexivos em relação às regras e analisar-se-á a relação circular entre estas e aqueles". (Idem).

princípios podem ser sopesados de acordo com sua importância advém de Dworkin, conforme menciona Neves[57]. Foi muito utilizado para servir de subsídio para compreensão a sobre aplicação de regras e princípios[58]. Todavia, diferentemente do que muitas vezes é apresentado, a qualificação de determinada norma como princípio ou regra não encontra sentido a não ser dentro da prática argumentativa, independentemente de como o texto normativo designa[59].

Neves compreende a categorização daquilo que é princípio ou regra não se dá pela forma pela qual comumente é chamado, mas sim pela forma de incorporação ao ordenamento jurídico. Com base em autores como Aulis Aarnio, Neves afirma inclusive que existem as normas híbridas, que são princípios que cumprem a função de regras. Não existe um padrão (pré-estabelecido ao menos) para o que é princípio e o que é regra[60].

Para Neves, por exemplo, a proporcionalidade em sentido estrito (contida dentro do critério do princípio/máxima/postulado da proporcionalidade geral) é, na realidade, um híbrido, ao passo que estruturalmente se apresenta como uma regra, já que constitui uma maneira definitiva de solucionar o caso e funcionalmente é "um princípio, pois atua no nível reflexivo do sistema jurídico, articulado com os princípios que pretende sopesar"[61].

Ainda na perspectiva do não acolhimento total de nenhum modelo estabelecido anteriormente, Neves procura outro modelo que pareça mais coerente e ideal dentro da atualidade. É nesse contexto que é inserida a ideia de circularidade entre princípios e regras[62].

---

[57] "Os princípios, ao contrário das regras, possuem, segundo Dworkin, "a dimensão de peso". Quando há entrecruzamento entre princípios, cumpre definir qual é o mais relevante para a solução do caso". (Ibidem..., p. 53).

[58] Ibidem, p. 52-53.

[59] Ibidem, p. 100.

[60] Ibidem, p. 103-105.

[61] Ibidem, p. 111.

[62] "Não há uma relação linear entre estruturas ou processos reflexivos e estruturas e processos "reflexionados". A reflexividade em geral implica uma relação circular. [...] Os princípios constitucionais servem ao balizamento, construção, desenvolvimento, enfraquecimento e fortalecimento de regras, assim como, eventualmente, para restrição e ampliação do seu conteúdo. Em suma, pode-se dizer, com o devido

O que se percebe claramente em Neves, além de uma proposta teórica em que se possa pensar de modo contextualizado e localizado uma distinção entre regras e princípios em conformidade com os planos de observação de primeira e segunda ordem, respectivamente, um modo de proteger a dogmática jurídica do uso e abuso dos princípios.

Há uma passagem de Neves bem significativa ao expor a circularidade entre regras e princípios; caso não haja regra que possa ser diretamente aplicada[63] ao texto da Constituição ou de lei (ou ainda que construída judicialmente a ser aplicada à decisão), "os princípios perdem o seu significado prático ou servem apenas à manipulação retórica para afastar a aplicação de regras completas, encobrindo a inconsistência do sistema jurídico"[64]. Quando no tópico anterior foi citada a justificação presente no voto de Luís Roberto Barroso na ADC 43 houve justamente este afastamento que Neves aponta: Barroso inicia o argumento dizendo que a presunção de inocência é princípio (e não regra). O que Barroso faz, nesta leitura, é manipulação retórica com o intuito de não aplicar a concretização do art. 5º, LVII, da CF/88, de modo a desarticular a relação necessária entre regras e princípios. Veja-se o Neves diz em seguida: "a inflação de argumentos principialistas implica a perda de importância dos princípios constitucionais como critério de solução de casos"[65].

Assim, os princípios (observação de segunda ordem) não podem ser aplicados sem algum tipo de intermediação de regras (plano da observação de primeira ordem), sejam elas resultado de uma legiferação (como o texto constitucional e as leis no geral) ou construções jurisprudenciais. Neves propõe uma distinção entre princípios e regras que, conforme defende, tem relevância apenas no

---

cuidado, que eles atuam como razão ou fundamento de regras, inclusive de regras constitucionais, nas controvérsias jurídicas complexas. Mas as regras são condições de aplicação dos princípios na solução de casos constitucionais". (Ibidem, p. 134).

[63] Aplicação do direito (*Rechtsanwendung*), no sentido usado por Neves, é "a fixação concreta do significado de um texto normativo positivo em relação a um caso determinado, o que inclui a produção das respectivas 'norma jurídica' e 'norma de decisão'". (NEVES, Marcelo. *Constituição e Direito na Modernidade Periférica...*, p.146).

[64] NEVES, Marcelo. *Entre Hidra e Hércules...*, p. 135.

[65] Ibidem, p. 136.

plano da argumentação[66]. De modo a expor visualmente como operam circularmente a distinção (no plano da estática) entre regras e princípios em Neves, apresenta-se a seguinte ilustração:

Nível de estruturas

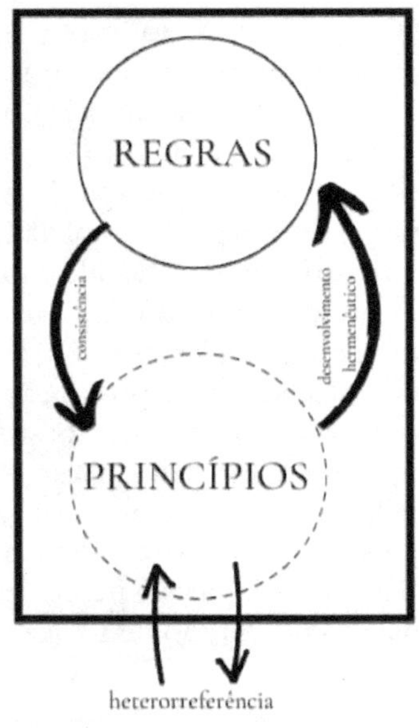

Primeira ordem
- condensam expectativas normativas que se dirigem imediatamente à solução do caso
- Excluem incidência de outras regras
- Construção de norma de decisão do caso (enunciado completo)

Segunda ordem
- incialmente são vistos como hipótese ampla
- precisam do processo concretizador (à luz de uma regra)
- não oferecem critérios definitivos de solução
- seleciona expectativas normativas com pretensão de validade moral diante diversidade
- são mecanismos reflexivos (estruturas mais abrangentes de um sistema jurídico)

Fonte: Elaborado por Leonam Liziero (2020)

É possível perceber a interdependência entre princípios e regras também relacionada ao momento de concretização da norma jurídica. Ao justificar a juridicidade dos princípios (ou seja, como pertencentes ao sistema jurídico), Neves alumia que as normas não surgem somente no final do processo de concretização, uma vez que caso o fosse, juízes e demais aplicadores do Direito não estariam subordinados propriamente à alguma norma. Deste modo, a norma jurídica implica uma relação recíproca entre a instância criadora de produção da norma e a instância de construção hermenêutica[67]. De modo a refutar teses voltadas ao realismo jurídico, Neves deixa claro que a interpretação e argumentação do Direito dependem do texto

---

[66] Ibidem, p. 125.
[67] Ibidém, p. 126.

normativo.

Desse modo, previamente é possível inferir que: (i) os princípios não são independentes das regras, fortificam a capacidade de reprodução do sistema jurídico de modo adequado e cumprem função basilar de adequação social do direito em casos complexos[68]; (ii) os aplicadores das normas (juízes em especial) não possuem independência do sentido do texto emitido pelos Constituintes ou legisladores ordinários, mas sim uma relação de reciprocidade[69].

Nesse ponto, com essa breve explicação da proposta teórica de Neves em *Entre Hidra e Hércules*, é possível avançar em demonstrar como a presunção de inocência não é meramente "princípio", como argumenta o Ministro Barroso no já citado voto, resultado de toda uma concepção sustentada pelo encanto principialista do "pós-positivismo". Considerar a presunção de inocência como somente princípio é um efeito prático (com alto impacto social) que direciona para um cenário (cada vez mais crescente) de desestabilização das expectativas normativas e, consequentemente, de insegurança jurídica.

Ainda que os princípios tenham a função no Direito moderno de proporcionar uma reprodução adequada do sistema jurídico, há o risco da fascinação que gera consequência desastrosas, que transmutam os princípios em *topoi* que acortinam problemas de inconsistência do Direito. Neves entende o fascínio principialista como lesivo à resolução de questões acerca de regras e, parte deste problema está na concepção de que o "neoconstitucionalismo" no Brasil significa o início da História constitucional. Ao referenciar exatamente o artigo de Barroso e Barcellos de 2003, Neves observe que é preciso "ter cuidado com a referência ao 'começo da história" para sugerir uma inexistência de orientação por argumentações principiológicos na tradição jurídico-constitucional brasileira anterior"[70].

Os princípios, neste sentido, seriam termos mais sedutores ao abuso para justificativas inconsistentes justamente por sua função de abertura cognitiva do Direito. Assim, podem ser usados de modo a mais facilmente a justificar soluções que retroalimentam o enfraquecimento da consistência da ordem jurídica, de modo a

---

[68] Ibidem, p. 132.
[69] Ibidem, p. 128.
[70] Ibidem, p. 174.

atender interesses que não se justificam no aspecto geral da aplicação do Direito. Ao mesmo tempo em que teoricamente esta formulação principiológica se mostra inconsistente, há um reflexo do abuso do uso dos princípios no campo prático.

Um dos desdobramentos mais comuns do encanto principialista no Brasil é a supervalorização dos princípios em relação às regras, em uma estranha desordem estática, na qual faz parecer que os princípios são superiores hierarquicamente às regras e que, consequentemente, estas poderiam deixar de ser aplicadas quando o juiz considerar que há um conflito em relação àqueles. Esta invocação emotiva por algum sentido de justiça, presente nos princípios, que seriam superiores às regras, gera um cenário de enorme instabilidade jurídica.

É justamente o que Barroso faz em seu voto no HC 126.292 e na ADC 43, ainda que de modo bastante sutil. Barroso descaracteriza a presunção de inocência como regra e a rotula como princípio. Como tal, Barroso a confere um sentido com base em suas convicções pessoais e em sua leitura acerca de vagos conceitos como moralidade pública e justiça.

Veja-se que conceitualmente, no voto da ADC 43, Barroso traz um conceito de princípio para justificar sua descaracterização da presunção de inocência como regra: "não descrevem condutas, mas apontam para estados ideais a serem alcançados, como justiça, dignidade humana, eficiência. São mandados de otimização dirigidos ao intérprete, que deve aplicá-los na maior extensão possível, levando em conta outros princípios e a realidade fática"[71]. Como tal, Barroso utiliza esta justificativa para poder "ponderá-lo[72]" com

---

[71] STF. Ação Declaratória de Constitucionalidade 43. Relator: Min. Marco Aurélio. Distrito Federal. 22/06/2020. Disponível em: <http://www.stf.jus.br/arquivo/cms/noticiaNoticiaStf/anexo/ADC43v otoRW.pdf>. Acesso em: 22 de jun. 2020.

[72] Barroso faz uso de uma alegoria para explicar sua concepção de ponderação aplicada ao julgamento: "Voltando à ponderação. Imagine-se uma balança com seus dois pratos. Quando a investigação começa, o princípio da presunção de inocência tem o peso máximo e a pretensão punitiva do Estado o peso mínimo. Com o recebimento da denúncia, esse peso diminui. Com a sentença condenatória de 1º grau, diminui ainda mais. Quando da condenação em 2º grau, o equilíbrio se inverte: os outros valores protegidos pelo sistema penal passam a ter mais peso do que a presunção de inocência e, portanto, devem prevalecer". (STF. Ação Declaratória de

outro dispositivo do art. 5º que ele considera como princípio (e no seu raciocínio, descaracterizado, portanto, como regra): a duração razoável do processo, conforme previsão do inciso LXXVIII.

A resolução entre estes dois "princípios" é justiçável deste modo por Barroso ao comentar a este inciso: "Norma moralizadora do processo brasileiro e vetor interpretativo para as normas de direito processual. Isso significa que havendo mais de uma interpretação razoável, deve-se privilegiar a que faz o processo tramitar celeremente e não a que o faz se arrastar indefinidamente"[73]. O efeito direto desta visão de Barroso (cuja posição do STF era dominante até o julgamento das ADCs 43, 44 e 54) era uma interpretação mais restrita do disposto no art. 5º, LVII, em razão da invocação de "princípios" superiores que pudessem justificar procedimento diferente ao que foi estabelecido textualmente no art. 283 do Código de Processo Penal. Em si, o que Barroso faz é passar por cima de uma interpretação mais restritiva ao poder de punir do Estado em favor de um princípio de ordem pública e moralidade. Ou seja, limita a amplitude um direito fundamental (expressamente disposto art. 5º, LVII e, com correspondências infralegais no art. 283 do CPP), mas para tal o rotula como "princípio" e em seguida "diminui seu peso" na colisão com outro "princípio", a duração razoável do processo. A retórica a favor de moralidade, combate à corrupção e, principalmente, superação de um atraso, encanta no propósito (que se coaduna diretamente com a doutrina da efetividade), mas mascara o enfraquecimento normativo da Constituição resultante disto.

O Direito brasileiro deve ser desencantado. Neves (em 2013) expressamente reconhece os problemas de tais posicionamentos baseados neste encanto com os princípios, como o de Barroso (os dois votos aqui citados são bem posteriores à publicação de *Entre Hidra e Hércules*): "um afastamento de regras a cada vez que se invoque retoricamente um princípio em nome da justiça, em uma sociedade complexa com várias leituras possíveis dos princípios, serve antes à acomodação de interesses concretos e particulares, em

---

Constitucionalidade 43. Relator: Min. Marco Aurélio. Distrito Federal. 22/06/2020. Disponível em: <http://www.stf.jus.br/arquivo/cms/noticiaNoticiaStf/anexo/ADC43v otoRW.pdf>. Acesso em: 22 de jun. 2020.

[73] Idem.

detrimento da força normativa da Constituição"[74].

Esse enfraquecimento constitucional gera o que Neves denomina como efeito contrário à juridificação: a desconstitucionalização do Direito em razão de dois déficits gerados por esta exacerbação da figura do juiz como um agente político transformador ao qual o fascínio principialista serve.

O primeiro é justamente o uso e abuso dos princípios como aparência de juridicidade na justificação da tomada de decisões: "o chamado "neoconstitucionalismo", ao superestimar o uso dos princípios como panaceia para a concretização constitucional, superestimou o papel do Judiciário em detrimento do Legislativo e do Executivo"[75]. O abuso dos princípios (como claramente professado pela doutrina da efetividade) levou "à inserção do Judiciário na política partidária e à judicialização simbólica em prejuízo da concretização jurídica da Constituição"[76].

O segundo é relacionado diretamente ao papel do juiz como agente político ativo, como motor do aprimoramento do Direito Constitucional: "a noção de "Constituição dirigente" fortificou a pretensão dos juízes e tribunais em assumir um papel de domesticação constitucional da sociedade"[77]. O espaço político, que a Constituição direciona à sociedade, acaba sendo ocupado pelos juízes e tribunais, que torna o Poder Judiciário como o grande *locus* de disputa política: "tornam-se o centro da política, paradoxalmente, asfixiando-a como espaço de lutas entre diversas forças sociais"[78].

Conclusão

A complexidade que envolve os conceitos de neoconstitucionalismo e pós-positivismo ultrapassa o debate teórico. Ainda mais que isso, a interpretação errônea gerada por "equívocos" teóricos, atribuída aos termos em casos concretos, repercutem em assuntos de alcance perante a sociedade brasileira.

A retórica, no Brasil, acaba ocupando um espaço na ordem

---

[74] NEVES, Marcelo. *Entre Hidra e Hércules...*, p. 174.
[75] NEVES, Marcelo. Corrupção, exclusão e exceção - vai acabar dando em revolução. *Insight Inteligência*, n. 75, p. 72-85, 2017, p. 77.
[76] Idem.
[77] Idem.
[78] Idem, p. 78.

jurisdicional, demonstrada pela explanação de valores constitucionais que muitas vezes são utilizados de forma enviesada. Nesse aspecto reside a maior problemática, ao passo que são imprimidas percepções morais em julgamentos, retirando assim os valores realmente constitucionais atribuídos pelo legislador.

Marcelo Neves em diversas ocasiões acaba por abater esse tipo de interpretação. Primeiramente no tocante ao uso exacerbado do que vem a ser princípio e a vazão do seu real teor frente à Constituição[79]. Em segundo ponto, passa a realizar uma longa explicação do que realmente deve ser chamado de princípio (e assim ser interpretado) e o que deve ser chamado de regra. Na busca por um modelo que se adapte à realidade constitucional brasileira, partindo do subsídio de autores que já tinham denso conhecimento teórico sobre a discussão não simplista acerca da interpretação de princípios e regras, Marcelo Neves chega a algumas conclusões.

A primeira delas diz respeito a uma não categorização pela simples nomenclatura do que é um princípio e do que é uma regra. Os princípios, em sua substância, não devem ser aplicados sem a mediação de uma regra. Todavia, essa não é a única relação entre essas normas. Neves chega à conclusão que no plano prático princípios e regras possuem na realidade uma relação circular, no qual um depende do outro.

Sendo assim, ele depreende que a possibilidade de composição das leis perante o cenário social de maneira correta depende da interrelação entre princípios e regras, onde justamente essa relação será capaz de solucionar os casos difíceis da atualidade. Além disso, que o julgador não tem o condão de julgar de maneira dissociada do texto e da pretensão exarada pelo legislador[80].

O fascínio principialista acaba por desestabilizar a ordem constitucional vigente, infringindo também a segurança jurídica, através da manipulação irrestrita da discricionaridade dos princípios[81]. Marcelo Neves sustenta que essa problemática tem origem na noção de neoconstitucionalismo no Brasil, que está dissociada de sua História constitucional pregressa. Em uma crítica a Barroso, Marcelo Neves destaca a importância do olhar para a história do constitucionalismo brasileiro, a fim de evitar referências

---

[79] NEVES, Marcelo. *Entre Hidra e Hércules...*, p. 136.
[80] Ibidem, p. 128-136.
[81] Ibidem, p. 174.

argumentativas inexistentes[82].

Para ele, esse grave erro hermenêutico impossibilita a real constitucionalização da norma e propicia ao juiz o uso abusivo de princípios, desaguando no falso poder de efetivação da constituição na esfera jurisdicional[83]. A problemática se transporta para a realidade em que o Judiciário se sente capacitado para instituir valores constitucionais para a sociedade, transformando-os, na verdade, em agentes políticos[84].

Desta feita, concluiu-se que o Ministro Barroso em alguns de seus escritos acadêmicos, bem como na ADC 43, acabou por atribuir uma interpretação errônea ao utilizar a classificação de princípios e regras. No caso da ADC 43, Barroso interpretou o princípio da presunção da inocência enquanto princípio e, portanto, poderia ser ponderado e restrito em detrimento de outros valores[85] (Barroso exclui da presunção de inocência a qualidade de regra – regras são imponderáveis). Em um estudo aprofundado, Marcelo Neves demonstra a relação de interdependência de regras e princípios e as peculiaridades de cada um, como também trata de uma nova classificação: híbridos.

Esse parece ser o caso do princípio da presunção da inocência, que na fundamentação do ministro ora citado foi tratado apenas como regra, o que acabou por desencadear uma restrição do objetivo legiferante da norma.

Referências

BARROSO, Luís Roberto. A efetividade das normas constitucionais revisitada. *Revista de Direito Administrativo*, n. 170, p. 30-60, 1994.

_______. *Curso de Direito Constitucional Contemporâneo*: os conceitos e a construção de um novo modelo. 4 ed. São Paulo: Saraiva, 2013.

_______. Dez anos da Constituição de 1988 (Foi bom pra você

---

[82] NEVES, Marcelo. *Entre Hidra e Hércules...*, p. 174.

[83] [83] NEVES, Marcelo. Corrupção, exclusão e exceção - vai acabar dando em revolução..., p. 77.

[84] Idem.

[85] STF. Habeas Corpus n. 126.292. Relator: Min. Teori Zavascki. São Paulo, DJ: 07/02/2017. STF, 2017. Disponível em: <http://portal.stf.jus.br/processos/detalhe.asp?incidente=4697570>. Acesso em 27 de jun. 2020.

também?) *Revista de Direito Administrativo*, n. 214, p. 1-25, 1998.

______. *Interpretação e aplicação da Constituição*. 6 ed. São Paulo, Saraiva, 2004.

______. Neoconstitucionalismo e constitucionalização do direito (O triunfo tardio do direito constitucional no Brasil). *Revista de Direito Administrativo*, n. 240, p. 1-42, 2005.

BARROSO, Luís Roberto; BARCELLOS, Ana Paula de. O começo da história: a nova interpretação constitucional e o papel dos princípios no direito brasileiro. *Revista de Direito Administrativo*. Rio de janeiro, n. 232, p. 141-176, 2003.

BOBBIO, Norberto. *O Positivismo Jurídico:* Lições de Filosofia do Direito. Trad. de Marcio Pugliesi et.al. São Paulo: Ícone, 1995.

CARBONELL, Miguel; GARCÍA JARAMILLO, Leonardo (ed). *El canon neoconstitucional.* Bogotá: Universidad Externado de Colombia, 2010.

DIMOULIS, Dimitri. *Positivismo Jurídico:* Teoria da validade e interpretação do Direito. 2 ed. Porto Alegre: Livraria do Advogado, 2018.

GARCÍA AMADO; Juan Antonio. Neoconstitucionalismo, ponderaciones y respuestas más o menos correctas. Acotaciones a Dworkin e Alexy. In: CARBONELL, Miguel; GARCÍA JARAMILLO, Leonardo (ed). *El canon neoconstitucional.* Bogotá: Universidad Externado de Colombia, 2010.

LEITE, Glauco Salomão; ALLAIN TEIXEIRA, João Paulo. O Pensamento Jurídico Brasileiro e a reconstrução da dogmática constitucional Pós-1988: o neoconstitucionalismo e a armadilha do protagonismo judicial. In: LEITE, George Salomão; LEITE, Glauco Salomão; STRECK, Lenio Luiz (coord.). *Neoconstitucionalismo*: avanços e retrocessos. Belo Horizonte: Fórum, 2017.

LYNCH, Christian Edward Cyril. Ascensão, Fastígio e Declínio da "Revolução Judiciarista" (2013-2017). *Insight Inteligência*, 79, p. 158-168, 2017.

LYNCH, Christian Edward Cyril; MENDONÇA, José Vicente Santos de. Por uma história constitucional brasileira: uma crítica pontual à doutrina da efetividade. *Direito e Práxis*, Rio de Janeiro, v. 8, n. 2, p.974-1007, 2017.

MÜLLER, Friedrich. *Métodos de Trabalho do Direito Constitucional.* 3 ed. Trad. Peter Naumann. Rio de Janeiro: Renovar, 2005.

NEVES, Marcelo. *Constituição e Direito na Modernidade Periférica*: uma abordagem teórica e uma interpretação do caso brasileiro. Trad. de Antônio Luz Costa. São Paulo: Martins Fontes, 2018.

______. Corrupção, exclusão e exceção - vai acabar dando em revolução. *Insight Inteligência*, n. 75, p. 72-85, 2017

______. Os Estados no centro e os Estados na periferia: Alguns problemas com a concepção de Estados da sociedade mundial em Niklas Luhmann. *Revista de Informação Legislativa*, Ano 52, n. 206, p. 111-136, 2015.

______. *Entre Hidra e Hércules*: Princípios e Regras constitucionais. WFM Martins Fontes: São Paulo. 2013.

STF. *Ação Declaratória de Constitucionalidade 43*. Relator: Min. Marco Aurélio. Distrito Federal. 22/06/2020. Disponível em:< https://www.conjur.com.br/dl/leia-voto-ministro-barroso-execucao.pdf>. Acesso em: 22 de Jun. 2020.

______. *Ação Declaratória de Constitucionalidade 43*. Relator: Min. Marco Aurélio. Distrito Federal. 22/06/2020. Disponível em:< https://www.conjur.com.br/dl/voto-gilmar-mendes1.pdf> Acesso em: 22 de Jun. 2020.

______. *Ação Declaratória de Constitucionalidade 43*. Relator: Min. Marco Aurélio. Distrito Federal. 22/06/2020. Disponível em: <http://www.stf.jus.br/arquivo/cms/noticiaNoticiaStf/anexo/ ADC43votoRW.pdf>. Acesso em: 22 de Jun. 2020.

______. Habeas Corpus n. 126.292. Relator: Min. Teori Zavascki. São Paulo, DJ: 07/02/2017. *STF*, 2017. Disponível em: <http://portal.stf.jus.br/processos/detalhe.asp?incidente=4697 570>. Acesso em: 02 Set. 2019.

Para além da distinção princípio/regra: algumas implicações para o Processo Penal Constitucional sob a perspectiva do Juiz Iolau de Marcelo Neves

Vitor Fontana de Ávila
Raquel Fabiana Lopes Sparemberger

1 Introdução

Caminhando na trilha sistêmica do pensamento de Marcelo Neves, assumindo metodologia sistêmica, será abordada a distinção de sua construção teórica sobre as regras e princípios no sistema jurídico, atribuições e inovações, tentando superar os modelos existentes de Ronald Dworkin e Robert Alexy que, na perspectiva de Marcelo Neves, levam a absolutizações, ou da regra, por parte de um juiz Hércules, ou do princípio, por parte do juiz Hidra.

A questão é analisar se, ao final, o juiz Iolau – ideal regulativo esboçado por Neves – é capaz de se adequar à realidade teórica do processo penal enquanto caráter constitucional, enriquecendo o debate sobre regras e princípios e para uma aplicação mais adequada das dimensões da justiça, como se verá no corpo do texto.

2 A atual distinção entre regras e princípios no ordenamento jurídico: o caminho até o juiz Iolau

Num primeiro momento, importa retomar a compreensão teórica no Direito a respeito de regras e princípios e a consequente elaboração de modelos de juízes que partem de pressupostos de seus idealizadores, a fim de que o problema proposto neste artigo seja desenvolvido e, talvez, respondido de forma positiva, sendo necessário passar pelos seguintes teóricos, na necessária ordem que se apresenta: Ronald Dworkin, jusfilósofo norte-americano, Robert Alexy, jurista alemãoe Marcelo Neves, jurista brasileiro.

De pronto, é necessário ressaltar que, quanto a Robert Alexy, o termo *juiz Hidra* é uma abstração feita da interpretação e crítica de Marcelo Neves ao corpo teórico de Alexy. O termo será utilizado no trabalho para fins de referencial teórico pressuposto. Em outras palavras, dos modelos de Dworkin e Alexy Marcelo Neves recorre de forma metafórica ao episódio de conflito letal da mitologia grega entre Hércules e Hidra, no qual Iolau, sobrinho de Hércules, cauterizava cada cabeça decepada de Hidra, impedindo a regeneração de novas cabeças e encerrando o conflito entre Hidra e Hércules e também encerrando o segundo trabalho do semideus grego (NEVES, 2013, p. XV, XVI, XXVI).

Iniciando por Marcelo Neves enquanto referencial teórico, um breve debate jurídico de ideias sobre Dworkin e Alexy será feito e demonstradas as críticas a estas, como será visto a seguir.

2.1 A distinção entre regras e princípios para Dworkin e Alexy

Marcelo Neves, na sua obra, que é referencial teórico deste artigo, demonstra uma discordância com Dworkin e Alexy quanto à distinção entre regras e princípios constitucionais, levando a consequências interpretativas que serão demonstradas adiante, posto que Dworkin tem uma tendência em valorizar, de pronto e demasiadamente, as regras, enquanto Alexy também faz o mesmo, mas com os princípios.

De início, é importante mencionar que Dworkin iniciou a sua distinção entre regras e princípios ao analisar *hard cases,* em que uma regra jurídica não foi tomada como decisão em sentença, mas outra norma, a qual ele denominaria de *princípio.*

Um exemplo de *hard case* famoso, julgado por um tribunal de Nova York, é *Riggs v. Palmer.* Nesse processo, era julgado se Palmer teria direito a ser herdeiro testamentário de seu avô, mesmo após assassiná-lo para adiantar o recebimento de sua herança. O dilema que se instaurou no julgamento é que tal hipótese não estava prevista em regras jurídicas, ou seja, não havia proibição para receber a herança, mesmo que o herdeiro tenha assassinado o testador. Os juízes, todavia, chegaram à conclusão de que as leis e os contratos podem ser controlados por *máximas,* isto é, questões fundamentais para o exercício do direito. Assim, uma das máximas invocadas foi a de que *a ninguém é permitido se beneficiar da própria torpeza,* isto é, é vedado pelo direito *tomar vantagem de seu próprio ato ilícito,* ou, ainda, *encontrar motivos para reclamar o que é seu por meio da própria iniquidade.* Por meio dessa máxima, e não das regras vigentes naquela época, o assassino não recebeu sua herança (DWORKIN, 1978, p. 23).

Klaus Günther, a respeito desse *hard case,* mostra sua grande importância, pois essa *máxima,*

> [...] de que a ninguém será permitido extrair vantagens do seu comportamento ilícito, com o qual foi indeferida a tradição da herança, fundamenta uma exceção que não estava prevista nas normas do Direito das sucessões. Apesar de não ser possível deduzi-lo do Direito Positivo, este princípio implica uma decisão em que direitos subjetivos são levados a sério (GÜNTHER, 2004, p. 19).

Dworkin usa, então, esse (e outros exemplos) para levantar a distinção, dentro do sistema jurídico, entre *regras, princípios* e *políticas* (ou *diretrizes[1]*), para justificar sua tese de que juristas, ao argumentar ou resolver lides sobre direitos e obrigações, especialmente em *hard cases,* quando os problemas de conceitualização e terminologia são mais agudos, lançam mão de padrões que não possuem função de regra, mas operam diferentemente em outros tipos de padrões. Na distinção, portanto, *regras* são normas jurídicas que são aplicáveis numa lógica de *tudo ou nada.* Assim, se os fatos que uma regra estipula são dados, de duas uma: ou a regra é válida para aquele caso – a resposta da regra jurídica deve ser aceita – ou não será válida para aplicação, isto é, não condiz em nada com aquele caso. Quanto aos *princípios,* distingue Dworkin das *políticas*: este último grupo trata de objetivos a serem seguidos, procurando uma evolução em algum aspecto econômico, social ou político na comunidade, enquanto aquele primeiro grupo trata-se de um conjunto de padrões que deve ser observado como requisito de justiça ou equidade ou outras dimensões de moralidade (DWORKIN, 1978, p. 22, 24).

Dworkin, portanto, aponta para uma superação do positivismo normativista, quando a regra de reconhecimento não serve mais como instrumento de validade das normas jurídicas. Se, todavia, os princípios são tratados como padrões jurídicos, como uma teoria com regra de reconhecimento se sustenta, posto que regras demandam reconhecimento por *pedigree*? Assim, um modelo de regras deve ser abandonado, considerando que os princípios têm mesma normatividade que regras num sistema jurídico

---

[1]Sobre essa terminologia em especial (*diretrizes* ao invés de *políticas*), conferir Eros Grau, *A ordem econômica na Constituição de 1988*.14. ed., rev. e atual. São Paulo, SP: Malheiros Editores, 2010.

(DWORKIN, 1978, p. 43-45). As implicações desse pensamento serão vistas mais adiante.

No caso de Robert Alexy, sua preocupação não é de uma motivação moral tal qual em Dworkin – "a prática jurídica envolve, necessariamente, a aceitação da ideia de haver sempre uma resposta *certa* aos dilemas jurídicos e morais" (MORRISON, 2006, p. 505). Antes, sua preocupação é pela racionalidade do discurso jurídico, de maneira que a conclusão que se segue é pela

> [...] impossibilidade de determinação de um *único* resultado *correto* mediante a argumentação jurídica, precisamente porque, a despeito da maior delimitação do campo do discursivamente possível no discurso jurídico, permanece ele ainda extraordinariamente vasto, haja vista a amplitude da abrangência normativa do ordenamento jurídico (ALEXY, 2011, p. 10).

No modelo de Alexy há uma reformulação na teoria dos princípios que foram originados do pensamento de Ronald Dworkin, com base na reconstrução jurisprudencial dominante do Tribunal Constitucional Federal alemão na década de 70 do século 20. Embora seu propósito – como se verá – era de uma criação teórica para aplicação no direito alemão, a recepção de sua obra superou a Alemanha em direção a outras nações, com pretensão de caráter *universal* em sua racionalidade (NEVES, 2013, p. 63). Assim, Robert Alexy tem sua teoria, com foco determinado no direito alemão, aplicada em diversas nações ao redor do Globo, chegando até ao Brasil.

2.2 O pensamento sistêmico de Marcelo Neves sobre regras e princípios

Neves procura, diante desses modelos dominantes, fugir dos extremos que essas teorias levantaram, isto é, "nem um juiz-regra (hercúleo) nem um juiz-princípio (hidraforme)" (NEVES, 2013, p. 220) – formuladas em determinados contextos de sistemas sociais diferentes do sistema jurídico brasileiro –, apontando uma rota de abertura para um novo modelo de diferenciação de regras e princípios, de maneira que seja mais consistente com o ordenamento jurídico e tenha uma aplicação prática socialmente adequada.

É importante destacar, *em passant*, que Marcelo Neves tem pressupostos oriundos da Teoria dos Sistemas de Niklas Luhmann, cujo autor compreende a diferença entre sistema/ambiente, assumindo que a sociedade é formada por sistemas sociais que possuem, em si mesmos, *autopoiesis*, isto é, têma própria *identidade*, uma operacionalidade fechada diante do ambiente, que leva ao seu próprio funcionamento, evolução e manutenção por comunicação, agindo por código binário – no caso do Direito, o código binário *lícito/ilícito*. De um sistema social para o outro há o reconhecimento e a *alteridade* por possuir uma cognição aberta, havendo comunicação com os demais sistemas sociais. A relação entre *ego* e *alter* tem a denominação *dupla contingência*, que é oriunda do sistema social em razãode seu código binário (LUHMANN, 2004, p. 378);são os mesmos pressupostos tomados por Marcelo Neves na criação de sua tese*Transconstitucionalismo*, ao esboçar a metodologia pela qual um direito transconstitucional pode ser erigido (NEVES, 2009, p. 270).

Isso posto, é a mesma metodologia pela qual Marcelo Neves inicia seu argumento, apontando para a dupla contingência no próprio sistema jurídico – nesse caso, especificamente subsistema constitucional –, entre o instituto jurídico que produz a norma e atribui o sentido (no caso, o legislador constituinte ou reformador como *ego*) e a instância que realiza a construção hermenêutica da mesma norma para aplicação, com atitude vinculatória (aqui, o juiz ou tribunal constitucional *alter*). Importa essa distinção para a questão da atribuição – direta ou indireta – das normas enquanto regras ou princípios, pois a grande problemática por detrás desse dilema é como manter a *identidade constitucional* em termos de *alteridade paradoxal* entre os legisladores e os órgãos jurisdicionados. A concentração na *identidade* leva a um positivismo exegético, que nega a adequação social do direito; a absolutização da *alteridade* levará a um realismo jurídico ou decisionismo judicial, desprezando consistência jurídico-conceitual (NEVES, 2013, p. 94).

Aliado a essa atenção, há a apropriação da noção sistêmica de observação de primeira e segunda ordem para a questão da distinção entre regras e princípios. Questões de primeira ordem são momentos cotidianos do direito e da direta aplicação rotineira de normas jurídicas, em que não há controvérsia sobre sentido, validade ou aplicabilidade das normas. *Alter* (um agente estatal) e *ego* (um cidadão comum) pressupõem sentido habitual – embora não se presuma consenso. Ao contrário, em questões de segunda ordem, há controvérsias sobre normas passíveis de aplicação, sobre a validade, sentido e condições de cumprimento, entre outras variáveis. É nesse momento que é descortinada a diferença jurídica e sistêmica dos princípios e das regras. Ou seja, tais normas são recriadas diante da observação de segunda ordem durante processo de argumentação jurídica, momento em quea diferença entre regras e princípios recebe o significado que é necessário para desenvolver o direito, consistente e adequadamente (NEVES, 2013, p. 98-100).

Uma terceira questão que deve ser considerada ao abordar teoricamente os princípios e as normas, é que a diferença entre essas normas se dá mediante dois conceitos de conteúdo. Nesse sentido, ao se falar que uma norma é um princípio ou uma regra, salvo se algum padrão já é estabilizado como tal – princípio ou regra – no sistema jurídico, é melhor falar em normas *híbridas*, isto é, normas que estão em situação intermediária entre princípios e regras. Não se trata de um terceiro *tipo ideal* de norma, mas de distinguir melhor o princípio, por exemplo: princípio, numa diferenciação jurídico-sistêmica, é uma norma assim classificada, pois, já primariamente presente no nível reflexivo da ordem jurídica, funciona para balizamento ou construção hermenêutica de outras normas – embora não sendo razão definitiva para uma norma de decisão de questões jurídicas; regra é uma norma que atua como razão definitiva de questões jurídicas, pois, já de início não se apresenta como mecanismo reflexivo. Se uma norma não está, primariamente, enquadrada em nenhuma das duas categorias, há de se falar em *híbridos*. Em outras palavras: na estática jurídica, normas são regras, princípios e, atipicamente, híbridos (NEVES, 2013, p. 101, 103-104, 109).

Os princípios que se apresentam na hermenêutica constitucional são resultados de um direito positivado, isto é, há uma diferença interna no sistema jurídico entre regras e princípios. Somente surgem e encontram significado se o direito, enquanto sistema social, descobrediferenciação funcional. Aqui, encontra importância a Constituição em sentido moderno, pois este instituto jurídico, que fecha a operacionalidade do sistema jurídico, aponta para a autofundamentação de caráter constitucional do próprio direito enquanto sistema social. Há, sim, acoplamento estrutural entre direito e política na Constituição, em razão de ser um mecanismo de racionalidade transversal entre tais sistemas, mas, quanto ao direito, é um mecanismo de reflexo de normatização dos processos de normatização que abrange todo o direito. Diante das características atuais do constitucionalismo moderno, que é o Estado de Direito – no sistema jurídico – e o princípio democrático – no plano político

–, a autofundamentação constitucional do direito pressupõe esses requisitos como pressupostos teóricos essenciais (NEVES, 2013, p. 112-113, 115-116, 120).

Nas regras e princípios – e *híbridos* –, portanto, se assumido pressuposto de distinção como uma diferença interna do sistema jurídico, observa-se que as regras são, em geral, normas de primeiro grau, condensando expectativas normativas que são teleologicamente orientadas, de imediato, para solucionar certo caso. É de aplicação rotineira, cotidiana, do direito. Um exemplo é sobre o artigo 5º, XLVII, *b*, da Constituição Federal, determinando que não haverá pena de caráter perpétuo. A partir dessa norma, apresentando-se como regra – posto que imediata para decisões referentes a questões mencionando essa norma –, aplica-se tal qual é apresentada, pois, primariamente, já é uma regra. Diante de regra do próprio sistema, na autofundamentação constitucional do direito enquanto sistema, a incidência de regra determinada exclui outras regras que poderiam incidir no caso concreto, pois a regra possibilita imediata construção de fundamentação definitiva daquilo que a norma comanda, levando à elaboração de enunciado satisfatório da regra que deve ser aplicada (NEVES, 2013, p. 120-122).

Os princípios são mais delicados: são normas de observação de segunda ordem que, *prima facie*, possuem apenas hipótese normativa ampla, invocados em caso concreto que já demanda complexidade suficiente para superar normas de primeira ordem – isto é, as regras. Aqui, a distinção é necessária: princípios e metarregras (normas que se referem a outras normas – normas gerais, portanto) não são semelhantes, pois as metarregras possuem função de fundamento definitivo para solucionar litígio jurídico, tornando sempre possível uma observação de primeira ordem daquele caso, juntamente com a norma pela qual a subsunção será declarada. Princípios, por sua vez, estão na dimensão estrutural e lá permanecem no plano da observação de segunda ordem, e não oferecem critérios definitivos para solucionar algum caso. São normas em reflexo relacional a outras normas (NEVES, 2013, p. 122-125, 130).

Regras e princípios, portanto, se complementam e garantem consistência e adequação social ao direito:

> As regras – sobretudo as constitucionais, por sua pretensão de abrangência –, sem a reflexividade dos princípios constitucionais, apresentam-se subcomplexas como critérios isolados para o tratamento e solução dos casos constitucionais que são marcados

por uma alta complexidade. Elas servem melhor à consistência ou autorreferência do sistema jurídico, mas são limitadas no que diz respeito à adequação social do direito. Os princípios constitucionais, ao contrário, embora não possam desprezar a consistência do sistema jurídico, desempenham sua função especialmente em relação à adequação social do direito, em particular nos casos controversos mais complexos. Pode-se dizer que a argumentação orientada primariamente pelas regras constitucionais é uma argumentação formal, mediante a qual o sistema jurídico pratica a autorreferência, sendo-lhe fundamental "a necessidade de se chegar a uma decisão e de evitar um mergulho em toda a complexidade dos dados de fato do mundo [*Weltsachverhalte*]". Já a argumentação orientada primariamente por princípios constitucionais pode ser vista como uma argumentação substancial, na qual o sistemapratica heterorreferência, evitando isolar-se mediante a argumentação formal. Portanto, a importância dos princípios constitucionais relaciona-se com capacidade de viabilizar uma reprodução complexamente adequada do sistema jurídico em relaçãoà sociedade como um todo, ou melhor, ao ambiente social (e natural, ao menos como conteúdo de comunicações) do direito (NEVES, 2013, p. 132, grifo do autor).

A relação entre regras e princípios, todavia, não pode ser linear senão circular durante a concretização constitucional em processo. De um lado, os princípios constitucionais têm funções várias para as regras, seja para balizá-las, fortalecê-las, enfraquecê-las, desenvolvê-las e até mesmo construí-las, ou importam para reduzir ou ampliar o conteúdo normativo ali positivado. As regras, por outro lado, são condições pelas quais os princípios podem ser aplicados na solução de casos constitucionais. Se há ausência de regra diretamente atribuída a algum texto constitucional ou infraconstitucional, nem mesmo uma regra pela qual pode ser construída judicialmente para ser subsumida mediante dispositivo de sentença, os princípios perdem a praticidade significada ou – pior ainda – servirão para uma *retórica principiológica* para afastar regras plenas, como se tal exercício de retórica se prestasse para garantir a consistência jurídica quando, em verdade, trata-se do contrário. Aqui o risco do juiz Hidra é patente. É necessário, por conseguinte, afirmar a circularidade reflexiva na relação entre regras e princípios, pois esse raciocínio vai conduzir a uma recíproca afirmação e ao fortalecimento das estruturas das normas e processos de argumentação (NEVES, 2013, p. 134-135).

Em recapitulação, portanto,

> [...] os princípios constitucionais como normas no plano da observação de segunda ordem de casos a decidir e normas de decisão são estruturas reflexivas em relação às regras; a relação entre princípios e regras implica uma relação circular reflexiva na dimensão da estática jurídica; a concretização constitucional exige uma regra completa ("norma geral") como critério imediato para a solução do caso mediante a norma de decisão; há uma impossibilidade prática de aplicação imediata de princípios sem intermediação de regras, sejam estas (atribuídas diretamente a dispositivos) legais ou constitucionais ou construídas (atribuídas indiretamente ao texto constitucional) jurisprudencialmente; a argumentação focada excessivamente em princípios constitucionais é sobremaneira falível, deixando amplo espaço para que se superem as próprias regras constitucionais desenvolvidas a partir dela (NEVES, 2013, p. 140-141).

Sobre os princípios, ainda é necessário mencionar acercada ponderação, tópico em que Marcelo Neves também traz sua contribuição à discussão.

Quanto a isso, a sua crítica entra no vínculo da ponderação e da otimização, pois, sendo uma questão idealista de mandamento de ponderação, que é otimizante, a complexidade dos casos constitucionais é subestimada ao argumentar, primariamente, à luz de princípios. O modelo de Alexy, pois, é contrafactual, isto é, semelha-se ao juiz Hércules na busca moral da única decisão correta ou da melhor decisão naquele caso, posto que *otimizar* tem o objetivo de encontrar a melhor decisão, embora dentro de condições jurídicas e fáticas que envolvem a lide. Tomando a dupla contingência como pressuposto para análise da ponderação de caráter otimizante, é possível pensar em litígio sobre valores, interesses e expectativas morais que são contraditórios entre si, levando a um dissenso que possibilita várias significações de princípios. Uma ponderação, diante da dupla contingência, surte efeito entre considerar, dentro do possível, *alter* e *ego* em litígio, no sentido de levar a cabo a tarefa dura de impedir que a perspectiva de *alter* elimine ou subordine definitivamente a perspectiva de *ego*, e vice-versa. Nesse sentido, a ponderação pode realizar a eliminação do dissenso e viabilizar a consenso novamente, inclusive promovendo-o. Se uma ponderação for otimizante, não levando em conta a dupla contingência oriunda do próprio sistema jurídico, a *incomensurabilidade* das perspectivas de *alter* e *ego* não serão, de fato, solucionada, pois os princípios constitucionais que surgem e recebem desenvolvimento possuem expectativas normativas diferentes nas mais diversas esferas sociais, isto é, o significado sobre aquele princípio é *incomensurável* diante do sentido que outro possui (NEVES , 2013, p. 141-142, 148-150). Assim, a tarefa é complexa, pois,

> [...] dentro dos seus limites, os juízes e tribunais constitucionais (em sentido amplo) também têm o papel de reagir aos perigos da desdiferenciação (politização, economicismo, fundamentalismo religioso, cientificismo, corporativismo, moralismo, domínio da mídia etc.) e da negação da dupla contingência (a eliminação de *alter* por *ego* ou vice-versa) no processo de concretização constitucional. Para isso, têm que enfrentar permanentemente o paradoxo da relação entre consistência jurídica, associada primariamente à argumentação formal com base em regras, e adequação social do direito, vinculada primariamente à argumentação substantiva com base em princípios (NEVES, 2013, p. 170, grifo do autor).

Aqui, o ponto necessário é de perceber a implicação do juiz Iolau com um Processo Penal Constitucional, que será visto adiante.

3 Adiante para um processo penal constitucional – a demanda pelo processo juridicamente consistente e socialmente adequado

Antes de adentrar nas questões de aplicação dos pressupostos do juiz Iolau com o Processo Penal Constitucional, importa ressaltar a respeito dos delineamentos teóricos dessa expressão, bem como as fases que passou, a fim de chegar a uma melhor concretização de um devido processo penal.

3.1 O Processo Penal Constitucional: um delineamento teórico

No pensamento de Antonio Scarance Fernandes, o processo penal pendula entre o eficientismo e o garantismo, isto é, há uma tendência por repressão por eficiência num certo momento e, por outro lado, há uma proteção ao acusado em predominância no processo. Tamanha dicotomia é oriunda de manifestação natural entre o equilíbrio que se busca incessantemente: a segurança social e a necessidade de resguardar os direitos fundamentais do indivíduo. Esses vetores, portanto – garantia e eficiência –, não se contrapõem, pois, um processo eficiente é garantista e vice-versa (FERNANDES,

2012, p. 23).

Num contexto de constitucionalismo moderno pós-guerra, vários documentos de proteção jurídica dos direitos do indivíduo foram produzidos, entre eles:

> [...] a Declaração dos Direitos Universais do Homem, produzida na Assembleia das Nações Unidas, aos 10 de dezembro de 1948; a Convenção Europeia para a Salvaguarda dos Direitos do Homem e das Liberdades Fundamentais, subscrita em Roma em 10 de novembro de 1948; o Pacto Internacional dos Direitos Civis e Políticos adotado pela Resolução 2.200 – na XXI Sessão da Assembleia Geral das Nações Unidas, em 16 de dezembro de 1966, e ratificada pelo Brasil em 24 de janeiro de 1992; a Convenção Americana dos Direitos Humanos, também conhecida como Pacto de São José de Costa Rica, ratificada pelo Brasil em 25 de Setembro de 1992 (FERNANDES, 2012, p. 24).

Há, também, documentos que, positivando determinações de ordem repressiva, estimularam os países para punição de atos criminosos direcionados a indivíduos em situação de vulnerabilidade – demandando proteção maior aos seus direitos –, e levaram esses tratados a reprimir crimes que são de caráter grave, de manifestação ofensiva a interesses de vários países. Os documentos de maior importância ainda no contexto brasileiro, no entanto, são as próprias Constituições. A atual Constituição de 1988 é o ápice da construção jurídica da tutela de direitos e garantias fundamentais, individuais e coletivos. Esses direitos e garantias orientam todo o sistema jurídico brasileiro. Também há mandados de criminalização que o Poder Constituinte Originário estabeleceu por medidas político-criminais de persecução penal a crimes que necessitam maior repressão, como a tortura, o tráfico de entorpecentes, o terrorismo, entre outros, presentes no artigo 5º, XLIII, da Constituição Federal de 1988 (FERNANDES, 2012, p. 24-25).

É nesse contexto que se insere a relação entre o processo e o Estado, o que é complicado, pois o Estado é movido por ideologia política e pode muito bem levar uma construção teórica jurídica a ter a mesma ideologia política, social e ética dominante na época. O processo penal, nesse sentido, por lidar com o ser humano a todo o momento, inclusive com sua liberdade, refletirá a ideologia política do momento que foi pensado – incluindo as reformas –, relacionando o réu, os interesses dos órgãos oficiais de Estado etc. Assim, orientações políticas distintas direcionarão modos diversos de estrutura e funcionamento de um processo penal (FERNANDES, 2012, p. 25-26).

O processo penal, afinal, não é somente um mecanismo jurídico; é uma ferramenta que traz em seu bojo as valorações político-ideológicas da comunidade política onde está positivado. Reflete, portanto, a busca atemporal de equilíbrio no tratamento de dois interesses em concurso: assegurar ao Estado a persecução penal da forma que se espera, e a afirmação dos instrumentos que o indivíduo terá à sua disposição para defender seus direitos e garantias fundamentais, preservando sua liberdade (FERNANDES, 2012, p. 26).

Em era de estado constitucional, no entanto, nada mais justo que um processo de espírito constitucional, no qual se percebe, hoje, a tendência de a Constituição determinar normas jurídicas pelas quais uma lei ordinária é proibida de conter elemento que prejudique o núcleo essencial a tal direito, sob pena de inconstitucionalidade. É necessário perceber o processo penal constitucional como a substância de princípios constitucionais do processo, em sua metodologia e sistemática adequadas (FERNANDES, 2012, p. 27).

É essencial para um processo penal constitucional a fase instrumentalista pela qual está passando, posto que, havendo uma expressão clara de evolução do sistema jurídico nesse ponto, as falhas são pontuais, mas podem ser corrigidas pontualmente em abrir mão de todo o sistema. Assim, buscar-se-á a efetividade do processo como caminho para acessar a Justiça, sendo um poderoso mecanismo ético para serviço da sociedade e do Estado (CINTRA; GRINOVER; DINAMARCO, 1995, p. 43, 45).

Nesse sentido, o processo mostra sua importância em âmbito jurídico e social, demonstrando-se o polo metodológico para um Direito do Processo, de onde a jurisdição, a ação e a defesa são pensadas e estruturadas, sendo o centro de gravidade de um direito processual, interlaçando o autor, o juiz e o réu em procedimentos para levar o processo penal constitucional a cabo (FERNANDES, 2012, p. 41, 42).

3.2 As fases teóricas do processo e do procedimento

Quanto aos procedimentos, há uma distinção teórica referente ao processo, embora ambos os institutos – processo e procedimento – estejam na centralidade de importância do direito processual. Essa evolução ocorreu em três fases distintas: o processo enquanto procedimento, relação jurídica e entidade complexa (FERNANDES, 2012, p. 42).

O processo enquanto procedimento revela uma visão procedimentalista, confundindo-se processo com procedimento. Apenas regras práticas são mencionadas pelos doutrinadores, ou mesmo somente descrevem os dispositivos de lei. Trata-se de atos em uma simples sequência que caminham até a sentença, em progressividade (FERNANDES, 2012, p. 43).

No processo enquanto relação jurídica, há um desenvolvimento teórico para implicar a construção de que o processo tem pressupostos, objeto e sujeitos que lhe são adequados, numa distinção da relação jurídica de cunho material. O procedimento era visto como instituto distinto também do processo, como algo externo, o que realmente determinava a identidade e a unidade jurídica do processo (FERNANDES, 2012, p. 43, 45).

Por último, há a retomada do procedimento como instituto processual fundamental em sua importância, essencial para conceituar corretamente o processo, em que a relação jurídica não é de todo abandonada, mas passa por reformas, quando o processo é procedimento contraditório e participação, levando a uma ideia mais próxima do devido processo legal referente ao processo penal, para um devido processo penal que, quando relacionado a tal garantia – que é mais genérica –, normas jurídico-processuais constitucionais são reafirmadas na atual ordem constitucional (FERNANDES, 2012, p. 47, 50-52).

Nesse momento do trabalho serão vistas algumas contribuições do juiz Iolau para uma interpretação constitucional mais adequada e consistente de normas jurídico-penais constitucionais.

4 O juiz Iolau diante das normas jurídico-processuais da Constituição Federal de 1988

Diante de um processo penal constitucional e dos modelos dominantes de interpretação da distinção entre regras e princípios, algumas implicações do modelo sistêmico de Marcelo Neves demonstrarão a distinção desse ideal regulativo para uma prática jurisdicional mais consistente com o direito e mais adequada às demandas sociais.

4.1 Para além da distinção princípio/regra: algumas implicações para o Processo Penal Constitucional

Nesse ínterim, Marcelo Neves sugere uma nova metáfora para ilustrar sua argumentação, que é a do juiz Iolau. Iolau – como mencionado no ponto 2 –, é um personagem mitológico em um dos trabalhos de Hércules, no qual Hércules precisa derrotar Hidra. Para Marcelo Neves, Iolau é o exemplo da fuga dos extremos do juiz Hércules de Dworkin e do juiz Hidra de Alexy, de maneira que apresenta seu ideal regulatório para interpretação jurídica, no caso um magistrado que seria capaz de se ver diante dos casos constitucionais de maior nível de complexidade, desparadoxizando o enlace circular entre princípios e regras constitucionais (NEVES, 2013, p. 220). Aqui, retoma-se a discussão anterior sobre a distinção de regras e princípios nos pensamentos de Dworkin e Alexy.

A distinção já inicia em Ronald Dworkin ao teorizar sobre um juiz filósofo ecomo responder às questões supramencionadas diante de *hard cases*. A sua resposta é: Hércules (DWORKIN, 1978, p. 105).

Em suas palavras, Hércules é:

> [...] um jurista de capacidade, sabedoria, paciência e sagacidade sobre-humanas [...]. Eu suponho que Hércules seja juiz de alguma jurisdição [...]. Considero que ele aceita as principais regras não controversas que constituem e regem o direito em sua jurisdição. Em outras palavras, ele aceita que as leis têm o poder geral de criar e extinguir direitos jurídicos, e que os juízes têm o dever geral de seguir as decisões anteriores de seu tribunal ou dos tribunais superiores cujo fundamento racional *(rationale)*, como dizem os juristas, aplica-se ao caso em juízo (DWORKIN, 2002, p. 166, grifo do autor).

Numa crítica ao juiz Hércules, Marcelo Neves resume sua argumentação sobre o juiz Iolau, que é distinto de Hércules, pois ele não se prende rigidamente a regras,

> [...] impedindo que o direito responda adequadamente a demandas complexas da sociedade. Não se põe em uma posição de superioridade intelectual, monológica, ao invocar os seus argumentos técnicos formais. Ele não isola o direito do seu contexto social. Está sempre disposto ao aprendizado mediante referência ao ambiente do sistema jurídico. Não é um juiz socialmente insensível. Percebe os limites de "suas" regras para solucionar controvérsias

jurídicas complexas (NEVES, 2013, p. 222).

A razão para tal crítica de Marcelo Neves reside na tese de Dworkin de aplicação das regras em caráter *tudo-ou-nada*, suscetíveis – em teoria – de enunciação completa em todas as suas exceções. Isso, porém,é muito ousado de afirmar, pois, exceto pelos casos de uma simples observância ou aplicação rotineira de regra – sem qualquer controvérsia ou questionamentos anteriores à argumentação –, toda e qualquer regra é somente aplicável em termos de *tudo-ou-nada* ao *final do processo concretizador*, não pressupondo *ab initio*, portanto regras como *tudo-ou-nada*. Apenasuma regra poderia ser considerada em aplicação de *tudo-ou-nada* quando todas as exceções relevantes para a solução do caso foram consideradas ou excluídas, para daí, então, identificar a subsunção, mas não antes disso (NEVES, 2013, p. 60-61).[2]

Retomando Alexy, o autor argumenta que a distinção entre regras e princípios é basilar para uma teoria da fundamentação no tocante a direitos fundamentais e uma ferramenta, um dos pilares da edificação de uma teoria de direitos fundamentais, para solucionar problemas no cerne dessa dogmática (ALEXY, 2015, p. 54, 74, 85).

A distinção entre regras e princípios não é de grau, mas é qualitativa, e ambas são normas no ordenamento jurídico. As regras são normas que são satisfeitas ou não, de maneira que, se valem, devem ser feitas exatamente naquilo que exigem, isto é, contêm *determinações* dentro daquilo que é fático e possível no seio jurídico. Princípios, por sua vez, são *mandamentos de otimização*, ou seja, normas que podem ser satisfeitas em graus variados, ordenando que algo seja realizado dentro da maior medida de possibilidade, tanto possibilidades jurídicas quanto fáticas (ALEXY, 2015, p. 90-91). É nesse momento que Alexy demonstra um distanciamento de Dworkin, ao declarar que a distinção entre regras e princípios pressupõe o caráter *prima facie*. Princípios não contêm *mandamento definitivo*, apenas *prima facie*, isto é, exigem a realização de algo na maior medida do possível, nas possibilidades jurídicas e fáticas atuais. Regras exigem que algo seja realizado exatamente conforme ordenam, desde que não impossibilitadas tais normas por questões

---

[2] Em posicionamento contrário, conferir o Posfácio de Lenio Streck em seu livro *Hermenêutica jurídica e(m) crise:* uma exploração hermenêutica da construção do Direito. 11. ed. rev., atual. e ampl. Porto Alegre: Livraria do Advogado Editora, 2014.

jurídicas e fáticas para executar a prescrição. Para Dworkin, basta a validade da regra e o princípio como direcionamento em seu modelo. Em Alexy, é mais complexo: diante do caráter *prima facie* distinto de regras e princípios, regras e princípios são *razões* para normas, facilitando a relação de fundamentação e análise lógica de categoria comum para a interpretação jurídica (ALEXY, 2015, p. 103-104, 107).

Uma crítica relevante de Marcelo Neves aos princípios, enquanto *mandamentos de otimização,* é pela pressuposição de uma sociedade simples, muito embora o Direito esteja inserido em

> [...] uma sociedade complexa, com diversos pontos de observação conforme a esfera social de que se parta (economia, ciência, técnica, política, direito, saúde, religião, arte, esporte, família etc), e de um sistema jurídico que traduz internamente, conforme seus próprios critérios, essa pluralidade de ângulos. O que é otimizante em uma perspectiva não o é em outra. O modelo de otimização parte de um sujeito (contrafactual) capaz de alcançar o ponto ótimo entre princípios colidentes, à maneira semelhante da teoria da escolha racional, que parte de um indivíduo idealizado apto a maximizar valores no cálculo de custos e benefícios. Mas a colisão entre princípios baseia-se na concorrência entre diversas esferas sociais, que, por sua vez, resulta na concorrência entre diferentes direitos fundamentais e interesses coletivos amparados por normas constitucionais (NEVES, 2013, p. 83).

Aqui também se insere o juiz Iolau para exercício de magistratura ideal no pensamento de Marcelo Neves. Não pode um juiz correr o risco de impressionar por uma *retórica principiológica,* pois, ou esse juiz pode cair no extremo de a) elaborar ou procurar princípios para, simplesmente, fundamentar sua atuação em favor de interesses particulares – a título de exemplo, os sistemas sociais mencionados supra–,ou b) modificar seu posicionamento referente a algum princípio para certo caso concreto e, diante de outro caso concreto, quando o mesmo princípio pode ser aplicado, há uma *regeneração semântica,* isto é, outro sentido é dado para o mesmo princípio para não utilizá-lo quando deveria. Esse é o juiz *Hidra* no entender de Marcelo Neves, que permite a policefalia de sua interpretação por destacar satisfação maior pelos princípios como algo determinante em sua hermenêutica jurídica,pois o mundo jurídico não surge a cada nova lide, de maneira que a técnica de ponderação, realizada com parcimônia, sem caráter *ad hoc* e admitindo seus limites numa realidade multinível de sistemas e subsistemas sociais, deve servir para orientar casos futuros, levando à construção de critérios para solucionar casos juridicamente idênticos ou semelhantes (NEVES, 2013, p. 221-222).[3]

Essa distinção do juiz Iolau ante os demais demonstra que não é necessário a um devido processo penal um apego à forma ou à substância: ambas as perspectivas estão bem-localizadasna *consciência hermenêutica* de Iolau, lidando com a justiça enquanto paradoxo, isto é, a justiça em dupla dimensionalidade, de caráter interno enquanto consistência jurídico-conceitual (autorreferência) com a amplitude externa da decisão que é adequadamente complexa ao meio social (heterorreferência). O excesso, de um lado, resultará em perda de racionalidade jurídica e, de outro, deve haver comunicação com o meio social pela resposta que é adequada a tal sentença. Não se pressupõe, portanto, um equilíbrio perfeito entre essas dimensões, havendo necessidade de superação de cada caso constitucional sem pretensões hercúleas, afastando a absolutização tanto das regras quanto de princípios (NEVES, 2013, p. 223-225).
Iolau é, em resumo,

> O Juiz Iolau, ele mesmo um paradoxo entre abertura cognitiva e fechamentonormativo, princípios e regras (e híbridos!), equilibra-se com dificuldade entreargumentos formais e substanciais, sem pretensão de ter a última palavra. Ele édialógico e capaz de aprendizados com outras esferas do Estado e com a própriasociedade civil e esfera pública, sem desconhecer o seu papel seletivo. Ele está maispróximo da "humildade judicial" [...] (NEVES, 2019, p. 307).

5 Considerações finais

De início foi visto que a distinção entre princípios e regras é dominado por dois modelos específicos: o modelo de Ronald Dworkin e o modelo de Robert Alexy. Nas críticas de Marcelo Neves a ambos, este traça um novo caminho dentro de pressupostos

---

[3]Por uma afirmação da técnica de ponderação oriunda de Robert Alexy, conferir a tese de doutoramento de Anizio Pires Gavião Filho, "Colisão de direitos fundamentais, argumentação e ponderação", Disponível em:https://lume.ufrgs.br/handle/10183/88482. Acesso em:1º dez. 2019. Na tese argumenta-se que o problema não é a ponderação, mas*como é realizada* a ponderação.

sistêmicos, apontando para maior consistência jurídica e adequação social do direito na delimitação conceitual mais apurada das regras, dos princípios e dos *híbridos*. Demonstrada a relação circular entre regras e princípios pela diferença interna que o sistema jurídico possui na realidade de dupla contingência realizada pelo código binário *lícito/ilícito*, há um *plus* teórico diante dos demais autores apresentados.

Após, foi analisado que o processo penal constitucional é uma abstração teórica tanto quanto o juiz Iolau de Marcelo Neves, e é apresentado como novo caminho para um processo e seus procedimentos que são adequados à realidade constitucional no momento, num devido processo penal.

Na junção entre os pensamentos sobre processo penal constitucional e o ideal regulativo de Marcelo Neves, percebe-se que a distinção de regras e princípios – e *híbridos* – para o processo penal constitucional é relevante, haja vista que o excesso de formalidade que cerca o processo penal hoje, à medida que ignora mandamentos definitivos sobre procedimentos, leva ao perigo de incorrer em injustiça: injustiça quanto a definições já demarcadas pelo legislador por consistência ao direito, e injustiça à realidade social, que demanda um processo penal constitucional que esteja adequado ao meio onde está positivado.

Referências

ALEXY, Robert. *Teoria da argumentação jurídica*: a teoria do discurso racional como teoria da fundamentação jurídica. 3. ed. Rio de Janeiro, RJ: Forense, 2011.

ALEXY, Robert. *Teoria dos Direitos Fundamentais*. 2. ed., 3ª reimpr. São Paulo, SP: Malheiros Editores, 2015.

CINTRA, Antônio Carlos de Araújo; GRINOVER, Ada Pellegrini; DINAMARCO, Cândido R. *Teoria Geral do Processo*. 10. ed. São Paulo, SP: Malheiros Editores, 1995.

DWORKIN, Ronald. *Levando os direitos a sério*. São Paulo, SP: Martins Fontes, 2002.

DWORKIN, Ronald. *TakingRightsSeriously*. Cambridge, Estados Unidos: Harvard University Press, 1978.

FERNANDES, Antonio Scarance. *Processo penal constitucional*. 7. ed., rev., atual. e ampl. São Paulo, SP: Revista dos Tribunais, 2012.

GÜNTHER, Klaus. *Teoria da argumentação no direito e na moral*:

justificação e aplicação. São Paulo, SP: Landy Editora, 2004.

LUHMANN, Niklas. *Law as Social System*. New York, EUA: Oxford University Press, 2004.

MORRISON, Wayne. *Filosofia do direito*: dos gregos ao pós-modernismo. São Paulo, SP: Martins Fontes, 2006.

NEVES, Marcelo. *Entre Hidra e Hércules*: princípios e regras constitucionais como diferença paradoxal do sistema jurídico. São Paulo, SP: WMF Martins Fontes, 2013.

NEVES, Marcelo. *O profeta, os discípulos e o "enviado"*: comentários a Virgílio Afonso da Silva. Disponível em: https://www.academia.edu/39070813/O_PROFETA_OS_DI SC%C3%8DPULOS_E_O_ENVIADO_COMENT%C3%81 RIOS_A_VIRG%C3%8DLIO_AFONSO_DA_SILVA_-_Marcelo_Neves. Acesso em:3 dez. 2019.

NEVES, Marcelo. *Transconstitucionalismo*. São Paulo: WWF Martins Fontes, 2009.

O retorno a Hércules como possibilidade hermenêutica para concretização dos direitos humanos no Brasil?

EDHYLA CAROLLINY VIEIRA VASCONCELOS ABOBOREIRA

1 Introdução

Da segunda metade ao final do Século XX, seguiu-se o fortalecimento dos Tribunais Constitucionais e o surgimento das grandes declarações e documentos internacionais de direitos humanos. A necessidade em afirmar direitos fundamentais e garantir a sua concretização via atividade judicante emergiu do próprio contexto histórico de confrontos mundiais bélicos e defesa da democracia.

Os pressupostos de unidade, certeza e segurança, tão caros à construção ocidental do direito, passaram a ser postos em xeque frente ao Estado que era de Direito, mas não era das pessoas, embora dito democrático em sua construção teórica. No Brasil, em oposição às teses juspositivistas, adveio o neoconstitucionalismo e todo o desejo de tonar efetivo o marco constitucional da (re)nascente democracia: a Constituição Federal de 1988.

No entanto, o que viria a ser a solução para a concretização de direitos humanos na jurisdição nacional, transformou-se em arcabouço teórico de matizes frágeis e aptas para mascarar teses voluntaristas sob a forma de decisões judiciais, colocando em xeque a legitimidade do próprio Poder Judiciário frente ao contexto histórico brasileiro.

Partindo da tese do constitucionalismo garantista de Luigi Ferrajoli e da forma como é apresentado o Estado de Direito no Brasil por Marcelo Neves, analisa-se a problemática de como o retorno à legalidade poderia contribuir para a formação de uma esfera pública pluralista e promover a concretização das normas de direitos fundamentais em países de modernidade periférica.

O presente trabalho, sob a forma de ensaio, apresenta a discussão teórica centrada no universo da hermenêutica jurídica de viés concretizador das normas de direitos humanos fundamentais, tendo o Poder Judiciário como instituição de papel central no debate.

2 Positivismo Jurídico e interpretação judicial: situando o problema[1]

O pilar de toda a construção moderna do direito assenta-se no tripé justiça, certeza e segurança. A justiça formal, igualdade de todos perante a lei, foi pensada para evitar arbítrios e direcionar a produção normativa segundo estes critérios. Destarte, a construção do pensamento jurídico moderno se dá, do ponto de vista da formalização das garantias, como fundamento do Estado de Direito[2].

Há duas formulações correntes e distintas do positivismo: o positivismo jurídico (estreitamente relacionado com o direito natural, elaborado em contraposição a este) e o positivismo filosófico (impulsionado por Auguste Comte, na França, no Século XIX).

Desde a Grécia Antiga, as distinções entre direito positivo e direito natural foram sendo delineadas. Entendido a partir de um juízo apodítico de valor universal e imutável, este último encontrara seu fundamento na ordem divina e, posteriormente, na razão humana. O primeiro, por sua vez, foi compreendido pelo caráter de aplicação restrita e dinâmica, com normas oriundas da atuação dos seres humanos e fruto da declaração de vontade destes — a vontade

---

[1] O texto apresentado nesse tópico encontra-se desenvolvido na dissertação *Jurisdição constitucional e cidadania: a atuação das organizações não-governamentais de direitos humanos no Supremo Tribunal Federal*, item 1.1 Positivismo jurídico e criação do direito pelos tribunais constitucionais, depositada pela autora desse trabalho, como requisito para obtenção do título de Mestre em Ciências Jurídicas, no Programa de Pós-Graduação em Ciências Jurídicas – Universidade Federal da Paraíba. O resgate do pensamento ali esboçado é aqui feito sob a leitura proposta pelo plano de curso da Disciplina Teorias dos Direitos Humanos, ministrada no período 2019.1.

[2] "[...] parece-nos possível isolar, como componente essencial e determinante do conceito [de Estado de Direito], o núcleo constituído pela liberdade e direitos fundamentais do cidadão". (NOVAIS, Jorge Reis. *Contributo para uma teoria do Estado de Direito*. Coimbra: Almedina, 2006.).

da comunidade, a vontade do rei, a vontade do legislador, a vontade do Estado[3].

A identificação do direito positivo como direito posto por uma ordem política vigente ganhou guarida a partir do pensamento dos jusnaturalistas dos Séculos XVII e XVIII, notadamente com Hugo Grócio, que caracterizava o direito natural como aquele derivado diretamente da razão e o direito positivo como o direito civil posto pelo Estado. Aqui, forma-se o embrião do juspositivismo moderno[4].

A passagem das concepções jusnaturalistas para as juspositivistas está ligada à formação do Estado Moderno. De acordo com Bobbio[5], o exercício do monopólio do Direito e da força, pelo Estado, levou ao não reconhecimento da categoria de norma a qualquer comando que não fosse emanado diretamente do poder político central. O direito natural deixa de ser considerado direito e ganha corpo a doutrina que influenciará de forma marcante os dois grandes sistemas de direito ocidentais: o *civil law* e a *common law*[6].

Antes do juspositivismo estatal, o juiz estava legitimado a decidir de acordo com outras regras, como costumes e critérios equitativos. Era o que ocorria, por exemplo, na Idade Média, em que não havia um corpo solidificado de normas e o poder político era disperso.

---

[3] BOBBIO, Norberto. *O positivismo jurídico*: lições de filosofia do direito. Trad. Mauro Pugliesi. São Paulo: Ícone, 1995, p. 22.

[4] Marcelo Neves questiona a relação seminal entre direito positivo e modernidade comumente presente em análises sobre o positivismo jurídico. As perspectivas unilaterais sobre o direito positivo não pretendiam "[...] restringir o conceito de direito positivo a determinada fase histórica do direito, a do direito moderno" (p. 22). Nesse sentido, considerando o dualismo entre direito positivo e direito natural, "em geral, entende-se por direito positivo a ordem normativa coercitiva realmente dominante em sociedades humanas do passado, presente e futuro" (p.17). In: NEVES, Marcelo. *Constituição e direito na modernidade periférica*: uma abordagem teórica e uma interpretação do caso brasileiro. São Paulo: WMF Martins Fontes, 2018.

[5] BOBBIO, Norberto. *O positivismo jurídico*: lições de filosofia do direito. Trad. Mauro Pugliesi. São Paulo: Ícone, 1995, p. 26.

[6] "Por obra do positivismo jurídico ocorre a redução de todo o direito a direito positivo, e o direito natural é excluído da categoria do direito: o direito positivo é direito, o direito natural não é direito. A partir deste momento o acréscimo do adjetivo 'positivo' ao termo 'direito' torna-se um pleonasmo [...]". (BOBBIO, Norberto. *O positivismo jurídico*: lições de filosofia do direito. Trad. Mauro Pugliesi. São Paulo: Ícone, 1995, p. 26).

Todavia, com o advento do Estado Moderno, o juiz passa a ser órgão do Estado e não mais da sociedade[7].

De acordo com Carvalho[8], "[...] os juristas, sobretudo os de tradição romana, preocupavam-se mais com a justificação do poder real e com a montagem do arcabouço legal dos novos Estados". Referida assertiva pode ser verificada na própria construção histórica do direito no Brasil. Os primeiros juízes enviados ao País eram formados em Portugal, no momento em que este vivia a fase áurea do Estado absolutista. Sua chegada ao Brasil Colonial deveu-se à necessidade de manutenção e aplicação da ordem pré-determinada, de forma a possibilitar o total controle pela Metrópole portuguesa[9].

Esse fato histórico não favoreceu a formação do ordenamento jurídico pátrio a partir de bases locais e impediu a proliferação de teses opostas, aptas a permitir alternativas à nascente vertente positivista em solo sul-americano. Portugal, como primeiro País europeu a passar pela centralização política, necessitava do aparato burocratizado do Judiciário para manter o poder na Europa e nos solos colonizados[10].

Bobbio[11] elenca como características fundamentais do

---

[7] BOBBIO, Norberto. *O positivismo jurídico*: lições de filosofia do direito. Trad. Mauro Pugliesi. São Paulo: Ícone, 1995, p.28.

[8] CARVALHO, José Murilo de. *A construção da ordem*: teatro das sombras. Rio de Janeiro: Civilização Brasileira, 2003, p. 36.

[9] Sobre o direito colonial no Brasil, Hespanha destaca que havia aqui um verdadeiro pluralismo jurídico, aplicando-se o direito canônico, regras costumeiras e as ordenações de Portugal. A dificuldade em garantir a aplicação do direito estatal português advinha da grande distância geográfica da metrópole e entre os as próprias vilas e povoados no território brasileiro. (HESPANHA, Antônio Manuel. Porque è que existe e em que è que consiste um direito colonial brasileiro. *Quaderni fiorentini per la storia del pensiero giuridico moderno*, ISSN 0392-1867, vol. 35, n° 1, 2006, p. 59-81.).

[10] "A homogeneidade ideológica e o treinamento foram características marcantes da elite política portuguesa, criatura e criadora do Estado absolutista. Uma das políticas dessa elite foi reproduzir na colônia uma outra elite feita à sua imagem e semelhança. A elite brasileira, sobretudo da primeira metade do século XIX, teve treinamento em Coimbra, concentrado na formação jurídica, e tornou-se, em sua grande maioria, parte do funcionalismo público, sobretudo da magistratura e do Exército". (CARVALHO, José Murilo de. *A construção da ordem*: teatro das sombras. Rio de Janeiro: Civilização Brasileira, 2003, p. 37).

[11] BOBBIO, Norberto. *O positivismo jurídico*: lições de filosofia do direito.

positivismo jurídico o reconhecimento do direito enquanto fato/fenômeno social, desprovido de valor; o apego à formalidade (teoria do formalismo jurídico); definição do direito a partir do elemento da coação; a lei como primeira e principal fonte do direito, em detrimento, inclusive, dos costumes; a norma vista como comando (teoria da norma jurídica); as teses da coerência e completude do ordenamento jurídico, afastando quaisquer antinomias ou lacunas; o método ou interpretação mecanicista; e a tese da obediência à lei como obrigação moral referida aos desdobramentos do chamando positivismo ético.

Para Viehweg[12], atualmente, não há grandes teorias juspositivistas, sendo a última delas elaborada por Hans Kelsen, no início do século XX. A teoria de Kelsen não seria positivista em sua fundamentação, mas sim na sua elaboração e utilização posterior. Embora muitos juristas citem Kelsen, não fazem uso da sua teoria em sentido estrito. É o que Viehweg chama de *positivismo prático*[13]. Os juristas buscam evitar toda espécie de pensamento *transpositivo*, ou seja, afirmam, em seus discursos, estarem amarrados à lei positiva, não podendo ultrapassá-la ou sobrepô-la, sendo suas reflexões puramente dogmáticas.

Os argumentos contrários a este posicionamento, embora já existissem, ganharam força com o fim da Segunda Guerra Mundial e o massacre ocorrido, sobretudo nos campos de concentração nazistas. A partir da tese de Radbruch, a crítica ao positivismo jurídico desenvolveu-se, erroneamente, no sentido de que este teria sido o fator de legitimação determinante para surgimento e instalação dos Estados Totalitários na Europa, no Século XX[14].

Trad. Mauro Pugliesi. São Paulo: Ícone, 1995.

[12] VIEHWEG, Theodor. Qué significa positivismo jurídico? In: *Tópica y filosofía del derecho*. 2. ed. Barcelona: Gedisa, 1997. p. 52-65.

[13] O estudo do direito é visivelmente afetado pelo positivismo através do não reconhecimento da importância de disciplinas como filosofia, sociologia, ciência política etc., pois estas não estão diretamente relacionadas à dogmática jurídica. Contudo, aponta o Viehweg que, ao sair do positivismo jurídico, pode-se cair, facilmente, no positivismo filosófico presentes nestas matérias.

[14] "Segundo a tese de Radbruch, os juristas alemães aceitaram de bom grado as leis iníquas dos nacional-socialistas porque o positivismo jurídico os habituara a não colocar em discussão o direito positivo." (LOSANO, Mario

Embora os juristas tentem dissociar o momento legislativo do momento de aplicação positiva da norma, estes culminam no mesmo processo de construção jurídica[15]. Viehweg cita duas teorias antipositivistas que corroboram sua afirmação: o tomismo-aristotélico e o marxismo-leninismo; "[...] ambas doctrinas coinciden en afirmar que, por razones lógicas, el positivismo jurídico-práctico aqui descrito no puede satisfacer la función social de una dogmática jurídica"[16]. Ainda sustenta que o positivismo prático contém ceticismo frente a interpretações e legitimações mais amplas. Contudo, a linguagem é um dos principais obstáculos às pretensões do positivismo prático de querer atribuir sentidos unívocos às normas. Ao mesmo tempo, não há como sustentar a aplicação positiva da legitimação sem refletir sobre ela[17].

A necessidade de legitimação é dinâmica, por isso não pode restar atrelada à norma estática, positivada. O que se pretende mostrar é que mesmo a interpretação positivista, atrelada ao exame formal de validade e legitimidade da norma, não está isenta de interferências potenciais do julgador e do contexto histórico e social. Afirmação, inclusive, realizada pelo próprio Kelsen, na Teoria Pura do Direito. O autor aborda o tema da interpretação das normas jurídicas, cuja essência se encontra na necessidade de concretização do próprio Direito, momento em que é imperioso fixar o sentido das disposições anteriormente formuladas.

G. *Sistema e estrutura no direito*. v. 2: o Século XX, trad. Luca Lamberti. São Paulo: WMF Martins Fontes, 2010, p. 235).

[15] "[...] se confía en la Ley Fundamental, que contiene y protege una teoría material del derecho. Pero, en última instancia, el texto constitucional es solo un texto o hasta un texto parcial que, por cualquier motivo, remite a contextos más amplios, es decir, transpositivos, los cuales, por lo pronto, se presentan sin interpretación y son interpretables de muy diferente manera". (VIEHWEG, Theodor. Qué significa positivismo jurídico? In: *Tópica y filosofía del derecho*. 2. ed. Barcelona: Gedisa, 1997. p. 52-65, p. 57).

[16] VIEHWEG, Theodor. Qué significa positivismo jurídico? In: *Tópica y filosofía del derecho*. 2. ed. Barcelona: Gedisa, 1997. p. 52-65, p. 58.

[17] "El positivismo práctico – que, irreflexivamente, supone que, en el curso de la legitimación, uno podría sin más detenerse en un punto fijado previamente – roza un problema sumamente complicado, sin ofrecer una propuesta de solución". (VIEHWEG, Theodor. Qué significa positivismo jurídico? In: *Tópica y filosofía del derecho*. 2. ed. Barcelona: Gedisa, 1997, p. 61).

De acordo com Kelsen[18], "[...] a interpretação é, portanto, uma aplicação mental que acompanha o processo de aplicação do Direito no seu progredir de um escalão superior para um escalão inferior". São relacionadas três formas distintas de interpretação do texto jurídico: a levada a efeito pelo aplicador/operador do Direito, a realizada pelo cidadão ao direcionar sua conduta de acordo com o que é e com o que não é lícito e a hermenêutica no âmbito da Ciência do Direito.

Sustenta-se, como premissa, o reconhecimento de relativa indeterminação das normas jurídicas, que pode ser intencional ou não. A indeterminação não intencional justifica-se pela pluralidade ou ambiguidade significativa das próprias palavras em si. Também poderá haver normas contraditórias. Nesse sentido, não há como o aplicador da norma discernir a real vontade do legislador.

Então, como o operador deverá aplicar/interpretar o Direito? Para responder a esta pergunta, Kelsen cria a figura da moldura. O ordenamento jurídico forma uma moldura que encerra diversas possibilidades de aplicação da lei ao caso concreto. Assim, a interpretação da lei não deve necessariamente conduzir a uma única solução correta, mas a várias soluções de igual valor.

Os diversos métodos de interpretação conduzem apenas a soluções possíveis e isso advém da própria atividade hermenêutica, "[...] a necessidade de uma interpretação resulta justamente do facto de a norma a aplicar ou o sistema das normas deixarem várias possibilidades em aberto [...]"[19].

Para Kelsen, a interpretação não é apenas uma atividade de conhecimento, cognoscitiva, pois consiste também em um ato de vontade. E aqui é possível encontrar o elemento sujeito na doutrina kelseniana. Afirma-se que a escolha de aplicação de apenas uma possibilidade como correta, em detrimento de todas as outras, é ato de vontade do intérprete, não sendo, portanto, um problema de Teoria do Direito, mas de política do Direito. Assim, aborda o juiz e a própria atividade judicante como exercício criativo. Neste processo, podem incidir outras normas que não são propriamente

---

[18] KELSEN, Hans. *Teoria pura do direito*. Trad. João Baptista Machado. 6. ed. Coimbra: Armênio Amado, 1984, p. 465.
[19] KELSEN, Hans. *Teoria pura do direito*. Trad. João Baptista Machado. 6. ed. Coimbra: Armênio Amado, 1984, p. 469.

jurídicas, mas também morais e valores ínsitos à sociedade[20].

A interpretação que cria o Direito é chamada de interpretação autêntica, cuja eficácia pode se dar tanto *erga omnes* como em determinado caso concreto. Admite-se, ainda, que essa atividade criadora possa resultar em Direito novo[21]. Por sua vez, a interpretação feita pelo cientista do Direito não é autêntica e se constitui em mera "[...] determinação cognoscitiva do sentido das normas jurídicas". Seu único objetivo é apenas "estabelecer as possíveis significações de uma norma jurídica"[22].

Camargo[23], ao analisar a perspectiva de Kelsen, assevera que a teoria normativista, "[...] não tem um alcance hermenêutico que explique o movimento de compreensão, interpretação e concretização do Direito. Basta-lhe a subsunção do fato à norma válida como mecanismo de extração de uma sentença, ainda que não seja a única possível". Todavia, não há como concordar que a interpretação, para Kelsen, seja meramente ato de subsunção do fato à moldura normativa proposta. Antes, toda interpretação do Direito consiste em ato de vontade do intérprete que possui como pressuposto o ordenamento jurídico. Por isso, ele situa a hermenêutica no campo da política do Direito. Até mesmo Camargo afirma que é possível reconhecer, em Kelsen, "[...] a incidência de valores de ordem política e moral no direito"[24].

Nesse sentido, Streck classifica o juspositivismo em positivismo

---

[20] "Na aplicação do Direito por um órgão jurídico, a interpretação cognoscitiva (obtida por uma operação de conhecimento) do Direito a aplicar combina-se com um acto de vontade em que o órgão aplicador do Direito efectua uma escolha entre as possibilidades reveladas através daquela mesma interpretação cognoscitiva". (KELSEN, Hans. *Teoria pura do direito*. Trad. João Baptista Machado. 6. ed. Coimbra: Armênio Amado, 1984, p. 470).

[21] "É facto bem conhecido que, pela via de uma interpretação autêntica deste tipo, é muitas vezes criado Direito novo – especialmente pelos tribunais de última instância". (Kelsen, 1984, p. 471).

[22] KELSEN, Hans. *Teoria pura do direito*. Trad. João Baptista Machado. 6. ed. Coimbra: Armênio Amado, 1984, p. 472.

[23] CAMARGO, Margarida Maria Lacombe. *Hermenêutica e argumentação*: uma contribuição ao estudo do direito. 3. ed. Rio de Janeiro: Renovar, 2003.

[24] CAMARGO, Margarida Maria Lacombe. *Hermenêutica e argumentação*: uma contribuição ao estudo do direito. 3. ed. Rio de Janeiro: Renovar, 2003, p. 115.

exegético e positivismo semântico ou normativista. O primeiro abrange a vertente que expurga da interpretação da norma qualquer atividade criativa do seu operador, devendo ser o juiz unicamente reprodutor literal do comando jurídico e manter-se adstrito aos limites impostos por um ordenamento em que lacunas e antinomias são consideradas inexistentes. O segundo, por sua vez, tem seu desenvolvimento a partir da constatação, levada a efeito por Kelsen, de que "[...] o problema da interpretação do direito é mais semântico do que sintático"[25].

Assim, não é possível predeterminar a atividade judicante, senão no que tange à possível moldura em que está inserida. Esta assertiva encerra, para Streck, o problema paradigmático que enfrenta a hermenêutica jurídica hoje no Brasil. A ideia tradicional do positivismo exegético já foi superada, mas o positivismo semântico, amparado ainda no paradigma sujeito-objeto, permanece enraizado e sobreposto em argumentações aplicadas a referenciais distintos.

Após a promulgação da Constituição Federal de 1988, o juspositivismo ganhou nova roupagem na doutrina constitucional, passando ao chamado pós-positivismo. Neoconstitucionalismo e pós-positivismo iniciaram a trajetória como crítica ao positivismo estrito, favorecendo uma releitura problemática do próprio Kelsen. No plano da hermenêutica, orientou a busca pela efetividade das normas constitucionais, sobretudo as de direitos humanos fundamentais, operada pela distinção regra-princípio e a defesa da (re)incorporação de um arcabouço valorativo que deve ser conhecido e avaliado pelo intérprete quando da aplicação da norma.

3 O retorno à legalidade a partir das experiências do pós-positivismo e do neoconstitucionalismo como possibilidade hermenêutica de concretização de direitos humanos fundamentais?

O neoconstitucionalismo tem como seu principal expoente, no

---

[25] STRECK, Lênio Luiz. Aplicar a "letra da lei" é uma atitude positivista? *Revista NEJ – Eletrônica*. v. 15, n. 1, p. 158-173, jan/abr. 2010. Disponível em: <http://www6.univali.br/seer/index.php/nej/article/view/2308/1623>. Acesso: 18 jun. 2012.

Brasil, Luís Roberto Barroso[26]. O autor delimita três marcos que auxiliam no entendimento desse novo direito constitucional: marco histórico, marco filosófico e marco jurídico. O marco histórico está atrelado ao constitucionalismo surgido após a 2ª Guerra Mundial, na Europa Continental e à promulgação da Constituição Federal de 1988, no Brasil. O marco filosófico é a ascensão do chamado póspositivimo[27]. Por fim, os marcos teóricos incluem a força normativa da Constituição, a expansão da jurisdição constitucional e a nova interpretação constitucional. Esta tem como principal característica a normatividade atribuída aos princípios.

Afirmando ter como base as contribuições teóricas de Ronald Dworkin e Robert Alexy, o autor assevera que, nesse contexto de um novo direito e de uma nova interpretação constitucionais, "a Constituição passa a ser encarada como um sistema aberto de princípios e regras, permeável a valores jurídicos suprapositivos, no qual as ideias de justiça e de realização dos direitos fundamentais desempenham um papel central"[28].

Apesar de Barroso afirmar que a nova interpretação constitucional não é favorável ao voluntarismo judicial, é reconhecido que a sua doutrina e a postura ativista adotada pelo Supremo Tribunal Federal nas últimas décadas têm suscitado muitas críticas quanto ao papel do Poder Judiciário no Estado Democrático de Direito, sua clássica divisão de poderes e o grau de representatividade da vontade do povo soberano, assim declarado constitucionalmente.

---

[26] BARROSO, Luís Roberto. Neoconstitucionalismo e constitucionalização do direito: o triunfo tardio do direito constitucional no Brasil. In: SOUZA NETO, Claudio Pereira de; SARMENTO, Daniel. (Coord.). *A constitucionalização do direito*: fundamentos teóricos e aplicações específicas. Rio de Janeiro: Lumen Juris, 2007.

[27] "O *pós-positivismo* é a designação provisória e genérica de um ideário difuso, no qual se incluem a definição das relações entre valores, princípios e regras, aspectos da chamada *nova hermenêutica constitucional*, e a teoria dos direitos fundamentais, edificada sobre o fundamento da dignidade humana". (BARROSO, Luís Roberto. *Interpretação e aplicação da constituição*. 7 ed. São Paulo: Editora Saraiva, 2009, p. 351-352).

[28] BARROSO, Luís Roberto. *Interpretação e aplicação da constituição*. 7 ed. São Paulo: Editora Saraiva, 2009, p. 353.

Ferrajoli[29] faz veemente oposição ao neoconstitucionalismo póspositivista, para quem o termo confunde constitucionalismo jurídico com constitucionalismo político e incorpora à feição do constitucionalismo jurídico o viés ideológico, indo de encontro aos próprios postulados do positivismo. Esse constitucionalismo principialista ou não positivista reaproxima direito e moral e foca a concepção desse como "prática jurídica", tendo por foco a atividade dos juízes.

Dessa forma, a Constituição analisada sobre a égide dos valores, sob uma tessitura normativa aberta, favoreceria o aumento indiscriminado da discricionariedade judicial e a queda do controle democrático. A admissibilidade de valoração, seja sobre princípios, seja sobre regras, por parte do juiz, possibilita que ele aplique a norma com base em sua própria subjetividade, criando direito novo à revelia daquele que está posto. Para Ferrajoli, a legitimidade da jurisdição está na vinculação dos juízes à aplicação da lei e envolve o mínimo de discricionariedade interpretativa. O juiz não pode criar ou ignorar normas, justificando com base em valores[30].

O constitucionalismo garantista, proposto pelo referido autor, tem como modelo de direito o juspositivismo clássico, defendendo a positivação de princípios e garantia da Constituição rígida por meio do controle jurisdicional de constitucionalidade das leis. No âmbito da teoria do direito, reconhece a possibilidade de normas vigentes, mas inválidas. Elas estariam presentes no ordenamento por um critério formal, mas não seriam válidas por estarem em desacordo com a Constituição ou normas substanciais. Como filosofia e teoria política, traz o positivismo como pressuposto de uma teoria da democracia formal – Estado Legislativo de Direito – e de uma teoria da democracia substancial – Estado Constitucional de Direito.

Nesse sentido, o constitucionalismo como juspositivismo

---

[29] FERRAJOLI, L. Constitucionalismo principialista e constitucionalismo garantista. Trad. André Karam Trindade. In: FERRAJOLI, L.; STRECK, L.L.; TRINDADE, A. K. *Garantismos, hermenêutica e (neo)constitucionalismo*: um debate com Luigi Ferrajoli. Porto Alegre: Livraria doAdvogado, 2012, p. 13-58.

[30] FERRAJOLI, L. Constitucionalismo principialista e constitucionalismo garantista. Trad. André Karam Trindade. In: FERRAJOLI, L.; STRECK, L.L.; TRINDADE, A. K. *Garantismos, hermenêutica e (neo)constitucionalismo*: um debate com Luigi Ferrajoli. Porto Alegre: Livraria doAdvogado, 2012, p. 13-58.

reforçado apregoa, fundamentalmente, a separação entre direito e moral[31]. O retorno à legalidade seria capaz de limitar o poder dos juízes, vinculando-os de forma estrita à lei e à Constituição, mantendo o Estado democrático a partir da consideração dos direitos e liberdades fundamentais como valores objetivos.

Streck[32], por sua vez, explica que, no Brasil, a terminologia neoconstitucionalista foi também utilizada para romper com o constitucionalismo liberal e introduzir o pensamento do constitucionalismo dirigente. O neoconstitucionalismo defende um direito constitucional de efetividade, um direito a partir da ponderação de valores e a constitucionalização do ordenamento jurídico. O desenvolvimento dessa teoria no Brasil favoreceu a recepção acrítica da jurisprudência dos valores, da teoria da argumentação de Robert Alexy e do ativismo judicial estadunidense. Nesse sentido, Streck aponta que os tribunais brasileiros transformaram a regra da ponderação em um princípio, dando ensejo ao "estado de natureza hermenêutico" e à "loteria do protagonismo judicial".

Para Streck, diversamente de Ferrajolli, não é mais possível sustentar a tese da separação entre direito e moral e as teses que caracterizam o positivismo, sobretudo com relação à discricionariedade, tendo em vista a análise feita a partir do giro

---

[31] "Nesse sentido assertivo ou teórico, a separação é um sorolário do princípio da legalidade que impede, para a garantia da submissão dos juízes somente à lei, a derivação do direito válido do direito (por eles pressuposto) justo e, para a garantia da autonomia crítica do ponto de vista moral externo ao direito, a derivação do direito justo do direito válido, mesmo se conforme a Constituição. No sentido prescritivo ou axiológico, a separação é um corolário do liberalismo político que rejeita, para a garantia das liberdades fundamentais em relação a tudo que não lesiona os outros, a utilização do direito como instrumento de reforço da (ou de uma determinada) moral". (FERRAJOLI, L. Constitucionalismo principialista e constitucionalismo garantista. Trad. André Karam Trindade. In: FERRAJOLI, L.; STRECK, L.L.; TRINDADE, A. K. *Garantismos, hermenêutica e (neo)constitucionalismo*: um debate com Luigi Ferrajoli. Porto Alegre: Livraria doAdvogado, 2012, p. 25-26).

[32] STRECK, Lenio Luiz. Neoconstitucionalismo, positivismo e pós-positivismo. In: FERRAJOLI, L.; STRECK, L.L.; TRINDADE, A. K. *Garantismos, hermenêutica e (neo)constitucionalismo*: um debate com Luigi Ferrajoli. Porto Alegre: Livraria doAdvogado, 2012, p. 59-94.

linguístico. No entanto, ou os princípios são identificados com os próprios valores morais ou eles constituem comandos normativos institucionalizados, segundo as regras do Estado Democrático de Direito.

A crítica ao moralismo jurídico feita pelo positivismo jurídico *stricto sensu* é sintetizada, por Dimoilis[33], em três aspectos: o excesso de subjetivismo que identifica e interpreta o direito de acordo com valores de apenas determinados grupos sociais; a inexatidão conceitual no movimento de ampliar e restringir o direito positivo com base no binômio justo/injusto e, por fim, o apologismo ao confundir justiça com direito[34].

A questão não é apenas teórica e hermenêutica, mas relaciona-se diretamente como o problema de concretização dos direitos humanos por intermédio do Poder Judiciário, haja vista que o impulso da normatividade de princípios se deu pela necessidade em assegurar direitos previstos constitucionalmente frente aos poderes políticos e à própria lei. Lynch sustenta que o neoconstitucionalismo se apresenta na história constitucional brasileira como impulsionador da teoria da efetividade[35]. Esta tem como fundamento a tese da força normativa da constituição, de Konrad Hesse, e o pensamento de Raimundo Faoro, que aponta o Estado brasileiro e o seu constitucionalismo como um simulacro da elite aristocrática, baseado no patrimonialismo, na burocracia e na

---

[33] DIMOULIS, Dimitri. *Positivismo jurídico*: teoria da validade e da interpretação do direito. 2 ed. Porto Alegre: Livraria do Advogado, 2018.

[34] "Entendida dessa forma, a pretensão de correção do direito se imita a uma apologia do direito vigente que invoca a justiça para legitimar decisões dos detentores do poder. Atribui-se ao direito o prêmio da justiça, tal como um político diz que as opiniões de seu partido são as únicas corretas. (DIMOULIS, Dimitri. *Positivismo jurídico*: teoria da validade e da interpretação do direito. 2 ed. Porto Alegre: Livraria do Advogado, 2018, p. 49).

[35] "A rigor, o hoje ministro do STF não se apresenta como representante do neoconstitucionalismo, mas, sim, como defensor de uma doutrina brasileira da efetividade, que teria feito a transição da antiga teoria constitucional para o neoconstitucionalismo, ao pregar um positivismo constitucional que obrigasse os interpretes da constituição a produzir sua efetividade no mundo da vida". (LYNCH, Christian Edward Cyril; MENDONÇA, José Vicente Santos de. Por uma história constitucional brasileira: uma crítica pontual à doutrina da efetividade. *Direito e Práxis*, Rio de Janeiro, v. 8, n. 2, p.974-1007, 2017, p. 982).

manutenção de privilégios. Romper com esse passado histórico tornou-se a principal missão dos intérpretes da Constituição Federal de 1988.

Em sentido diverso, Neves sustenta que a busca pela efetividade das normas constitucionais, mediante a ponderação de princípios e o impulso mandamental no Poder Judiciário, pode contribuir para o efeito contrário, erodindo a chamada força normativa da Constituição e servindo de instrumento de burla à legalidade e à constitucionalidade[36]. Importa analisar o tema sob a ótica da formulação do Estado de Direito brasileiro à luz da crítica proposta pelo autor. Nesse sentido, retoma-se a indagação inicial, como o retorno à legalidade pode contribuir para a formação de uma esfera pública pluralista e promover a concretização das normas de direitos fundamentais em países de modernidade periférica[37]?

Analisando a experiência brasileira, Neves aponta para a diferença entre o Estado de Direito previsto na Constituição e a sua concretização[38], relacionada à fruição e garantia da normatividade constitucionalmente prevista. Tendo em vista os diversos grupos sociais que integram a sociedade pátria, o pluralismo e o procedimento são erigidos como premissas para realização concreta

---

[36] "Em síntese: a invocação teórica dos princípios como nova panaceia para os problemas constitucionais brasileiros, seja na forma de absolutização de princípios ou na forma da compulsão ponderadora, além de implicar um modelo simplificador, pode servir para o encobrimento estratégico de práticas orientadas à satisfação de interesses avessos à legalidade e à constitucionalidade e, portanto, à erosão continuada da força normativa da Constituição". (NEVES, Marcelo. *Entre hidra e Hércules*: princípios e regras constitucionais. São Paulo: WMF Martins Fontes, 2019, p. 196).

[37] "A modernização periférica pode ser compreendida como integração subordinada de um país na sociedade mundial, sob proteção do respetivo sistema político-jurídico regional". [...] "O par antagônico 'centro/periferia' ora empregado remete a uma divisão *funcional* da sociedade mundial, orientada primariamente pela economia, mas também a uma relação de suprainfraordenação entre 'sociedades parciais' fundadas primariamente na política e no direito". (NEVES, Marcelo. *Constituição e direito na modernidade periférica*: uma abordagem teórica e uma interpretação do caso brasileiro. São Paulo: WMF Martins Fontes, 2018, p. 105).

[38] "[...] o Estado permanece sendo amplamente bloqueado pela sociedade envolvente, e Têmis, frequente e impunimente 'violada' por Leviatã". (NEVES, Marcelo. *Entre Têmis e leviatã*: uma relação difícil. São Paulo: WMF Martins Fontes, 2019, 245).

do Estado Democrático de Direito.

> Evidente que a experiência brasileira marca-se por formas de instrumentalização política, econômica e relacional de mecanismos jurídicos, apontando no sentido inverso à indisponibilidade do direito. Há uma forte tendência a desrespeitar o modelo procedimental previsto no texto da Constituição, de acordo com conformações concretas de poder, conjunturas econômicas específicas e códigos relacionais. Isso está associado à persistência de privilégios e 'exclusões' que obstaculizam a construção de uma esfera pública universalista como espaço de comunicação de cidadãos iguais[39].

O autor distingue os conceitos de autonomia privada – "liberdade igual dos cidadãos" – e de autonomia pública – "procedimentos de formação da vontade estatal abertos imparcialmente à esfera pública pluralista". No Brasil (ou em países de modernidade periférica), a autonomia privada não se concretiza e a autonomia pública termina sendo o lugar da liberdade de quem possui privilégios. Isso interfere diretamente na dificuldade em concretizar direitos humanos, apontando uma tendência de utilização do aparato estatal para interesses privados – privatização do Estado, bem como a deslegitimização do procedimento apto a estruturar a esfera pública pluralista.

Desenvolve-se, então, as categorias de subintegração e sobretintegração. Subintegração, subintegrados, subcidadãos corresponde àqueles que não têm acesso aos benefícios do direito positivo, mas dependem – ou estariam sujeitos[40] – das suas normas. Por sua vez, a sobreintegração no sistema jurídico, diz respeito à "prática de grupos privilegiados que, principalmente com o apoio da burocracia estatal, desenvolvem suas ações bloqueantes da

---

[39] NEVES, Marcelo. *Entre têmis e leviatã*: uma relação difícil. São Paulo: WMF Martins Fontes, 2019, 246.

[40] "O sujeito da lei, ou subjectum, é o possuidor de direitos e o portador de deveres e responsabilidades. Mas, ao mesmo tempo, o sujeito como subjectus está sujeitado à lei, é trazido à vida por protocolos da lei, moldado por exigências e recompensas da lei e chamado a prestar contas perante tribunais da lei. A dupla determinação paradoxal de criador e criado, livre e compelido, ativo e passivo anima e permeia a vida do sujeito jurídico". (DOUZINAS, Costas. *O fim dos direitos humanos*. Trad. Luzia Araújo. São Leopoldo: Unisinos, 2009, p. 225).

reprodução do direito"[41].

A subintegração e a sobreintegração interferem diretamente na concretização de uma esfera pública pluralista, uma vez que tanto subintegrados como sobreintegrados não gozam do exercício da cidadania. Igualmente, segundo Lafer, na esteira do pensamento de Arendt, a afirmação dos direitos humanos reclama um espaço público, uma vez que os mesmos só poderão ser exigidos "através do acesso pleno à ordem jurídica que apenas a cidadania oferece"[42].

> Daí por que tanto os subcidadãos quanto os sobrecidadãos são carentes de cidadania, que, como mecanismo político-jurídico de inclusão social, pressupõe igualdade não apenas em relação aos direitos, mas também a respeito dos deveres, envolvendo uma relação sinalagmática de direitos e deveres fundamentais generalizados[43].

A construção dessas categorias revela o paradoxo legalismo *versus* impunidade. Os deveres impostos pelo direito positivo devem ser estritamente observados pelos subintegrados[44], enquanto os sobreintegrados estariam acima da lei, agindo impunimente na defesa de interesses privados. "A rigidez legalista, parcial e discriminatória, contraria a própria legalidade, que implica a generalização de conteúdos e procedimentos da ordem jurídica em termos isonômicos"[45].

Sob esse viés, o autor esboça uma crítica à busca de métodos alternativos de resolução de conflitos ou de construção da esfera pluralista alternativa ao direito estatal como forma de corrigir referidas distorções. De fato, se, partindo da existência do texto legal, posto e assegurado mediante series de procedimentos legais e

---

41 NEVES, Marcelo. *Entre têmis e leviatã*: uma relação difícil. São Paulo: WMF Martins Fontes, 2019, 250.

42 LAFER, Celso. *A reconstrução dos direitos humanos*: um diálogo com o pensamento de Hannah Ared3nt. 6. ed. São Paulo: Companhia das Letras, 2006, p. 166.

43 NEVES, Marcelo. *Entre têmis e leviatã*: uma relação difícil. São Paulo: WMF Martins Fontes, 2019, 253-254.

44 "O fetichismo da lei no Brasil é unilateralista, funciona como mecanismo de discriminação social". (NEVES, Marcelo. *Entre têmis e leviatã*: uma relação difícil. São Paulo: WMF Martins Fontes, 2019p. 254).

45 NEVES, Marcelo. *Entre têmis e leviatã*: uma relação difícil. São Paulo: WMF Martins Fontes, 2019, p. 255.

constitucionais no Estado de Direito, grupos sociais são colocados à margem da própria lei e sujeitados à esta ante a proeminência de outros grupos sociais privilegiados no contexto histórico e econômico de poder, como poderão pensar em lutar e vivenciar direitos fundamentais, numa perspectiva paralela ao Estado? O que asseguraria que as mesmas forças que operam a diferença subintegrados/sobreintegrados ali também não estarão presentes?

Idêntico raciocínio é possível quando se pensa o neoconstitucionalismo como meio de superação do positivismo legalista e como alternativa capaz de emprestar efetividade às normas de direitos fundamentais, mediante a atividade hermenêutica, numa suposta nova interpretação constitucional.

De acordo com Losano, os Estados Totalitários que se formaram na Europa, especialmente na Itália e na Alemanha (com o nacional-socialismo), não partiram de uma matriz teórica positivista do Direito, ao contrário. O entrelaçamento das teorias do Estado e do Direito com o aparato ideológico formado à época foi o que favoreceu o sufocamento de direitos e garantias dos indivíduos. Dessa forma, a principal crítica do juspositivismo como contrário à real concretização de direitos humanos fundamentais não procede[46].

Considerando o contexto histórico de formação do direito e da teoria juspositivista no Brasil, Neves, em relativa aproximação com Ferrajoli, no que diz respeito ao pensamento sobre um retorno à legalidade, da forma como está sendo tratado nesse ensaio, afirma que

> [...] a legalidade (efetiva, a saber, dependente da concretização de uma ordem constitucional democrática) constitui uma alternativa para a cultura dominante da ilegalidade; com efeito, uma alternativa cuja consecução no contexto brasileiro exigiria e implicaria uma

---

[46] "Para Radbruch, portanto, o positivismo jurídico predispusera os juízes a identificar-se com o Estado nacional-socialista. Mas aqui surge a segunda discordância histórica com a tese de Radbruch: o Estado nacional-socialista não propôs aos juízes alemães um modelo positivista, mas exatamente seu contrário, como foi visto nas páginas anteriores. Na verdade, os juízes alemães não agiram como positivistas nem durante a República de Weimar, nem durante o regime nacional-socialista". (LOSANO, Mario G. *Sistema e estrutura no direito*. v. 2: o Século XX, trad. Luca Lamberti. São Paulo: WMF Martins Fontes, 2010, p. 239).

transformação social no plano estrutural[47].

Compreendendo o ponto de partida de Neves e Ferrajolli, ainda assim, é difícil assegurar que tanto o constitucionalismo garantista quanto a legalidade efetiva seriam capazes, por si só, de contribuir substantivamente para a concretização de direitos humanos. Estes são dados a conhecer mediante o direito posto. No entanto, a sua implementação só se dá mediante a própria violação da norma que o prescreve. É o paradoxo dos direitos humanos apresentado por Luhmann:

> Normas são conhecidas por meio de suas violações; e os direitos humanos na medida em que são descumpridos. Assim, como frequentemente as expectativas tornam-se conscientes por via de sua frustração, assim também as normas frequentemente pela ofensa a elas. A situação de frustração conduz nos sistemas que processam informações à reconstrução de seu próprio passado, ao processamento recorrente, com resgate e apreensão do que no momento for relevante[48].

No mesmo sentido Douzinas, para quem os direitos humanos representam uma ficção utópica atrelada ao desejo humano por reconhecimento e construção da sua própria identidade. "Faz parte da ação dos direitos criar contrademandas e conduzir a mais legislação e novos direitos a fim de combater suas consequências adversas. Os direitos geralmente criam conflitos em vez de lidar com eles"[49].

Mesmo que a hermenêutica (re)faça o caminho da legalidade, Streck[50] aponta bem ao dizer sobre o giro linguístico, retomando, de certa forma, o que Kelsen já havia dito sobre a interpretação, na

---

[47] NEVES, Marcelo. *Entre têmis e leviatã*: uma relação difícil. São Paulo: WMF Martins Fontes, 2019, p. 258.

[48] LUHMANN, Niklas. O Paradoxo dos Direitos Humanos e três formas de seu desdobramento. Tradução de Ricardo Henrique Arruda de Paula e Paulo Antônio de Menezes Albuquerque. *Temis*, v. 3, nº 1, pp. 153-161, Fortaleza, 2000, p. 158.

[49] DOUZINAS, Costas. *O fim dos direitos humanos*. Trad. Luzia Araújo. São Leopoldo: Unisinos, 2009, p. 329.

[50] STRECK, Lenio Luiz. Neoconstitucionalismo, positivismo e pós-positivismo. In: FERRAJOLI, L.; STRECK, L.L.; TRINDADE, A. K. *Garantismos, hermenêutica e (neo)constitucionalismo*: um debate com Luigi Ferrajoli. Porto Alegre: Livraria doAdvogado, 2012, p. 59-94.

Teoria Pura do Direito. Não há como excluir o processo de atribuição de sentido do intérprete à norma. Não se trata mais da análise de um determinado sujeito sobre o objeto direito. O retorno à legalidade, implicitamente, traz o aplicador da norma pra esse lugar anterior às formulações da filosofia da linguagem e ignora que a relação violação-aplicação-concretização de direitos é circular e dependente de outros fatores externos ao próprio direito.

Ainda assim, as críticas ao moralismo jurídico e à forma como vai corroendo o Estado Democrático de Direito são extremamente relevantes para o contexto de formação da esfera pública pluralista. Todavia, esta e integração da cidadania, com a quebra da dicotomia subintegrados-sobreintegrados, reverberam, primariamente, mais no campo da política do que na letra da lei e da Constituição.

4 Considerações Finais

A noção de Estado Direito está diretamente vinculada ao desenvolvimento do positivismo jurídico moderno, na medida em que, historicamente, se tornou necessário o estabelecimento de um poder central e forte, detentor do monopólio da força e capaz de assegurar direitos e liberdade fundamentais, posteriormente consagradas, no mundo ocidental, como direitos humanos. O desenvolvimento da teoria positivista do juiz como a boca da lei e do apego literal à legalidade, criou distorções sobre a aplicação desse mesmo direito.

No entanto, o discurso de apego à lei, em países de modernidade periférica, considerando as distorções presentes no Estado de Direito no Brasil, levam à utilização da legalidade para manutenção de privilégios, estando submetidas a ela apenas os subcidadãos.

Nesse sentido, o dito rompimento do neoconstitucionalismo e do pós-positivismo com os postulados do que seria um positivismo exegético, introduz a ordem moral valorativa, sob a forma de princípios constitucionais, visando tornar efetivos direitos humanos fundamentais, a partir da hermenêutica concretizadora de juízes e tribunais constitucionais.

Concretizar direitos humanos com base em valores traz para o discurso jurídico uma ordem subjetiva que, no decorrer dos anos, tem sido a causa de inúmeras críticas ao ativismo judicial e ao questionamento da legitimidade do próprio Poder Judiciário como *locus* de promoção desses direitos. Isso pelo caráter elitista de que se reveste o próprio Poder em questão, não favorecendo, desse modo, a construção de uma esfera pública pluralista.

A partir dessa mesma reflexão, tem-se que o retorno à legalidade, ainda assim, não asseguraria a concretização de direitos humanos fundamentais. Embora seja certo que a defesa da legalidade estrita não se confunde com o juspositivismo e a vinculação à lei e à Constituição está mais adequada à configuração constitucional do Estado Democrático de Direito, a questão central está sobre os limites da argumentação que legitima as razões apresentadas na decisão judicial, bem como o fortalecimento de instituições que possam controlar o poder numa democracia, tanto numa perspectiva formal quanto substancial.

Referências

BARROSO, Luís Roberto. *Interpretação e aplicação da constituição*. 7 ed. São Paulo: Editora Saraiva, 2009.

_____. Neoconstitucionalismo e constitucionalização do direito: o triunfo tardio do direito constitucional no Brasil. In: SOUZA NETO, Claudio Pereira de; SARMENTO, Daniel. (Coord.). *A constitucionalização do direito*: fundamentos teóricos e aplicações específicas. Rio de Janeiro: Lumen Juris, 2007.

BOBBIO, Norberto. *O positivismo jurídico*: lições de filosofia do direito. Trad. Mauro Pugliesi. São Paulo: Ícone, 1995.

CAMARGO, Margarida Maria Lacombe. *Hermenêutica e argumentação*: uma contribuição ao estudo do direito. 3. ed. Rio de Janeiro: Renovar, 2003.

CARVALHO, José Murilo de. *A construção da ordem*: teatro das sombras. Rio de Janeiro: Civilização Brasileira, 2003.

DIMOULIS, Dimitri. *Positivismo jurídico*: teoria da validade e da interpretação do direito. 2 ed. Porto Alegre: Livraria do Advogado, 2018.

DOUZINAS, Costas. *O fim dos direitos humanos*. Trad. Luzia Araújo. São Leopoldo: Unisinos, 2009.

FERRAJOLI, L. Constitucionalismo principialista e constitucionalismo garantista. Trad. André Karam Trindade. In: FERRAJOLI, L.; STRECK, L.L.; TRINDADE, A. K. *Garantismos, hermenêutica e (neo)constitucionalismo*: um debate com Luigi Ferrajoli. Porto Alegre: Livraria doAdvogado, 2012, p. 13-

58.

HESPANHA, Antônio Manuel. Porque è que existe e em que è que consiste um direito colonial brasileiro. *Quaderni fiorentini per la storia del pensiero giuridico moderno*, ISSN 0392-1867, vol. 35, nº 1, 2006, p. 59-81.

KELSEN, Hans. *Teoria pura do direito*. Trad. João Baptista Machado. 6. ed. Coimbra: Armênio Amado, 1984.

LAFER, Celso. *A reconstrução dos direitos humanos*: um diálogo com o pensamento de Hannah Arednt. 6. ed. São Paulo: Companhia das Letras, 2006.

LOSANO, Mario G. *Sistema e estrutura no direito*. v. 2: o Século XX, trad. Luca Lamberti. São Paulo: WMF Martins Fontes, 2010.

LUHMANN, Niklas. O Paradoxo dos Direitos Humanos e três formas de seu desdobramento. Tradução de Ricardo Henrique Arruda de Paula e Paulo Antônio de Menezes Albuquerque. *Temis*, v. 3, nº 1, pp. 153-161, Fortaleza, 2000.

LYNCH, Christian Edward Cyril; MENDONÇA, José Vicente Santos de. Por uma história constitucional brasileira: uma crítica pontual à doutrina da efetividade. *Direito e Práxis*, Rio de Janeiro, v. 8, n. 2, p.974-1007, 2017.

NEVES, Marcelo. *Constituição e direito na modernidade periférica*: uma abordagem teórica e uma interpretação do caso brasileiro. São Paulo: WMF Martins Fontes, 2018.

_____. *Entre têmis e leviatã*: uma relação difícil. São Paulo: WMF Martins Fontes, 2019.

_____. *Entre hidra e hércules*: princípios e regras constitucionais. São Paulo: WMF Martins Fontes, 2019.

NOVAIS, Jorge Reis. *Contributo para uma teoria do Estado de Direito*. Coimbra: Almedina, 2006.

STRECK, Lenio Luiz. Neoconstitucionalismo, positivismo e pós-positivismo. In: FERRAJOLI, L.; STRECK, L.L.; TRINDADE, A. K. *Garantismos, hermenêutica e (neo)constitucionalismo*: um debate com Luigi Ferrajoli. Porto Alegre: Livraria doAdvogado, 2012, p. 59-94.

_____. Aplicar a "letra da lei" é uma atitude positivista? *Revista NEJ – Eletrônica*. v. 15, n. 1, p. 158-173, jan/abr. 2010.

VIEHWEG, Theodor. Qué significa positivismo jurídico? In: *Tópica y filosofía del derecho*. 2. ed. Barcelona: Gedisa, 1997. p. 52-65.

Parte III

Como pensar os precedentes no Direito brasileiro a partir de MARCELO NEVES?

Do precedente judicial ao risco do precedente "socialmente inadequado"

André Galvão Vasconcelos de Almeida

"O direito deve ser estável, mas não pode ser estático"[1]

1 Considerações iniciais

O presente texto, de caráter meramente ensaístico, tem como ponto de partida compreender como o direito da sociedade contemporânea pode ser capaz de estabilizar expectativas normativas no presente, criando vínculos com um futuro incerto e, ao mesmo tempo, se estabelecer enquanto sistema socialmente adequado ao seu ambiente. Em outras palavras, busca-se observar quais mecanismos o sistema jurídico dispõe para enfrentar a difícil tarefa de compatibilizar estabilização e variação estrutural, consistência jurídica e adequação social.

Dentro desse contexto, em um primeiro momento, os precedentes judiciais serão apresentados como mecanismos importantes no combate a fragmentação do direito, reduzindo complexidade e promovendo consistência jurídica e estabilização de expectativas normativas.

No entanto, a partir de um olhar sociológico-sistêmico, nossa abordagem segue para enquadrar o precedente judicial dentro do contexto da justiça como "fórmula de contingência" do sistema jurídico, de modo a destacar que ele não deve ser considerado um instrumento de engessamento, ocasionando invariância estrutural, mas um instrumento que busque a construção de uma "complexidade interna adequada" para lidar com a contingência do ambiente que, por sua vez, não deve ser evitada e sim administrada. Identifica-se o precedente como uma tentativa de estabelecer a segurança de um estado presente como identidade para que se torne possível o reconhecimento de posterior variação/diferença,

---

[1] POUND, 1941, p. 13.

possibilitando, assim, a operacionalização normativa do princípio da igualdade.

Paradoxalmente, dentro da perspectiva do conceito de justiça adotado, o precedente assume o papel de promover o fechamento operacional do sistema jurídico e, ao mesmo tempo, ampliar as possibilidades de "contato" com as variáveis do ambiente (abertura cognitiva).

Por fim, a propósito de considerações finais, observa-se a importância da figura do *amicus curiae* como mecanismo de abertura cognitiva e adequação social, bem como elemento potencialmente atenuador da ausência de legitimidade da normatividade produzida nos tribunais. Assim, busca-se promover a reflexão de que essa abertura cognitiva, através da intervenção do "amigo da corte", funciona como uma aquisição evolutiva do próprio procedimento jurídico-constitucional, através do qual o entorno social passa a contribuir para o aprofundamento de certas questões, proporcionando uma decisão com o máximo de conhecimento possível acerca de suas implicações e repercussões na esfera social, mitigando a possibilidade de construção de precedentes dotados de rigidez normativa socialmente inadequada[2].

---

[2] É importante ressaltar que o presente texto não tem por objetivo um estudo exaustivo acerca do sistema de precedentes judiciais, muito menos defender sua importação acrítica para a realidade brasileira. Partimos do pressuposto de que o atual ordenamento jurídico pátrio não possui ideal correspondência com o sistema do *common law*, tal como é adotado em outros países. Também não desconsideramos o importante debate acerca da conscientização da coletividade sobre as consequências deletérias de um direito produzido predominantemente no âmbito judicial e, consequentemente, do debate em torno da tensão entre a jurisdição constitucional e a democracia representativa; termos aparentemente harmônicos entre si, mas que vêm sendo utilizados pela doutrina constitucionalista para evidenciar o excessivo protagonismo da jurisdição constitucional em detrimento de um constitucionalismo popular, baseado no fortalecimento da cidadania ativa, na participação da sociedade na tomada de decisões e, consequentemente, na formação de um sentido constitucional popularmente construído. Isso, no entanto, não exclui a possibilidade de aprendizagem e adoção de mecanismos a partir da observação de tal sistema de precedentes, de modo que eles possam auxiliar no processo de (re)estruturação da unidade do sistema jurídico brasileiro, no sentido da tutela de direitos, sobretudo aqueles que envolvem grupos vulneráveis tradicionalmente marginalizados pela comunidade social e

2 Do precedente judicial...

Simplificadamente, poderíamos conceituar o precedente judicial como uma parte da decisão judicial formulada a partir de um caso concreto, ou de um conjunto de casos concretos, cujo núcleo essencial, a *ratio decidendi* (a razão de decidir), se desprende do caso específico e serve de substrato para o julgamento de casos análogos. Assim, os precedentes não se confundem com as decisões judiciais em si, mas nelas estão contidos. Mais especificamente, eles são as razões potencialmente generalizáveis identificadas na justificação das decisões judiciais. Para uma melhor visualização, embora se faça referência à força vinculante dos precedentes, é preciso que se compreenda que o que vincula não é o precedente em si, mas a sua *ratio decidendi*[3].

Nas palavras de Daniel Mitidiero, os precedentes são oriundos das Cortes Supremas institucionalmente encarregadas de dar a última palavra a respeito de como determinado desacordo interpretativo deve ser resolvido. Em termos mais precisos:

> Precedentes são razões jurídicas necessárias e suficientes que resultam da justificação das decisões prolatadas pelas Cortes Supremas a pretexto de solucionar casos concretos e que servem para vincular o comportamento de todas as instâncias administrativas e judiciais do Estado Constitucional e orientar juridicamente a conduta dos indivíduos e da sociedade civil[4].

Observe-se que a importância do precedente judicial não depende unicamente de sua positivação no ordenamento jurídico, mas decorre da força institucional da própria jurisdição como função básica do Estado. O respeito ao precedente é resultado da consideração da ordem jurídica como um todo e, sobretudo, do valor que deve ser atribuído à liberdade, à segurança jurídica e à isonomia. Nesse sentido:

---

política. Dessa forma, nos propomos a fazer uma leitura geral do instituto, de modo a fornecer uma argumentação sobre a importância da adoção de um sistema de precedentes no atual contexto jurídico-institucional fragmentado da sociedade contemporânea e abrir espaço para o aprofundamento da análise dos mecanismos que possam contribuir para sua abertura cognitiva e adequação social.

[3] DIDIER JUNIOR; BRAGA; OLIVEIRA, 2014, p. 381.

[4] MITIDIERO, 2016, p.104.

O precedente, uma vez formado, integra a ordem jurídica como fonte primária do Direito e deve ser levado em consideração no momento de *identificação da norma aplicável* a determinado caso concreto. Vale dizer: integra o âmbito protegido pela *segurança jurídica objetivamente considerada*, como elemento indissociável da *cognoscibilidade*". Em uma perspectiva lógico-argumentativa – e, no fundo, em toda perspectiva teórica que reconheça a diferença entre texto e norma – é imprescindível a vigência da regra do *stare decisis* como condição *sine qua non* do Estado Constitucional. (...) Essa relação peculiar é muito clara: se o Direito não é apenas revelado pela decisão judicial, se o texto legal não é portador de um único sentido intrínseco que é apenas declarado pelo poder judiciário, mas de algum modo afirmado (*"established"*) pelas decisões judiciais, então a *fidelidade ao precedente* é o meio pelo qual a ordem jurídica ganha *unidade*, tornando-se um ambiente *seguro, livre e isonômico*, predicados sem os quais nenhuma ordem jurídica pode ser reconhecida como *legítima*[5].

José Rogério Tucci esclarece que o precedente judicial é formado por duas partes distintas: "(i) as circunstâncias de fato que embasam a controvérsia (chamadas de *obter dicta*); e (ii) a tese ou princípio jurídico assentado na motivação do provimento decisório (a *ratio decidendi*)"[6]. É por isso que na doutrina do *stare decisis* torna-se imprescindível identificar, a cada decisão, o que seria uma questão de fato e o que seria uma questão de direito para que se possa extrair o princípio jurídico a ser utilizado no caso que se apresenta. E isso transforma a aplicação de um precedente em um processo intenso de justificação e argumentação que se reflete, naturalmente, em maior transparência, segurança e igualdade.

Atualmente, não há sistema jurídico que possa se privar de considerar minimamente a força dos precedentes judiciais no processo de interpretação e aplicação do direito, sob pena de promover o enfraquecimento da própria razão de ser do Estado de Direito. Qualquer ordenamento jurídico que pretende se desenvolver em um estado mínimo de racionalidade necessita de um certo grau de aderência ao que foi decidido em momento anterior, garantindo coerência e confiança sistêmica[7].

Nas palavras de Luhmann, a confiança "faz emergir

---

[5] MITIDIERO, 2016, p. 99-100.
[6] TUCCI, 2004, p. 12.
[7] BUSTAMANTE, 2012, p. 82.

gradualmente expectativas de continuidade, que se formam como princípios firmes, através dos quais podemos conduzir nossas vidas cotidianas[8]. Em sua teoria, Luhmann dedicou-se a analisar a problemática da confiança sob a ótica do tempo e na dificuldade de se construir uma noção de constância relativa de estados presentes em uma sociedade marcada pela indeterminação. O futuro passa a colocar uma carga excessiva na capacidade do homem de representar as coisas por si mesmo[9].

Assim, o problema enfrentado pela confiança é que o futuro possui muito mais possibilidades do que aquelas que poderiam atualizar-se no presente e do presente transferir-se ao passado. Do ponto de vista dos acontecimentos sociais, o presente se coloca em movimento junto com o futuro e com o passado, de modo que estão completamente disponíveis em forma de alternativas, ou seja, como variação incontrolada. Porém, base elementar de toda confiança se estrutura no momento presente, considerado como a totalidade dos estados com respeito aos quais os eventos podem ocorrer[10]. Trata-se da ideia de duração, que se traduz na possibilidade de se construir um presente continuamente atual, que deve persistir, apesar da variação dos eventos.

Portanto, a confiança assume a função de ampliar as possibilidades de ação e conhecimento atual, nos orientando para um futuro que permanece incerto, porém que se faz minimamente expectável.

Dessa forma:

> Onde há confiança há aumento de possibilidades para novas formas de experiência e de ação. Há possibilidade do aumento de complexidade do sistema social; e também há um aumento do número de possibilidades que podem reconciliar-se com sua estrutura, porque a confiança constrói uma forma efetiva de redução da complexidade[11].

Luiz Guilherme Marinoni observa que o estado de incerteza e imprevisibilidade provocado pela desconfiança sistêmica tem nexo de causalidade com a ausência de um sistema de respeito aos precedentes judiciais. Ao discorrer sobre a confiança, o autor lembra

---

[8] LUHMANN, 2005a, p. 41.
[9] LUHMANN, 2005a, p. 21.
[10] LUHMANN, 2005a, p. 20-24.
[11] LUHMANN, 2005a, p. 14.

que a uniformidade na qualificação das situações jurídicas é imprescindível para que o cidadão espere determinado comportamento ou se poste de determinada forma. A garantia da previsibilidade em relação às consequências das ações é inerente a um Estado que pretende ser considerado um Estado de Direito[12].

Nesse sentido,

> A tutela da confiança certamente depende de normas. Lembre-se que um ordenamento destituído de capacidade de permitir previsões e qualificações jurídicas unívocas e, assim, de gerar um sentimento de segurança nos cidadãos não pode sobreviver, ao menos enquanto ordenamento 'jurídico'[13].

Dando um passo adiante, dentro da perspectiva da teoria dos sistemas, os Tribunais Constitucionais atuam como organizações centrais, aptas a promover a consistência das decisões jurídicas e, portanto, o fechamento operacional do sistema jurídico, presando por seu primado funcional[14]. Assim, uma vez criada tal "norma judicial", selecionada e consolidada a partir de casos individuais e amplificada para um grupo maior de casos semelhantes, essa norma deve ter habilidades para gerar expectativas, ao menos, relativamente estáveis.

Neste contexto, podemos concluir que os precedentes judiciais atuam como instrumentos de agregação e hipercorreção, passando a ser referência para um grupo de decisões posteriores. Eles figuram como produto da jurisdição constitucional e se posicionam como fonte primordial de comunicação, permitindo a estruturação semântica de expectativas. Assim, reduzem a complexidade interna do sistema, na medida em que evitam a disparidade na aplicação das normas, e promovem a estabilização das expectativas normativas, atuando, portanto, em sua dimensão temporal de abstração[15].

---

[12] MARINONI, 2010, p. 123.

[13] MARINONI, 2010, p. 137-138.

[14] LUHMANN, 2005b, p. 389.

[15] É fato que essa capacidade de estabilização de expectativas por meio dos precedentes judiciais ainda encontra dificuldades na jurisdição constitucional brasileira e pode ser minada por algumas deficiências nas estratégias argumentativas e até mesmo na organização institucional da Corte. Nesse sentido, apenas a título de exemplo, a partir da críticas de Marcelo Neves, podemos destacar como entraves: (i) o abuso do uso de princípios nas situações em que a atuação deveria ser de autocontenção, diante de regras claras a serem aplicadas em casos "fáceis"; e (ii) uma

Destaque-se, ainda, que para construir, aplicar, não aplicar ou modificar um precedente, o juiz deve buscar extrair de um "acúmulo histórico-normativo-decisional"[16] a regra jurídica necessária para a solução do caso que se apresenta. As razões que justificam devem ser bastante fortes e frutos de um amplo processo de análise material e argumentativa.

Inclusive, este é, sem dúvida, um dos efeitos mais importantes da adoção de um sistema de respeito aos precedentes judiciais: a necessidade (intrínseca) de ampla motivação e fundamentação das decisões. Uma vez que os sistema de precedentes é, por natureza, autorreferencial, isto é, as decisões judiciais referem-se a elas mesmas e a outras decisões do sistema para iniciar o processo comunicativo, provocando circularidade argumentativa, o magistrado não pode construir, aplicar ou deixar de aplicar determinado precedente sem expor as razões que o levaram a fazê-lo. Tais atos devem sempre ser seguidos por um processo de justificação, de uma sobrecarga argumentativa[17].

Dessa forma, a autorreferencialidade, provocada pela vinculação do precedente, funciona também como uma autolimitação da discricionariedade, evitando arbitrariedades na tomada de decisão, o que reflete no aumento de segurança e confiança sistêmica.

---

deficiente de clareza no verdadeiro fundamento da decisão. Tal questão está ligada à própria organização institucional do procedimento de tomada de decisão no STF, uma vez a mesma torna-se resultado de votos com argumentação e resultados diversos entre si, o que reflete em inconsistências de seus acórdãos finais e, consequentemente, não contribuem para reduzir o "valor surpresa" das decisões (NEVES, 2013b, p. 196-200).

[16] STRECK; ABBOUD, 2014, p. 38.

[17] NEVES, 2013b, p.199. A expressão "sobrecarga argumentativa" também é utilizada por Marcelo Neves para destacar que o princípio constitucional da igualdade, como expressão racionalidade jurídica no plano da coerência interna e adequação externa do direito, deve considerar a igualdade como norma e não como mera lógica formal, implicando na consideração contextual do caso que se apresenta para evitar que a aplicação da igualdade em determinado contexto perpetue uma forma de desigualdade ilegítima. Nesse sentido, exige-se uma "sobrecarga argumentativa" para justificar uma "discriminação jurídica positiva" direcionada para afirmação do princípio da igualdade em um sentido mais amplo, ou seja: casos iguais devem ser tratados igualmente e casos desiguais devem ser tratados de forma desigual (NEVES, 2009, p. 69).

3 ... ao risco do precedente "socialmente inadequado"

Porém, é importante destacar que o juiz não pode se tornar um "escravo do passado e um déspota para o futuro, vinculado pelas decisões dos mortos que o precederam e vinculador das gerações que estão por vir"[18].

É a partir dessa perspectiva, que deve sempre ser ressaltada a importância dos mecanismos processuais que garantam a mobilidade e dinamicidade das interpretações para evitar que, em nome da certeza e segurança jurídica, o direito se torne estéril, estagnando-se. No direito moderno, os mecanismos que garantem oxigenação da doutrina vinculante do precedente (*stare decisis*) são resultado do aperfeiçoamento do sistema com vistas a adequá-lo ao desenvolvimento sociocultural de determinado contexto[19].

Um entendimento que relacione o sistema de precedentes a uma segurança jurídica moldada em valores absolutos seria adotar uma lógica que impediria a própria evolução do sistema jurídico, pois o próprio conceito de contingência, representado pela possibilidade de a seleção ocorrer de forma diversa da pretendida, nos leva a um caminho de abertura e circularidade. E essa circularidade é a força motora que provoca/irrita o sistema a dar respostas às demandas advindas do ambiente e, consequentemente, a evoluir enquanto sistema voltado para estabilizar expectativas sociais.

Implementar um sistema de precedentes sob uma visão meramente quantitativa e não qualitativa seria o mesmo que dar a ele um efeito mais administrativo do que jurídico, ocasionando uma verdadeira sobreposição de códigos e a possibilidade de "desdiferenciação" da comunicação do sistema.

De fato, não é possível desconsiderar que a relativa segurança e certeza, gerada pelo respeito ao precedente, trazem benefícios para a celeridade da prestação jurisdicional, como por exemplo, a concretização de uma duração razoável do processo, um dos

---

[18] GOOGHART, 1934, p. 48.

[19] Observe-se que a preocupação com a possibilidade de esterilização do direito e com as injustiças advindas da insensibilidade em relação às realidades sociais sempre estiveram presentes na doutrina e nos ordenamentos jurídicos que adotam o sistema de vinculação de precedentes judiciais. Nesse sentido, merece referência as observações de Benjamin Cardozo, em sua obra *"The nature of judicial process"* (1921, p. 150-152).

princípios mais caros ao processo judicial brasileiro.

Contudo, não se pode adotar uma postura de "racionalidade mercadológica" em que fatos sociais trazidos no bojo dos processos são "adversários" do poder judiciário. Não se pode ignorar nem interromper as possibilidades de estímulos e "irritações" no interior do sistema, provocadas pelo contraste dos fatos, argumentos, fundamentos e razões utilizadas no procedimento de construção e aplicação do precedente. Se a redução de complexidade deve permitir o reencontro com a própria complexidade[20], o sistema deve produzir estruturas capazes de processar novos elementos, fortalecendo e incrementando as próprias operações e não limitando-as, negando o status jurídico do seu código operacional e, consequentemente, da própria prestação jurisdicional[21].

Dessa forma, o sistema de precedentes judiciais não pode ser visto como um sistema de aplicação automática de enunciados normativos petrificados, mas um sistema que busca soluções jurídicas para problemas sociais e que possibilitam o desenvolvimento do direito através da análise das diversas comunicações existentes nas relações processuais.

Com efeito, a aplicação automática do precedente promove o retorno de um formalismo legalista, uma técnica anti-hermenêutica que ignora a história das decisões, igualando texto e norma, lei e direito, tal como ocorria no positivismo exegético. Falar em precedentes judiciais significa compreender o aspecto circular que envolve o seu processo de aplicação. A vinculação do precedente não significa um processo de subsunção, mas um processo discursivo que envolve investigação de fatos e argumentos, inclusive extrajurídicos, tendo também a doutrina como importante fonte de comunicação.

É preciso compreender, antes de qualquer incursão teórica acerca

---

[20] Cabe lembrar as palavras de Luhmann: "complexidade reduzida não significa complexidade excluída, senão complexidade elevada, ela deixa aberto o acesso a outras possibilidades" (LUHMANN, 1998, p. 10).

[21] Como poderá ser visto mais a diante, não se trata, aqui, de defender uma espécie de superadequação social do direito, no sentido submeter-se diretamente aos sabores das variáveis do ambiente. A assimetria entre sistema e ambiente deve ser assegurada, no entanto ela não pode assumir um caráter imóvel, a partir de uma busca cega por segurança jurídica, mas deve se sustentar sob o ponto de vista de uma estabilidade dinâmica, com base na distinção e reconhecimento recíproco entre identidade e alteridade.

dos precedentes judiciais, que eles devem ser tratados como pontos de partida. Observe-se o aspecto etimológico da palavra princípio que vem do latim *principium*, cujo significado vem de início, começo. O precedente, na verdade, é o ponto inicial a partir do qual o trabalho do juiz começa[22]. Não se trata de antecipar o futuro como controle absoluto das situações concretas, pois estas apenas serão estabelecidas através do processo interpretativo. Aqui, o futuro está relacionado à confiança que, como vimos, é vista como instrumento redutor de complexidade, garantia de continuidade, coerência e racionalidade das relações jurídicas.

Ao adotarmos o precedente como um ponto de partida, estamos concebendo-o como resultado de uma observação/distinção que nos faz atentar ao mesmo tempo para outras observações/distinções, delimitando um arquétipo de argumentação que seguirá formando uma rede de condução em direção a contingência, permitindo autoestabilização e autoinstabilização sistêmica constante. Esse é um dos seus paradoxos.

Portanto, o precedente não deve ser tratado como entidade pronta e acabada, limitadora de interpretações e completamente impermeável à influência do entorno social. O precedente é texto e como tal apenas atinge a posição de norma quando confrontado com o caso concreto, desempenhando uma dialética com o passado para, assim, desvendar o futuro que, ressalte-se, será sempre provisório, contingente. Em uma frase: o precedente deve ser apenas uma (valiosa) etapa da comunicação jurídica e não o fim dela.

Como vimos, sendo a Constituição o instrumento normativo mais importante do ordenamento jurídico, ela introduz, através da jurisdição constitucional, a possibilidade de verificação se todo ato lícito ou ilícito estar em conformidade ou não com ela. Ou seja, uma das funções da jurisdição constitucional e, consequentemente, de seus precedentes é "facilitar o diálogo nacional-constitucional sobre o significado e alcance da própria Constituição Federal"[23] e, assim, assegurar a implementação e concretização dos seus valores.

Assim, tendo em vista que os Tribunais Constitucionais atuam como organizações centrais, aptas a promover a consistência das decisões judiciais e, dessa forma, sua conformidade com os preceitos constitucionais, a automatização no processo de aplicação do

---

22 RE, 1994, p. 283-285.
23 STRECK, 2014, p. 76.

precedente pode produzir uma espécie de "rigidez normativa socialmente inadequada", cujos efeitos seriam extremamente negativos, uma vez que bloquearia as possibilidades de comunicação jurídica para o futuro (ocasionando um solipsismo cognitivo) e, consequentemente, sua renovação, sem oferecer respostas concretas e adequadas às necessidades do ambiente social.

Esse precedente "automatizado" promoveria a negação da vivência/concretização dos valores do próprio texto constitucional e a esterilização do sistema jurídico, além da negativa da prestação jurisdicional nas estruturas do Estado Democrático de Direito; ou seja, do acesso à justiça em seu sentido mais amplo.

Ademais, guardadas as devidas proporções, como reflexo de um processo de constitucionalização simbólica, não podemos desconsiderar, também, a possibilidade da formação de precedentes meramente simbólicos, configurando-se como resultado da ausência de consistência por parte do sistema jurídico, que passaria a ser "colonizado" pela comunicação ambiental, resultado de uma corrupção sistêmica estrutural, sobretudo a partir dos sistemas político e econômico, conforme nos expõe, de maneira mais abrangente, o professor Marcelo Neves[24]. Nessa hipótese, tais precedentes se apresentariam como meros artefatos retóricos, cobertos por um certo verniz de legalidade, mas que serviriam para encobrir interesses particularistas, perpetuação dos detentores do poder e para a erosão da força normativa da constituição.

No entanto, no presente caso, embora seja possível vislumbrar os mesmos efeitos da constitucionalização simbólica como resultado, qual seja: déficit de concretização jurídico-normativa do texto constitucional; arvoramo-nos em trabalhar com a hipótese de que essa ausência de concretização também pode advir de um

---

[24] Neste ponto, é necessário ressaltar que nossa abordagem sobre os riscos da formação de precedentes com características simbólicas hipertrofiadas tem como base a abordagem feita por Marcelo Neves em sua obra "A constitucionalização simbólica", porém de forma bem menos abrangente. Tal esclarecimento se faz importante uma vez que o autor utiliza o termo simbólico e, posteriormente, legislação simbólica, como fundamento de partida para discorrer sobre problemas estruturais e duradouros que envolvem a relação entre o direito e o sistema social como um todo, e não diretamente ligado aos problemas da decisão judicial nos tribunais, como é o caso do presente texto. Para uma visão mais abrangente, ver NEVES, 2013a.

"excesso de consistência jurídica" e "ausência de adequação social" por parte do direito. Em outras palavras, queremos enfatizar o risco do excesso de autorreferência/fechamento operacional e déficit de heterorreferência/abertura cognitiva, no contexto da sistemática de construção e aplicação de precedentes nos procedimentos ocorridos no âmbito da jurisdição constitucional. Nesse caso, um precedente automatizado "tenderia a rigidez do cristal"[25] e seria incompatível com a necessidade de certa dose de flexibilidade diante de um contexto social hipercomplexco, sobretudo em face das controvérsias constitucionais problemáticas que exigem do Tribunal uma abertura cognitiva multidisciplinar.

Assim, um sistema que visa promover a estabilidade e a coerência do ordenamento jurídico, estruturando semanticamente as demandas advindas do entorno social, não pode ser utilizado para promover a perpetuação de regras em completa falta de adequação com a realidade existente na sociedade no tempo e espaço em que atuam. As expectativas cognitivas, embora careçam de imediata força de mudança, devem está sempre provocando/irritando o sistema a rever suas expectativas normativas (contrafáticas)[26].

E é a partir desse contexto, que é possível argumentar que uma sistemática de respeito aos precedentes judiciais também pode ser relacionada ao conceito paradoxal da justiça desenvolvido na teoria luhmanniana: a "justiça como fórmula de contingência"[27].

4 O precedente no contexto da justiça como "fórmula de contingência" do sistema jurídico

De acordo com teoria sistêmica, os sistemas devem ser autônomos, porém, essa autonomia não deve causar um isolamento em relação ao ambiente. Eles devem ser operacionalmente fechados, porém cognitivamente abertos. O sistema jurídico deve, assim, combinar consistência jurídica e adequação social[28].

Conforme expõe Marcelo Neves, a teoria sistêmica nos ensina que o isolamento cognitivo do sistema pode ser desastroso para ele próprio e para seu entorno; dessa forma, ele deve buscar sua

---

[25] NEVES, 2013b, p. 233.
[26] LUHMANN, 1983b, p. 58.
[27] LUHMANN, 2005b, p. 275-301.
[28] LUHMANN, 2005b, p. 132.

fundamentação no ambiente e transformá-la em aprendizado para o sistema[29].

Artur Stamford também enfatiza que a abertura cognitiva é indispensável para a própria autopoiese do direito:

> Um sistema não adaptado ao seu entorno dedica tanta energia para funcionar que tende a desaparecer. A abertura ao seu ambiente viabiliza o direito de construir sua complexidade interna em contínuo intercâmbio com seu entorno; com isso, o direito se conserva em nível de complexidade alcançado evolutivamente[30].

Destaque-se que esse nível de complexidade alcançado deve ser traduzido nos termos de produção e preservação de complexidade interna adequada, mantendo-se certa assimetria entre sistema e ambiente. Nesse sentido, quando falamos em adequação social do direito, não estamos falando em um "vale tudo" comunicativo, interferências diretas no sistema e muito menos nivelação de complexidade. As possibilidades do ambiente social são ilimitadas e devem ser condicionadas pela capacidade de absorção do sistema jurídico, que funciona em tempo e tipos de operações diferentes das de outros sistemas. Por isso que destacamos anteriormente a importância dos precedentes judiciais como instrumentos de estruturação de direitos fundamentais, de modo que funcionem como estabilizadores de expectativas e redução de complexidade.

O próprio entorno social precisa de estabilização de expectativas na dimensão temporal para adquirir capacidade de tematização de disputas sociais. Um direito inconsistente e completamente subordinado aos fatores ambientais, além de produzir comandos normativos meramente simbólicos, não serve sequer como parâmetro para mudanças sociais. Assim, a abertura cognitiva é apenas um dos lados da forma, ela pressupõe o outro lado, o fechamento operativo, que é identificado como consistência, redundância e confiança no processo de estabilização, desempenhado, em nossa leitura, pelo precedente judicial.

Não é possível, também, generalizar todos os comportamentos que se colocam como projeções de expectativas normativas, pois existe uma natural concorrência de possibilidades entre eles. Caso contrário, estaríamos diante de uma generalização de conflitos

---

[29] NEVES, 2012, p. 81-83.
[30] SILVA, 2016, p. 113-114.

sociais[31], o que também provocaria o risco de desdiferenciação do direito.

Nesse sentido, Luhmann lembra que:

> O nível de pretensões relacionado à justiça no sistema jurídico, os graus de abstração da dogmática e na medida em que as questões jurídicas se decidem segundo critérios próprios do direito, não podem fixar-se independentemente das expectativas sociais, do mesmo modo que, em contrapartida, estas expectativas estão orientadas às possibilidades que o sistema jurídico oferece[32].

Como dito, a sistemática de aplicação dos precedentes judiciais, bem sua relação com entorno social, também pode ser analisada tendo como ponto de partida o conceito paradoxal de justiça como "fórmula de contingência".

Ao referir-se à justiça como fórmula de contingência do sistema jurídico, Luhmann ressalta que sua finalidade seria exatamente promover a consistência das decisões jurídicas diante de uma realidade social extremamente contingente. Nesse sentido, ele rejeita uma conotação valorativa/axiomática do termo "justiça", afastando-se de qualquer ideia de busca por perfeição, correção, moral, virtude, verdade, valor supremo ou fundamento último, e promove a ideia de justiça ligada ao autocontrole e à consistência das operações internas do sistema com vistas a permitir a efetividade da sua função de estabilização de expectativas normativas sociais congruentemente generalizáveis. A partir daí, vislumbra-se a racionalização de uma igualdade como resultado; ou seja, justiça significa consistência, que permite o funcionamento adequado/"equilibrado" do sistema, que permite a efetivação da igualdade no sentido de capacidade de operacionalização de casos jurídicos em um ambiente em constante variação: casos iguais devem ser tratados de maneira igual e casos desiguais de maneira desigual[33]; aqui o precedente assume uma função de suma importância, reduzindo complexidade interna e possibilitando essa operacionalização.

Porém, ressalte-se que essa consistência não deve ser vista como um elemento invariável, limitador de atualização e de adaptação. A consistência não pode causar um solipsismo cognitivo. Ela está ligada à ideia de redundância argumentativa, no sentido de uma

---

[31] GONÇALVES, 2013, p. 89.
[32] LUHMANN, 1983a. p. 96.
[33] LUHMANN, 2005b, p. 288 e 289.

confiança na continuidade temporal das ações jurídicas.

Trata-se, em um primeiro momento, da tentativa de se construir uma *complexidade adequada* na estrutura interna do sistema, de modo que se crie uma atmosfera de identidade (*memory function*) que possibilite ao sistema capacidade de reconhecimento de elementos inovadores. A partir do momento em que o sistema adquire consistência interna através da recursividade das suas operações, a resposta para a pergunta pela decisão justa passa a se fundamentar e se desdobrar sob a forma da distinção igual/desigual.

A cada operação comunicativa, ou seja, a cada decisão, essa forma é (re)aplicada de modo que passa a ser possível o reconhecimento de outros elementos e, a partir daí, operacionalizá-los com maior propriedade no reconhecimento de suas igualdades e desigualdades, levando em conta, inclusive, as consequências desse reconhecimento, como, por exemplo, a possibilidade de manutenção ou modificação das suas próprias estruturas normativas a partir do tratamento de casos novos (identificação de novas desigualdades).

Em outras palavras, paradoxalmente, a busca por consistência, que em nossa leitura pode ser identificada na adoção dos precedentes judiciais, tem a finalidade de ampliar as possibilidades de contato com o entorno social extremamente caótico e contingente, ou, para usarmos as expressões do próprio Luhmann, ela se apresenta ao mesmo tempo como "altos muros de indiferença", necessários para a coerência e estabilização (fechamento), e como "atratores", imprescindíveis para a assimilação e adaptação (abertura)[34].

Nas palavras do autor:

> É possível que precisamente em razão do repertório de casos existentes reconheça-se a novidade de um deles sobre o que agora se deve decidir. Como é típico nos contextos evolutivos, o resultado consolidado é a conclusão de uma fase evolutiva, como também a condição para reconhecer e especificar a variação seguinte[35].

Portanto, justiça significa circularidade entre consistência e contingência: é por se estar inserido em um contexto social contingente que se exige um direito consistente. Apenas a partir dessa consistência é que podemos pensar na justiça como aplicação uniforme de normas jurídicas, ou seja, como igualdade. Trata-se da tentativa de estabelecer a segurança de um estado presente como

---

[34] LUHMANN, 2005b, p. 287 e 418.
[35] LUHMANN, 2005b, p. 333.

identidade para que se torne possível o reconhecimento de posterior variação/diferença. Assim, em última análise, justiça na concepção luhmanniana também pode ser considerada como uma fórmula de abertura para a contingência do ambiente.

E é precisamente aqui que deve ser destacado que essa circularidade entre consistência e a contingência não podem ser desconsideradas como elementos de referência imprescindíveis na configuração da dinâmica entre normatividade, justiça e igualdade no contexto da aplicação dos precedentes judiciais: a relação entre consistência e contingência significa que as *coisas são/estão assim, mas pode(ria)m muito bem se dar de outra(s) forma(s)*. Em outras palavras, a justiça como fórmula de contingência pode ser definida como a "manutenção contínua das presentes possibilidades de mudanças"[36]. A normatização da igualdade sob a forma da justiça pensada a partir da vinculação ao precedente judicial pode (e deve) ser vista sob essa perspectiva.

Observe-se que a exigência de normatização constrange o sistema jurídico na busca por um equilíbrio entre a complexidade interna e a complexidade externa no momento da tomada de decisão. É que, conforme vimos, existe um natural desnível de complexidade entre o sistema e o seu ambiente. A todo momento diversas semânticas sociais se apresentam como horizontes de possibilidades, pressionando o sistema jurídico em busca de uma resposta para determinado problema e impondo a ele o estabelecimento de estruturas que abarque um nível cada vez maior de complexidade (ou seja, de variação). O sistema não pode absorver toda a complexidade do ambiente, mas também, não pode ignorar as provocações advindas do seu entorno social.

Assim, tendo em vista que a teoria sistêmica rejeita a ideia de justiça estática, como valor último, ela passa a ser compreendida como a capacidade do sistema jurídico em relacionar-se com seu ambiente de forma "equilibrada" e, a partir daí, produzir uma complexidade interna que consiga manter a função social de estabilizar expectativas e generalizá-las de forma congruente em uma sociedade marcada por constante transformação, o que Teubner, com base em Luhmann, chama de "complexidade adequada do

---

[36] LUHMANN, 2005b, p. 275-301. Sobre a consistência do direito como referência de sentido para a possibilidade de mudanças, ver DE GIORGI, 2006, p. 182.

decidir consistente"[37].

Nesse sentido, a justiça estimula a comunicação entre sistema e ambiente, adotando uma perspectiva interna, ligada à tomada de decisão juridicamente consistente (autorreferência), mas também adota uma perspectiva externa, voltada para a viabilização de uma decisão adequadamente complexa às demandas do ambiente social (heterorreferência)[38].

Em nossa leitura, cumpre-nos observar que, de fato, em um primeiro momento, a teoria sistêmica nos apresenta uma concepção de justiça dotada de extrema formalidade, no entanto, é possível pensar que na medida em que o sistema jurídico, por meio dos precedentes judiciais, desenvolve estruturas que garantam a consistência das decisões jurídicas, também constrói estruturas competentes para adquirir responsividade diante das demandas do ambiente, gerando referências para futuras observações e, com isso, garante maiores possibilidades de adaptação, promovendo, assim, a igualdade em seu sentido mais amplo, inclusive com o reconhecimento de certas desigualdades diante da recursividade de casos iguais; ou seja, possibilidade de variação[39].

Assim, o recursividade das operações internas, considerando a capacidade de redundância argumentativa, reduz complexidade, produz consistência e impõe ao código operacional do sistema jurídico a ideia de que todo lícito ou ilícito deve comportar a seguinte premissa: em um caso concreto, onde se aplicam as mesmas razões, devem se aplicar também as mesmas decisões. Em outras palavras:

---

[37] TEUBNER, 2011. p. 28; LUHMANN, 2005b, p. 287; 1983a. p. 42.

[38] NEVES, 2013b, p. 225-226.

[39] Ao nosso ver, a partir dessa formalidade submetida ao crivo necessário da consistência, é possível vislumbrar a possibilidade de uma materialidade que permanece "em aberto", indeterminada, em movimento, contingente. Essa materialidade pode observada como o outro lado da forma da redundância, que é a variação. Nesse sentido: "o que se adicionalmente ganha com a distinção entre variedade e redundância é o entendimento de que a questão tem também o outro lado. Esse outro lado não surge cada vez menos das boas razoes ou das decisões desprovidas de fundamento ('decisionistas') que o intérprete do texto viesse a conceber, mas sim das exigências de uma variedade (e sob as condições da modernidade: elevadas) do sistema. Os casos jurídicos que aspiram à decisão aparecem de maneira concreta e, por isso mesmo, diversa. Cada caso provoca o sistema para que este leve em conta a diversidade" (LUHMANN, 2005b, p. 438).

se os casos são iguais, devem-se aplicar as mesmas regras. Permitir que casos iguais sejam tratados de forma desigual seria o mesmo que permitir que uma lei fosse tratada de forma diferente entre casos iguais, o que seria uma violação ao Estado Democrático de Direito.

A justiça, sob o paradoxo da fórmula de contingência, conforme leciona Marcelo Neves, "é sempre algo que falta", ela provoca uma ação motivadora de comportamentos e expectativas que buscam constantemente o equilíbrio (sempre imperfeito) entre consistência jurídica e adequação social das decisões jurídicas. O autor nos lembra, ainda, que esse paradoxo "nunca será superado plenamente, pois é condição da própria existência do Direito diferenciado funcionalmente (...)"[40].

Podemos ainda destacar as lições de Ulisses Viana que, ao se aprofundar no contexto da justiça luhmanniana e sob o pano de fundo de um direito regido pelo paradoxo do fechamento operativo combinado com uma abertura cognitiva, propõe a ideia de uma justiça "funcional" ou justiça "mutante". O autor traz à tona a relação entre os elementos de estabilidade e variação para nos apresentar a justiça como um conceito em movimento, na perspectiva dos horizontes da contingência social:

> A justiça contingente do direito permite, como fórmula de contingência, que o sistema se (auto)observe como *justo*, regido pelo símbolo da justiça, mas que se opera sob a regência de um código binário rígido, o que, porém, de modo paradoxal, não exclui a alterabilidade (adaptabilidade) de seus programas decisórios diante das mudanças dos horizontes das pretensões multiformes e hipercomplexas de 'justiça' que se disseminam em seu ambiente social e às quais o sistema jurídico não dispõe de elementos funcionais, estruturais e mesmo recursos materiais para resolver os conflitos a ele submetidos[41].

Por fim, como vimos, importa ressaltar que permanência e mudança, identidade e diferença, estabilidade e variação, podem ser elementos aparentemente contraditórios, mas estão presentes como objetivos que devem ser articulados, conciliados e harmonizados, sobretudo na sistemática de aplicação dos precedentes judiciais e sua relação com mecanismos de abertura da jurisdição constitucional. Nesse sentido, a estabilidade exige uma vinculação com o passado

---

[40] NEVES, 2013b, p. 225-226.
[41] VIANA, 2015, p. 228.

necessária para garantir a estabilização temporal das expectativas normativas e que os jurisdicionados possam conduzir suas atividades com um mínimo de previsibilidade e confiança. A mudança exige uma variação a partir daquilo que está fixo, estável. Sem variação não pode haver evolução do direito e, com mais razão, sem estabilidade esse direito jamais estaria apto a mudar.

5 A propósito de considerações finais

Tendo em vista os fatores que contribuíram para o crescimento do protagonismo judicial e que construíram um campo fértil para a adoção de uma doutrina de respeito aos precedentes judiciais, diante de um sistema jurídico brasileiro fragmentado, buscamos analisar os precedentes e os seus limites operacionais, considerando-os como instrumentos de redução de complexidade e estabilização de expectativas normativas.

No entanto, a partir de uma visão sociológico-sistêmica, nossa abordagem seguiu para enquadrar o precedente judicial no contexto da justiça como uma "fórmula de contingência" do sistema jurídico, de modo a destacar que ele não deve ser considerado um instrumento de engessamento, ocasionando invariância estrutural, mas um instrumento que busque a construção de uma "complexidade interna adequada" para lidar com contingência do entorno social que, por sua vez, não deve ser evitada e sim administrada.

Nesse passo, identificamos que o precedente funciona como uma tentativa de estabelecer a segurança de um estado presente como identidade para que se torne possível o reconhecimento de posterior variação/diferença, possibilitando, assim, a operacionalização normativa do princípio da igualdade. Em última análise, o precedente pode ser considerado como uma fórmula de abertura para lidar com a contingência do ambiente.

Ademais, perspectiva adotada para discorrer sobre o papel do precedente judicial nos termos da sociologia do direito de Niklas Luhmann, também nos permite observar que seu processo de construção e aplicação não pode ser dissociado da utilização de mecanismos que possibilitem sua abertura cognitiva e adequação social.

A questão que se faz presente é a seguinte: como o sistema jurídico pode decidir no presente, criando vínculos com um futuro incerto e, ao mesmo tempo, se estabelecer socialmente adequado ao seu ambiente? Formulando a questão de maneira mais pontual: quais os mecanismos que o poder judiciário dispõe para absorção do dissenso social e do risco das suas decisões em face aos demais sistemas sociais e seus membros que, por sua vez, figuram na posição de "afetados" pela decisão?

Um ponto de reflexão para responder a essa indagação, pode ser encontrado através da observação de mecanismos que possibilitam participação do entorno social no processo de produção da decisão, com potencialidade de gerar um precedente, sobretudo nos casos de ampla repercussão social que envolvem direitos de grupos vulneráveis que tradicionalmente vivem à margem da tutela jurídica. Falamos, portanto, dos *amici curiae,* e da possibilidade de sua atuação quando convocadas audiências públicas, no âmbito do decisório do Supremo Tribunal Federal. Tais mecanismos podem ser considerados como exemplos de abertura cognitiva e de adequação social do poder judiciário na tentativa de atenuar o déficit de legitimidade e de garantir maior adequação social para suas decisões.

Eles se apresentam como uma aquisição evolutiva do próprio procedimento da jurisdição constitucional, podendo contribuir não apenas ao fortalecimento da Constituição como acoplamento estrutural entre direito e política, mas também podem atuar como mecanismos de "entrelaçamentos", servindo à construção "pontes de transição" [42], na promoção de maiores possibilidades de aprendizado recíproco entre o sistema jurídico e demais esferas sociais, incluindo tanto os sistemas funcionais socialmente estruturados, como também âmbitos sociais de comunicação não estruturados sistemicamente, presentes na esfera pública[43].

Porém, é de se ressaltar que essa possibilidade de (hetero) legitimação procedimental não deve ser vista como uma busca por consensos substanciais e sim como canalização, administração e manutenção de dissensos, preservando uma esfera pública plural, a partir de uma participação social equilibrada dentro do processo decisório[44].

---

[42] Em contexto diverso, sobre construção de entrelaçamentos que servem à "racionalidade transversal" como "pontes de transição", ver NEVES, 2009, p. 34-51.

[43] NEVES, 2013c, p. 116-128; 2012, p. 130-136.

[44] NEVES, 2013c, p. 116-128; 2012, p. 147-150.

Observe-se que essa abertura cognitiva também funciona como ampliação da capacidade de observação por parte da jurisdição constitucional e, consequentemente, atenuação dos riscos produzidos por suas decisões. A partir de tais mecanismos, diversos sistemas sociais, e a sociedade civil em geral, passam a contribuir para o aprofundamento de certas questões, proporcionando uma decisão com o máximo de conhecimento possível acerca de suas implicações e repercussões na esfera social[45].

Na medida em que o direito internaliza expectativas cognitivas e as assegura de forma contrafática, transformando-as em expectativas normativas, ele permite que os demais subsistemas sociais desenvolvam suas próprias críticas internas. E o precedente judicial socialmente adequado por procedimentos amplos de participação, potencializam esses processos críticos de transformação. Ele abre espaço pela pontos de reflexão e, consequentemente, novas oportunidades de regulação e reformas, estimulando os diálogos institucionais.

Assim, uma vez que as decisões jurídicas não permitem o mínimo de contato com a complexidade da realidade do seu entorno social, ocorre um bloqueio de comunicação, o que resulta em ausência de coevolução (intersistêmica).

A ampliação da observação jurídica para outras esferas sociais certamente não é um caminho simples, e o presente trabalho não pretende cair na ingenuidade de desconsiderar os aspectos institucionais, econômicos, sociais e culturais que envolvem a possibilidade de uma abertura cognitiva como instrumento de potencialização da capacidade de observação do ambiente, bem como as variáveis que envolvem efetiva participação social na construção das decisões judiciais, no âmbito dos procedimentos da jurisdição constitucional.

No entanto, é possível pensar na construção de uma racionalidade circular que se instrumentalize, impondo o constante equilíbrio e desequilíbrio entre "justiça interna" (consistência jurídica – autorreferência) e "justiça externa" (adequação social - heterorreferência), firmando-se como um canal permanente de (re)orientação de expectativas sociais, evitando a formação de unidades de sentido dotadas de rigidez normativa socialmente inadequadas.

---

[45] VIANA, 2010, p. 118.

Referências

ALMEIDA, André Galvão Vasconcelos de. (Des)confiança sistêmica e o direito como generalizador congruente de expectativas normativas. *RIL Brasília* a.54, n. 213, jan/mar 2017.

BUSTAMANTE, Thomas da Rosa de. *Teoria do precedente judicial: a justificação e aplicação de regras jurisprudenciais.* São Paulo: Noeses, 2012.

BUSTAMANTE, Thomas da Rosa de. *Teoria do precedente judicial:* a justificação e aplicação de regras jurisprudenciais. São Paulo: Noeses, 2012.

CARDOZO, Benjamin N. *The nature of judicial process.* New Haven: Yale University Press, 1921.

DE GIORGI, Raffaele. *Direito, tempo e memória.* São Paulo: Quartier Latin, 2006.

DIDIER JUNIOR, Fredie; BRAGA, Paula Sarno; OLIVEIRA, Rafael. *Curso de Direito Processual Civil.* 9. ed., v. 2. Salvador: JusPodvim, 2014.

GONÇALVES, Guilherme Leite. *Direito entre certeza e incerteza.* Horizontes críticos para teoria dos sistemas. São Paulo: Saraiva. 2013.

GOOGHART. Arthur L. *Precedent in English and Continental Law* - An Inaugural Lecture Before the University of Oxford. Londres, Steves and Sons, 1934.

LUHMANN, Niklas. *Sistema juridico y dogmatica juridica*, trad. Otto Pardo, Madrid: Centro de Estudios Constitucionales, 1983a.

LUHMANN, Niklas. *Sociologia do Direito.* Vol. I. Trad. Gustavo Bayer. Rio de Janeiro: Tempo Brasileiro, 1983b.

LUHMANN, Niklas. Novos desenvolvimentos na teoria dos sistemas. In: NEVES, Clarissa Baeta e SAMIOS, Eva M. B. (Coords.) *Niklas Luhmann*: a nova Teoria dos Sistemas. Porto Alegre: Ed. da Universidade/UFRGS, Goethe-Institut/ICBA, 1997.

LUHMANN, Niklas. *Sistemas sociales*: lineamientos para una teoría general. Trad. Silvia Pappe e Brunhilde Erker, México: Anthropos/Universidad Iberoamericana, 1998.

LUHMANN, Niklas. A restituição do décimo segundo camelo: do sentido de uma análise sociológica do direito. In: ARNAUD, André-Jean; LOPES, Dalmir Jr. (orgs.). *Niklas Luhmann:* do sistema social à sociologia jurídica. Rio de Janeiro: Lumen Juris, 2004.

LUHMANN, Niklas. *Confianza*. México: Anthropos, 2005a.

LUHMANN, Niklas. *El derecho de la sociedad*. 2. ed. Trad. Javier Torres Nafarrate. México: Herder; Universidad Iberoamericana, 2005b.

MARINONI, Luiz Guilherme. *Precedentes obrigatórios*. São Paulo: Revista dos Tribunais, 2010.

MITIDIERO, Daniel. *Precedentes: da persuasão à vinculação*. São Paulo: Revista dos Tribunais, 2016.

NEVES, Marcelo. *Transconstitucionalismo*. São Paulo: Martins Fontes, 2009.

NEVES, Marcelo. *Entre Têmis e Leviatã*: uma relação difícil: O estado democrático de direito a partir e além de Luhmann e Habermas. São Paulo: Martins Fontes, 2012.

NEVES, Marcelo. *A constitucionalização simbólica*. 3.ed. São Paulo: WMF Martins Fontes, 2013a.

NEVES, Marcelo. *Entre Hidra e Hércules*: princípios e regras constitucionais como diferença paradoxal do sistema jurídico. São Paulo: Martins Fontes, 2013b.

NEVES, Marcelo. A constituição e a esfera pública: entre diferenciação sistêmica, inclusão e reconhecimento. *In*: Dossiê Niklas Luhmann. Roberto Dutra, João Paulo Bachur, Organizadores. Belo Horizonte: Editora UFMG, 2013c.

POUND, Roscoe. *What of Stare Decisis*, Fordham Law review, vol.10, 1941.

RE, Edward D. Stare decisis. *Revista Jurídica*, Trad. Ellen Gracie Northfleet. Porto Alegre: Sintese, v. 42, n. 198, 1994, p. 283-285. Disponível em: http://www2.senado.leg.br/bdsf/bitstream/handle/id/176188 /000485611.pdf? sequence=3. Acessado em: 11nov. 2019.

SILVA. Artur Stamford da. *10 lições sobre Luhmann*. Petrópolis: Vozes, 2016.

STRECK, Lênio Luiz; ABBOUD, Georges. *O que é isto: o precedente judicial e as súmulas vinculantes?* Livraria do Advogado, 2Ed. 2014.

TEUBNER, Gunther. Justiça autosubversiva: fórmula de contingência ou de transcendência do Direito?.*Revista Eletrônica do Curso de Direito–PUC Minas Serro*, n. 4, p. 17-54, 2011.

TUCCI, José Rogério Cruz e. *Precedente judicial como fonte do direito*. São Paulo: RT, 2004.

VIANA, Ulisses Schwarz. *Repercussão geral sob a ótica da teoria dos sistemas de Niklas Luhmann*. São Paulo: Saraiva, 2010.

VIANA, Ulisses Schwarz. *Direito e justiça em Niklas Luhmann*: complexidade e contingência no sistema jurídico. Prefácio de Tércio Sampaio Ferraz Júnior. Porto Alegre: Sergio Antonio Fabris Ed, 2015.

Entre a prática jurídico-constitucional principiológica e a tese dos precedentes vinculantes no Brasil: o que há em comum?

Bruna Rabêlo Carvalho

1 Introdução

Após o advento da Constituição Federal de 1988 (CF/88), desenvolveu-se no Brasil uma prática jurídico-constitucional notadamente pautada pelo uso de princípios para a solução de casos levados à apreciação pelo Poder Judiciário, especialmente no âmbito dos Tribunais Superiores. Neste período, surge a pretensão de efetivar o regime democrático recém instaurado no Brasil, especialmente os direitos fundamentais insculpidos na nova Carta Constitucional, a partir de inspirações extraídas de sistemas jurídicos diversos, orientada pela ideia de que a interpretação jurídica deveria ser pautada pelos valores inseridos na CF/88. Chega-se a falar que o novo instrumento jurídico-político marca "O começo da História"[1] em relação à história constitucional brasileira. Neste âmbito, o direito é marcado pela influência de conteúdos valorativos de outras ordens, notadamente inseridos no sistema a partir da utilização desarrazoada e a invocação retórica de princípios constitucionais para o atendimento de particularismos e pressões sociais diversas.

Este cenário, pela sua prática normalizada no dia a dia jurídico, representa um déficit de argumentação nas decisões emanadas pelos Tribunais, em razão alta carga valorativa existente na fundamentação dos julgados, associada à diversidade de entendimentos proclamados

---

[1] Cf. BARROSO, Luís Roberto. BARCELLOS, Ana Paula de. O começo da história. A nova interpretação constitucional e o papel dos princípios no direito brasileiro. *Revista da EMERJ* [online]. 2003, vol. 6, n. 23, pp. 25-65. Disponível em: https://www.emerj.tjrj.jus.br/revistaemerj_online/edicoes/revista23/revista23_25.pdf. Acesso em: 30 jun. 2020.

pela Corte Constitucional e a inconsistente fundamentação desamparada de uma forte teoria da decisão judicial, necessária para casos como tais. Decisões temerárias e juridicamente inconsistentes representam prejuízos diretos à jurisprudência dos tribunais.

Com preocupação pelos reflexos desta prática e a possibilidade inerente de cisões conflitantes, o Código de Processo Civil de 2015 (CPC/15), instrumento legislativo processual que tenta corrigir as insuficiências existentes na prática judicial brasileira produzida durante a vigência dos códigos anteriores, em seu Art. 926, objetiva a uniformização da jurisprudência dos Tribunais, de modo a mantê-la estável, íntegra e coerente, o que produz, no Brasil, no âmbito de boa parte do Poder Judiciário e da doutrina processual-constitucionalista, a defesa de uma tese de precedentes vinculantes, amparada pelo Art. 927 do CPC e pelo utilitarismo decorrente da adoção desta tese, capaz de conferir maior celeridade, diminuição da quantidade de casos para apreciação pormenorizada no âmbito do Poder Judiciário, previsibilidade de decisões e julgamento automático de casos semelhantes, a incorrer na diminuição no número de Recursos interpostos para os Tribunais.

Este ensaio busca apresentar o plano de fundo comum entre a prática jurídico-constitucional principiológica brasileira e a tese dos precedentes vinculantes produzidos a partir do CPC/15, de modo a pontuar as problemáticas que norteiam a construção jurisprudencial brasileira e a inadequação da recepção de institutos alheios à construção do seu sistema jurídico.

Para isso, utiliza-se, no primeiro momento, das críticas realizadas à prática jurídico-constitucional principiológica nos tribunais brasileiros e preocupações com os impactos externos no sistema do direito, majoritariamente manifestadas, neste trabalho, a partir da obra de *"Entre Hidra e Hércules:* princípios e regras constitucionais como diferença paradoxal do sistema", de Marcelo Neves. Utiliza-se também de outros aportes doutrinários, mas com adoção da sua observação acerca do "fascínio principiológico" como potencial de desestruturação do sistema jurídico.

Apresenta-se, em seguida, o contexto de pretensa uniformização de jurisprudência dos Tribunais brasileiros a partir do CPC/15 e a tese do sistema de precedentes veiculada na processualística brasileira recente, sob o suporte da doutrina e da jurisprudência, notadamente do Supremo Tribunal Federal e de constitucionalistas modernos; e a insatisfação, bem como a crítica fundamentada à pretensão, majoritariamente colacionada, neste assunto, a partir dos escritos de Lênio Streck.

Por fim, apontam-se elementos comuns na prática jurídico-constitucional e a tese do sistema de precedentes vinculantes no Brasil decorrentes da atuação do Poder Judiciário, suportados pela doutrina, pontuadas as insuficiências para a construção de uma jurisprudência uniforme capaz de garantir a consistência do sistema jurídico pautado no Estado Democrático de Direito.

2 A prática principiológica jurídico-constitucional nos tribunais brasileiros

Maximização dos efeitos normativos dos direitos fundamentais. Técnicas interpretativas dos princípios constitucionais. Ponderação. Razoabilidade e proporcionalidade.[2] Essas são algumas técnicas adotadas por boa parte da doutrina constitucionalista brasileira, pelos Juízes e juristas, de modo geral, a partir do advento da Constituição da República Federativa do Brasil de 1988, instrumento jurídico-político advindo após um período de regimes autoritários, que marca o processo de redemocratização no Brasil.

Ascende, nesse contexto, movimentos como o "neoconstitucionalismo", modelo de constitucionalismo pretensamente moderno, como caminho para um constitucionalismo compromissório, dirigente, com pretensão de efetivar o regime democrático no Brasil,[3] que, conforme os adeptos, não professa mais as mesmas ideias vigentes até então, notadamente a tradição positivista - que passa a ser considerada como insuficiente para atendimento das necessidades sociais -, assim como a

---

[2] LYNCH, Christian Edward Cyril; MENDONCA, José Vicente Santos de. Por uma história constitucional brasileira: uma crítica pontual à doutrina da efetividade. *Rev. Direito Práx.* [online]. 2017, vol. 8, n. 2, pp. 974-1007. Disponível em: https://www.scielo.br/scielo.php?pid=S2179-89662017000200974&script=sci_abstract&tlng=pt. Acesso em: 30 jun. 2020.

[3] STRECK, Lênio. O que é isto – o constitucionalismo contemporâneo. *Revista do CEJUR/TJSC:* Prestação jurisdicional. 2014, vol. 1, n. 2, p. 28. Disponível em: https://cejur.emnuvens.com.br/cejur/article/viewFile/64/49. Acesso em: 30 jun. 2020.

"constitucionalização do direito", "teorias da efetividade", espécie de "pós-positivismo brasileiro".

Nesta perspectiva, para os adeptos dessas teorias e práticas, a CRFB/88 e seus princípios, sobretudo os direitos fundamentais, deram novo sentido e alcance ao direito civil, ao direito processual, ao direito penal e aos demais ramos jurídicos. [4] Esse "novo constitucionalismo, seja qual for a denominação adotada, representa um novo paradigma, não apenas regulador, mas transformador das relações sociais.[5] A interpretação jurídica é orientada, a partir de então, para extrair o conteúdo real da Constituição, a justiça para o caso concreto, em oposição ao suposto legalismo reprodutor de arbitrariedades oriundo do positivismo. Essa pretensão é marcada pelo uso cada vez mais frequente de princípios.[6] O conteúdo dos

---

[4] BARROSO, Luís Roberto. BARCELLOS, Ana Paula de. O começo da história. A nova interpretação constitucional e o papel dos princípios no direito brasileiro. *Revista da EMERJ* [online]. 2003, vol. 6, n. 23, pp. 26-27. Disponível em: https://www.emerj.tjrj.jus.br/revistaemerj_online/edicoes/revista23/revista23_25.pdf. Acesso em: 30 jun. 2020.

[5] Apesar de se distanciar do movimento "neoconstitucionalista" instaurado no Brasil e da "teoria da efetividade", pelo contrário, tecer fortes críticas, Lênio Streck, defensor de uma postura teórica intitulada Constitucionalismo Contemporâneo, pontua algumas convergências de expectativas desse novo paradigma constitucional, que, no Brasil, é considerado a partir da Constituição de 1988: "Definitivamente, o novo constitucionalismo – seja qual for o seu (mais adequado) sentido – não trouxe a indiferença. Na verdade, houve uma pré-ocupação de ordem ético-filosófica: a de que o direito deve ocupar-se com a construção de uma sociedade justa e solidária. Em outras palavras, o desafio 'neoconstitucional' (*lato sensu*) tem sido o seguinte: como fazer com que o direito não fique indiferente às injustiças sociais? Como fazer com que a perspectiva moral de uma sociedade que aposte no direito como o lugar da institucionalização do ideal da vida boa não venha pretender, em um segundo, 'corrigir' a sua própria condição de possibilidade, que é o direito como sustentáculo do Estado Democrático?" (STRECK, Lênio. O que é isto – o constitucionalismo contemporâneo. *Revista do CEJUR/TJSC:* Prestação jurisdicional. 2014, vol. 1, n. 2, p. 33. Disponível em: https://cejur.emnuvens.com.br/cejur/article/viewFile/64/49. Acesso em: 30 jun. 2020).

[6] Segundo BARCELLOS e BARROSO, adeptos da asserção do início de uma nova história constitucional a partir de 1988, "a Constituição passa a

princípios é, em si, um conteúdo axiológico ou uma decisão política, são normas valorativas ou finalísticas, conforme Barcellos e Barroso.[7]

De acordo com Lênio Streck, sob o manto do 'neoconstitucionalismo', defende-se um direito constitucional efetivo – que no Brasil é encabeçado por Luís Roberto Barroso, a partir da teoria da efetividade - a ponderação acrítica como instrumento pretensamente racionalizador da decisão judicial[8], uma concretização *ad hoc* da Constituição e uma pretensa constitucionalização do ordenamento com base em jargões de

---

ser encarada como um sistema aberto de princípios e regras, permeável a valores jurídicos suprapositivos, no qual as ideias de justiça e de realização dos direitos fundamentais desempenham um papel central. A mudança de paradigma nessa matéria deve especial tributo às concepções de Ronald Dworkin e aos desenvolvimentos a ela dados por Robert Alexy. A conjugação das ideias desses dois autores dominou a teoria jurídica e passou a constituir o conhecimento convencional na matéria." (BARROSO, Luís Roberto. BARCELLOS, Ana Paula de. O começo da história. A nova interpretação constitucional e o papel dos princípios no direito brasileiro. *Revista da EMERJ* [online]. 2003, vol. 6, n. 23, p. 37. Disponível em: https://www.emerj.tjrj.jus.br/revistaemerj_online/edicoes/revista23/revi sta23_25.pdf. Acesso em: 30 jun. 2020).

[7] "Destacam-se como normas que identificam valores a serem preservados ou fins a serem alcançados. (...) Isonomia, moralidade, eficiência são valores. Justiça social, desenvolvimento nacional, redução das desigualdades regionais são fins públicos. Já as regras limitam-se a traçar uma conduta. A questão relativa a valores ou a fins públicos não vem explicitada na norma porque já foi decidida pelo legislador, e não transferida ao intérprete. Daí ser possível afirmar-se que regras são descritivas de conduta, ao passo que princípios são valorativos ou finalísticos." (BARROSO, Luís Roberto. BARCELLOS, Ana Paula de. O começo da história. A nova interpretação constitucional e o papel dos princípios no direito brasileiro. *Revista da EMERJ* [online]. 2003, vol. 6, n. 23, p. 35. Disponível em: https://www.emerj.tjrj.jus.br/revistaemerj_online/edicoes/revista23/revi sta23_25.pdf. Acesso em: 30 jun. 2020.)

[8] Marcelo Neves aponta essa atitude que "com destacadas exceções, tem contribuído para uma banalização das questões complexas referente às relações entre princípios e regras." (NEVES, Marcelo. *Entre Hidra e Hércules: princípios e regras constitucionais como diferença paradoxal do sistema.* São Paulo: Editora WMF Martins Fontes, 2013. p. 171).

conteúdo vazio. O movimento se apresenta como face da mesma moeda do direito livre, da jurisprudência dos interesses, da jurisprudência dos valores. Neste âmbito, protagoniza o Poder Judiciário como responsável pela incorporação dos "verdadeiros valores" (nas palavras de Lênio Streck) para definir o direito justo.[9]

A prática jurídico-constitucional brasileira adquire um fascínio principiológico em que os princípios passam a ser preteridos em relação às regras, como se fossem aptos a trazer mais justiça ao caso, já que o "legalismo" positivista se mostrava como inadequado, insuficiente ou inapto para lidar com as particularidades dos casos excluídos ou indevidamente tratados pela regra legislativa completa. Admite-se a praxe de operabilidade dos princípios para o deslinde do caso concreto desde o caso mais complexo ao mais simples e, não raro, a predileção principiológica em relação às regras. Essa praxe se estende desde a elaboração das peças iniciais de um processo até as decisões finais, onde neste último caso, é ainda mais problemático, por ser diretamente responsável pela construção jurisprudencial dos tribunais. Essa prática é culpa carregada pelos juristas, de modo geral, e especialmente, pelo Judiciário.

O uso do termo "culpa" é utilizado porque, conforme pontua Marcelo Neves, a predileção pelos princípios para regular os casos concretos é perigosa, já que, pela sua textura aberta, pode servir a particularismos, interesses individuais, pressões sociais de diversas naturezas. Repisa-se as palavras do doutrinador da teoria da efetividade, Luís Roberto Barroso, que categoriza: os princípios são, sobretudo, "uma decisão política".[10] Isso permite que os princípios sejam utilizados com a ilegítima justificativa de concretização de uma prática jurídico-constitucional socialmente mais adequada, que atenda aos anseios contidos na Constituição, em nome da justiça do caso concreto. O resultado não é outro, senão o excesso de intervenções judiciais em nome dos valores contidos na Carta, sobretudo fundamentados na garantia de direitos fundamentais.

---

[9] STRECK, Lênio. O que é isto – o constitucionalismo contemporâneo. *Revista do CEJUR/TJSC:* Prestação jurisdicional. 2014, vol. 1, n. 2, pp. 28-29. Disponível em: https://cejur.emnuvens.com.br/cejur/article/viewFile/64/49. Acesso em: 30 jun. 2020.

[10] Esta é a repetição do trecho já citado na página anterior. Ver nota de rodapé n. 8.

Essa prática, entretanto, é juridicamente inconsistente.

De acordo com Marcelo Neves, a consistência jurídica é alcançada a partir da harmonia entre a prática e a dogmática do direito.[11] O contrário ocorre diante de uma prática inconsistente. Explica, em suas melhores palavras:

> A Constituição, em sentido moderno, enquanto acoplamento estrutural entre política e direito (os próprios tribunais fazem parte desse acoplamento), sempre tem duas dimensões: "Constituição como politização do direito" e "Constituição como juridificação da política". Isso significa: democracia e Estado de Direito relacionam-se reciprocamente mediante a Constituição. Quando se fala de judicialização da política e politização do direito pretende-se referir a um excesso, uma hipertrofia, em detrimento, respectivamente, do Estado de direito e da democracia. Nesses termos, a autonomia e o funcionamento de ambos os sistemas ficam prejudicados. O jogo político entre governo e oposição, assim como a relação circular de legitimação entre povo, público, administração (em sentido amplo) e política, é afetada por excesso de intervenções judiciais (politização do direito).[12]

Para Marcelo Neves, "a justiça diz respeito ao processamento do paradoxo da decisão que seja, ao mesmo tempo, juridicamente consistente e socialmente adequada, envolvendo simultaneamente o abstrato, o concreto, o geral e o individual."[13] Mas, o que se verifica na prática jurisdicional brasileira, para o autor, é a superadequação social e a inconsistência jurídica.[14] Há muitos fatores de influência

---

[11] NEVES, Marcelo. *Entre Hidra e Hércules: princípios e regras constitucionais como diferença paradoxal do sistema.* São Paulo: Editora WMF Martins Fontes, 2013. pp. 107-108.

[12] NEVES, Marcelo. *Entre Hidra e Hércules: princípios e regras constitucionais como diferença paradoxal do sistema.* São Paulo: Editora WMF Martins Fontes, 2013. p. 194-195.

[13] NEVES, Marcelo. *Entre Hidra e Hércules: princípios e regras constitucionais como diferença paradoxal do sistema.* São Paulo: Editora WMF Martins Fontes, 2013. p. 180.

[14] Caso sempre se pudesse recorrer a princípios constitucionais, em nome da justiça, para afastar regras constitucionais, chegaríamos a um modelo em que o critério direto e definitivo seria sempre afastável *ad hoc* pelo critério mediato de solução do caso, levando à falta de consistência da ordem jurídica, diluída no social com base em um substantivismo principiológico, desastroso em uma sociedade complexa. No contexto brasileiro, a

(econômicos, políticos, sociais etc.) na autonomia do direito. Diante dessas variáveis, uma prática jurídica inconsistente, que não conta com adequada operação do sistema jurídico, não é capaz de concretizar um Estado constitucional sólido em detrimento da força normativa da Constituição.[15]

Quando há a predileção de princípios em relação às regras, aqueles com texturas abertas, passíveis de diversas interpretações, há a abertura para a invocação retórica em nome da justiça, que pode ter significados diversos numa sociedade complexa, especialmente se o contexto social e a prática jurídica são fortemente marcados por ilegalidades e inconstitucionalidades praticadas pelos agentes públicos[16], conforme reconhecidamente é o caso do Brasil. Daí se extrai a compulsão ponderadora de princípios como forma de racionalidade da fundamentação das decisões judiciais. A crítica não exclui, entretanto, o papel importante que os princípios desempenham na construção do direito e na interpretação jurídica, mas é necessário que haja utilização adequada, apta a produzir

---

invocação retórica de princípios para afastar regras – como afirmei acima – superadequada socialmente, mas corre no sentido contrário do desenvolvimento na direção de um sólido Estado constitucional e da força normativa da Constituição. (NEVES, Marcelo. *Entre Hidra e Hércules: princípios e regras constitucionais como diferença paradoxal do sistema*. São Paulo: Editora WMF Martins Fontes, 2013. pp. 192-193).

[15] NEVES, Marcelo. *Entre Hidra e Hércules: princípios e regras constitucionais como diferença paradoxal do sistema*. São Paulo: Editora WMF Martins Fontes, 2013. pp. 189-190.

[16] "O judiciário fica direcionado muito estreitamente a fornecer respostas politicamente legitimadoras, vinculando-se fortemente à diferença entre governo e oposição. Essa situação pode estar relacionada a problemas estruturais mais amplos do Estado constitucional. Mas ela também pode estar associada, em certos contextos, à corrupção política do judiciário. Então, as fronteiras operativas entre direito e política se diluem. Decisões judiciais são tomadas primariamente com base na distinção "governo/oposição" ou em critérios políticos, sobretudo em matéria constitucional. No contexto brasileiro, isso se relaciona frequentemente com conexões particularistas e difusas de membros do judiciário com os agentes políticos. Essa situação se associa com a corrupção econômica do Estado como organização político-jurídica. (NEVES, Marcelo. *Entre Hidra e Hércules: princípios e regras constitucionais como diferença paradoxal do sistema*. São Paulo: Editora WMF Martins Fontes, 2013. p. 189).

decisões judiciais consistentes.[17]

Da mesma ordem, pois majoritariamente decorrente dessa prática excessivamente discricionária, é a variedade de decisões judiciais produzidas, em sentidos diversos, acerca de conteúdos semelhantes. É deficitária a consolidação de uma jurisprudência forte e estável. Marcelo Neves aponta problema subjacente na jurisdição constitucional brasileira: o julgamento limitado ao caso concreto *sub judice*, a justiça para o caso concreto. Isto é, o autor afirma que o Brasil não desenvolve uma prática jurisdicional apta a oferecer critérios de redução do "valor surpresa", que possa vir a orientar casos futuros idênticos ou semelhantes, de modo a permanecer, caso a caso, a abertura ampla do convencimento do julgador.[18]

A estrutura do modo de decidir dos tribunais superiores corrobora com o afirmado por Neves. O modelo jurisdicional brasileiro, referente aos tribunais judiciais estatais, é construído da seguinte maneira[19]: (i) os juízes proferem seus votos individualmente e elaboram a fundamentação de seus julgamentos com argumentações jurídicas diversas para, ao final, decidem por maioria de votos. Nesse processo, não há a construção de um texto que fundamente a vitória de alguns argumentos apto a acompanhar o voto da Corte; (ii) como consequência, não há razão de decidir dos tribunais, enquanto instituição, mas tão somente, razão de decidir dos juízes individualmente. Os padrões de julgamento são, portanto, realizados por meio de resultados e não de argumentações; (iii) a estratégia de construção de padrões de julgamentos é a elaboração de súmulas e enunciados para enunciar resultados de julgamentos paradigmáticos, mas exclui as razões de decidir aprisionadas em cada voto, individualmente, de cada juiz; (iv) especialmente, não há um

---

[17] NEVES, Marcelo. *Entre Hidra e Hércules: princípios e regras constitucionais como diferença paradoxal do sistema*. São Paulo: Editora WMF Martins Fontes, 2013. pp. ix-x.

[18] NEVES, Marcelo. *Entre Hidra e Hércules: princípios e regras constitucionais como diferença paradoxal do sistema*. São Paulo: Editora WMF Martins Fontes, 2013. p. 199.

[19] RODRIGUEZ, José Rodrigo. Como decidem as cortes? Algumas palavras sobre o papel do direito e da doutrina no Brasil. In: FEBBRAJO, Alberto *et al* (org.). **Sociologia do Direito - Teoria e Práxis**. 2. ed. Curitiba: Juruá, 2018. pp. 257-267.

tecido argumentativo construído pelas Cortes superiores que fundamentem o resultado de suas decisões. Esse modelo persiste desde os tribunais estaduais aos tribunais superiores, como Superior Tribunal de Justiça e Supremo Tribunal Federal, principais órgãos formadores de precedentes passíveis de aplicação em casos futuros, onde os Acórdãos produzidos a partir de seus julgamentos são redigidos pelo Relator, quando há concordância majoritária com seu voto, ou pelo Redator, em caso contrário. Marcelo Neves ilustra a individualidade da argumentação jurídica dos juízes, ao citar o exemplo do STF: "cada Ministro apresenta votos (geralmente longuíssimos) em separado, aduzindo argumentos e razões os mais diversos. Não é comum que se cheguem aos mesmos resultados com argumentos os mais diferentes."[20] Na estrutura dos tribunais brasileiros, os juízes, individualmente, produzem decisões judiciais, firmam entendimentos sobre assuntos controversos, elaboram enunciados para orientar a prática jurídica e criam teses que regem relações jurídicas a partir de atos individuais que são recepcionados por maioria de votos dos tribunais, ao concordarem com o resultado produzido e que, não raro, são contraditórios nas fundamentações, portanto, nas razões de concordância.

Eis a suma: a prática jurídico-constitucional brasileira possui alta carga argumentativa principiológica, pautada por normas de textura aberta com ampla possibilidade interpretativa, norteável por valores diversos, passível de influências de outros sistemas externos que não o direito, dotada de um conteúdo axiológico que é, sobretudo, uma decisão política, revestida do manto da força normativa da Constituição e da efetividade dos direitos fundamentais. Como consequência, aliado à estrutura de tomada de decisão nos órgãos colegiados do Poder Judiciário, os Tribunais, as razões de decidir de cada caso, individualmente, são diversas (os votos dos Juízes chegam a um resultado, mas não pelas mesmas razões), e de um caso para outro, são pouco ou nada semelhantes (não se constrói uma decisão judicial apta a servir para casos futuros).

Este cenário representa um déficit de argumentação jurídica, fundamentação das decisões e prejuízos diretos à jurisprudência dos tribunais. O Código de Processo Civil de 2015, instrumento

---

[20] NEVES, Marcelo. *Entre Hidra e Hércules: princípios e regras constitucionais como diferença paradoxal do sistema.* São Paulo: Editora WMF Martins Fontes, 2013. p. 199.

legislativo processual relativamente novo, na tentativa de suprir as deficiências da prática jurisdicional dos Códigos anteriores, de forma democrática e cooperativa, em seu Art. 926, expressa a preocupação com a uniformização da jurisprudência dos Tribunais brasileiros, de modo a mantê-la estável, íntegra e coerente.

3 A tese do sistema de precedentes vinculantes do CPC/15

No Brasil, há pretensa valorização de precedentes judiciais como forma de uniformização da jurisprudência dos tribunais, especialmente com a positivação no Código de Processo Civil de 2015 de disposições gerais (Arts. 926, 927 e 928, CPC/15) das normas dos processos dos tribunais e dos meios de impugnação das decisões judiciais, de modo a fazer com que boa parte da doutrina brasileira[21] assuma a posição de que o Brasil adotou, a partir deste código, um sistema positivo de precedentes judiciais vinculantes.

Causaria estranheza falar sobre precedentes judiciais vinculantes sem mencionar a experiência do *commom law*, sobretudo porque é mencionado cada dia mais pela doutrina brasileira um fenômeno de aproximação da tradição jurídica brasileira, romano-germânica, com alguns elementos desta outra tradição jurídica, anglo-saxã. Lênio Streck criticamente denomina esta prática de *commonlização.*[22] A iniciar pelas fontes do direito, fundado na teoria do *stare decisis*, o *common law* se desenvolveu como sistema cujo direito foi construído jurisprudencialmente, em decorrência da evolução dos costumes, com conservação dos princípios que são revelados através dos juízes por meio das decisões judiciais, *"the depositaries of the law, the living oracles of the law."*[23] Na tradição da qual o Brasil adota seus preceitos, o *civil law*, as codificações quebraram o método de soluções casuísticas, a partir da prevalência da lei codificada sobre qualquer

---

[21] Dentre estes: Luís Roberto Barroso, Guilherme Marinoni, Daniel Mitidiero, Sérgio Arenhart e alguns outros.

[22] STRECK, Lênio. Por que commonlistas brasileiros querem proibir juízes de interpretar? *Revista Eletrônica Consultor Jurídico*. Disponível em: https://www.conjur.com.br/2016-set-22/senso-incomum-commonlistas-brasileiros-proibir-juizes-interpretar. Acesso em: 30 jun. 2020.

[23] TUCCI; CRUZ. *Precedente judicial como fonte do direito*. São Paulo: Editora Revista dos Tribunais, 2004. pp. 10-11.

outra forma de expressão do direito.[24]

Independente do sistema jurídico em que o direito é construído, se *common law* ou *civil law*, a decisão judicial emanada constitui um precedente judicial (em sentido amplo). De acordo com Tucci e Cruz "todo precedente judicial é composto por duas partes distintas: a) as circunstâncias de fato que embasam a controvérsia; e b) a tese ou o princípio jurídico assentado na motivação (*ratio decidendi*) do provimento decisório.[25]A depender do sistema em que a decisão é produzida, o precedente judicial poderá ter eficácia para servir de molde para casos futuros, de forma obrigatória (*binding precedente*), como é o caso do *common law*[26]ou servir como instrumento de eficácia persuasiva na argumentação jurídica, como, em regra, é o caso do *civil law*.

No Brasil, há pretensões do judiciário e da doutrina processualista de que a eficácia dos precedentes judiciais fuja da regra da eficácia persuasiva atribuída a estes na tradição jurídica do *civil law*, de modo a emanar eficácia vinculante, conforme o *common law*, cuja fonte de direito neste último caso é majoritariamente jurisprudencial. Decisão em sede de Recurso Extraordinário emanada no Supremo

---

[24] TUCCI; CRUZ. *Precedente judicial como fonte do direito*. São Paulo: Editora Revista dos Tribunais, 2004. p. 11.

[25] TUCCI; CRUZ. *Precedente judicial como fonte do direito*. São Paulo: Editora Revista dos Tribunais, 2004. p. 12.

[26] "Ressalte-se, outrossim, que a *práxis* do direito anglo-americano, por paradoxal que possa parecer, também trabalha hoje em dia com a categoria dos *precedentes persuasivos*. E isso ocorre quando, por exemplo, um litigante, perante um tribunal inglês, invoca anterior decisão proferida por uma corte da *common law* mas de outro país, vale dizer, dos Estados Unidos da América ou do Canadá (e vice-versa). Assim também, v. g., entre as províncias canadenses de Québec (direito codificado) e de Ontário *(common law)*. Ainda sob esse enfoque, visando a fundamentar a *ratio decidenci*, os tribunais podem, *ex officio*, colacionar *precedentes* de cortes estrangeiras. Consta, de fato, de um famoso julgamento proferido no caso *Donoghue v. Stevenson* [1932] atinente a relação de consumo (inseto encontrado em uma garrafa de refrigerante), que o Lord Atkin, ao proferir o seu voto perante a *House of Lords*, referiu-se a precedente judicial dos Estados Unidos (*Mac Pherson v. Buick Motor Co.* [1916]), argumentando que a responsabilidade extracontratual do produtor já havia sido debatida e assentada naquela experiência jurídica muito antes de ter surgido, na corte inglesa, questão similar." (TUCCI; CRUZ. *Precedente judicial como fonte do direito*. São Paulo: Editora Revista dos Tribunais, 2004. p. 13)

Tribunal Federal do Brasil demonstra: o Min. Edson Fachin, como Redator do Acórdão que decidiu o Recurso Extraordinário 655.265, no ano de 2016, afirmou que o Brasil adotou o sistema de precedentes vinculantes. E mais, considerou os tribunais superiores como Cortes de Vértice, conforme alguns pontos dispostos na decisão.[27] Para o Ministro, o Código de Processo Civil de 2015 ratificou a adoção da regra do *stare decisis* (doutrina que sustenta o *common law* e o sistema de precedentes existente nessa tradição jurídica), para o que fez menção ao Art. 926 do CPC. Para o Ministro, o Supremo Tribunal Federal possui a posição de Vértice do Poder Judiciário, com atribuição para, entre outras funções, dar unidade ao direito e estabilidade aos seus precedentes. Assim, os precedentes da Suprema Corte já firmados devem ser mantidos nos julgamentos posteriores, de modo que eventual superação depende da demonstração de circunstâncias fáticas e jurídicas que indiquem que a continuação da aplicação do que foi decidido no precedente judicial anterior importará em inconstitucionalidade.

O posicionamento acerca da adoção de um sistema de precedentes vinculantes a partir do CPC/15, consequência da evolução do papel da jurisprudência no Brasil é também defendida por Patrícia Perrone Campos Mello e Luís Roberto Barroso, este último, também Ministro do Supremo Tribunal Federal.[28] Especificamente no tocante a criação de um novo sistema de precedentes vinculantes no direito brasileiro, Mello e Barroso pontuam que os precedentes a serem observados obrigatoriamente pelas demais instâncias são aquelas disposições que estão elencadas no Art. 927 do CPC: (i) as decisões do Supremo Tribunal Federal em controle concentrado de constitucionalidade; (ii) os enunciados de súmula vinculante; (iii) os acórdãos em incidente de assunção de competência ou de resolução de demandas repetitivas e em

---

27 BRASIL. Supremo Tribunal Federal. Recurso Extraordinário n° 655.265. Relator: Luiz Fux. *Diário Oficial da União*. Disponível em: http://redir.stf.jus.br/paginadorpub/paginador.jsp?docTP=TP&docID=11465268. Acesso em: 30 jun. 2020.
28 BARROSO, Luís Roberto; MELLO, Patrícia. Trabalhando com uma nova lógica: a ascensão dos precedentes no direito brasileiro. *Revista Eletrônica Consultor Jurídico*. p.7. Disponível em: https://s.conjur.com.br/dl/artigo-trabalhando-logica-ascensao.pdf. Acesso em: 30 jun. 2020

julgamento de recurso extraordinário e especial repetitivos; (iv) os enunciados das súmulas do Supremo Tribunal Federal em matéria constitucional e do Superior Tribunal de Justiça em matéria infraconstitucional; (v) a orientação do plenário ou do órgão especial aos quais estiverem vinculados. Com isso, reconhecem a legitimidade para criação de precedentes vinculantes dos tribunais superiores (STJ e STJ) e tribunais de segunda instância.

Para os defensores do "sistema", as decisões vinculantes contribuem para a previsibilidade do mérito da causa, o que possibilita a redução do valor surpresa; a aplicação das mesmas soluções a casos idênticos possibilita a redução de decisões diversas e conflitantes para situações iguais; e possibilita a redução de recursos dispendidos pelo Judiciário para julgamento de cada causa, individualmente, assim como o tempo de espera para uma solução adequada.

Numa prática jurisdicional como a brasileira, notadamente marcada pelo uso de uma alta carga principiológica referente aos direitos fundamentais, a jurisprudência tende a se tornar imprevisível, maleável e constantemente modificada a partir de um novo entendimento. Neste ponto, é interessante observar que o sistema de precedentes vinculantes é visto com bons olhos por aqueles que também invocam princípios para fazer justiça à luz da força normativa da Constituição.[29]

Desde o início da vigência do Código de Processo Civil de 2015, no ano de 2016, a jurisprudência processualista brasileira, enquanto ciência do direito, esteve – e permanece – dividida nesta discussão acerca da efetiva recepção de um sistema de precedentes vinculantes, conforme o *common law*, assim como análises sobre o "abrasileiramento" de um sistema de precedentes e críticas de diversas ordens a práticas pretensas de julgamento com base em decisões vinculantes de forma equivocada e generalista, a aumentar o poder de dizer o direito nas mãos do Poder Judiciário.

Lênio Streck[30] é um dos doutrinadores críticos desta

---

[29] Luís Roberto Barroso, impulsionador da teoria da efetividade, é um dos juristas entusiastas do sistema de precedentes vinculantes do direito brasileiro.

[30] O autor defende "a mudança de racionalidade no uso de julgados dos tribunais que deva partir da busca de uma eficiência que não desmonte o devido processo constitucional e que evite o isolamento de cortes suprema

pretensão. Sustenta que a importação é incompatível com a Constituição da República Federativa do Brasil e a teoria jurídica contemporânea, além de incorrer no risco de vinculação de teses com fundamentações inconsistentes.[31] Para Lênio, é equivocado estabelecer a força do precedente com base em razão de autoridade do Tribunal que o profere, em vez de por razão da qualidade que o precedente firmado venha a possuir, como o caso do Brasil; bem como, que alcançar com coerência e integridade, como é a pretensão do Art. 926 do CPC, a uniformidade da jurisprudência brasileira, não significa a incorporação irrefletida e inadequada para prática jurisdicional brasileira de uma teoria de precedentes vinculantes. A matriz básica de sua crítica reside num fato que decorre da separação de Poderes da União e das funções típicas de cada um: "juiz não constrói leis. Não produz Direito. Nem o STF ou o STJ produzem direito. Mas, isso não significa que o juiz ou o tribunal não realizem ato de interpretação do direito"[32], seus exatos termos foram

---

em relação ao restante da comunidade jurídica. (STRECK, Lênio. Por que commonlistas brasileiros querem proibir juízes de interpretar? *Revista Eletrônica Consultor Jurídico*. Disponível em: https://www.conjur.com.br/2016-set-22/senso-incomum-commonlistas-brasileiros-proibir-juizes-interpretar. Acesso em: 30 ago. 2020).

[31] O autor continua a escrita deste trecho com as razões que levaram a "necessidade" que sentem os *precedentalistas* da vinculação de precedentes e criação de teses jurídicas para otimizar a atividade do judiciário. A referência ao trecho citado é a mesma citada nesta nota de rodapé: "a despreocupação com a decisão judicial e a aposta no protagonismo judicial, a aposta no 'decido conforme a consciência', 'a concordância com o livre convencimento', 'o incensamento de teses autoritárias como as de que a decisão judicial é um 'ato de vontade', 'o ponderativismo', 'o pamprincipiologismo', etc. Penso que não será, agora, mediante a delegação da adjudicação de sentido para Cortes de Vértice que resolveremos o problema. Interessante é que os mesmos que defendem o *commonlismo* são os que sempre apostaram no protagonismo judicial. É o fantasma de Oskar Büllow arrastando suas correntes pelos castelos jurídicos." (STRECK, Lênio. Por que *commonlistas* brasileiros querem proibir juízes de interpretar? *Revista Eletrônica Consultor Jurídico*. Disponível em: https://www.conjur.com.br/2016-set-22/senso-incomum-commonlistas-brasileiros-proibir-juizes-interpretar. Acesso em: 30 ago. 2020.)

[32] STRECK, Lênio. Por que *commonlistas* brasileiros querem proibir juízes de interpretar? *Revista Eletrônica Consultor Jurídico*. Disponível em:

transcritos.

4 O plano de fundo comum entre a prática jurídico-constitucional principiológica e a tese do sistema de precedentes vinculantes brasileiro: breve ensaio

Há mais similaridades entre a prática jurídico-constitucional principiológica no Brasil e a tese do sistema de precedentes vinculantes brasileiro do que o simples pertencimento à praxe do Judiciário. Na verdade, a relação se dá pela disfunção generalizada da sua atuação no âmbito da separação dos Poderes da União, contida no Art. 2º da Constituição Federal. Pode-se, inclusive, relacioná-los como causa e efeito um do outro, e, dentre os dois, encontra-se: importação de construções teóricas estrangeiras inadequadas ou incompatíveis com as instituições brasileiras; protagonismo do Poder Judiciário e aumento de seus Poderes no sistema do direito; fragilização do Estado Democrático de Direito.

Consequência síntese comum: a politização do Direito. Detalha-se.

A doutrina constitucional brasileira é tomada por um fascínio pela principiologia jurídico-constitucional – para usar o termo que utiliza Marcelo Neves, já que se aproveita da sua crítica[33] - e, como consequência da recepção inadequada da teoria de Ronald Dworkin, por técnicas de ponderação dos conflitos entre princípios ou direitos fundamentais que são, no mais das vezes, desnecessários e prejudiciais ao sistema do direito. Isso se dá, em grande medida, pela importação acrítica de institutos estrangeiros que não correspondem com o sistema jurídico brasileiro.

A prática principiológica no Brasil pretende suplantar o positivismo jurídico clássico e, para isso, utiliza-se de retóricas que invocam a justificativas para decisões chamadas de "ativistas"[34], tais

---

https://www.conjur.com.br/2016-set-22/senso-incomum-commonlistas-brasileiros-proibir-juizes-interpretar. Acesso em: 30 ago. 2020.

[33] NEVES, Marcelo. *Entre Hidra e Hércules: princípios e regras constitucionais como diferença paradoxal do sistema*. São Paulo: Editora WMF Martins Fontes, 2013. p. 171.

[34] DIMOULIS, Dimitri. *Positivismo jurídico: teoria da validade e da interpretação do direito*. 2. ed. re. E atual. Porto Alegre: Livraria do Advogado, 2018. p. 179.

como neoconstitucionalismos e teorias da efetividade, como reflexo de um "pós-positivismo" de cunho sociológico que, conforme Dimoulis, "pressupõe o abandono do rigor na aplicação do direito, insistindo na compreensão inflexível dos imperativos legais e concedendo ao julgador margens de decisão além e contra a previsão legal, sempre no intuito de adaptar o direito às exigências concretas e às mudanças históricas."[35]

Conforme exposto na primeira parte deste trabalho, esta prática ocasiona a panaceia das decisões desuniformes nas Cortes e a baixa capacidade da jurisprudência brasileira de garantir a estabilidade do sistema, reduzir o valor surpresa das decisões futuras e atribuir coerência e integridade ao sistema.

E o problema segue. Na tentativa de resolução, a alternativa encontrada pela doutrina e pelo Poder Judiciário é a importação e o abrasileiramento de uma tese de sistema de precedentes vinculantes criados a partir das Cortes de Vértice - não será dito que é alternativa dada pelo Código de Processo Civil, pois a exigência legislativa não é, intrinsecamente, essa. O Código prevê a observância dos julgados, não a obrigatoriedade.

A invocação de precedentes na argumentação jurídica de forma adequada é apta a produzir a previsibilidade da decisão judicial, perquirida numa jurisprudência uniforme, a ensejar a estabilidade do sistema e a segurança jurídica.[36] Para tanto, exige do juiz, no processo de tomada de decisão, maior compromisso com a formação da racionalidade do resultado proferido, na construção da fundamentação, no estabelecimento da *ratio decidendi* (razão de decidir) de cada caso concreto, pelo impacto produzido na orientação de casos futuros. Isso não quer dizer que a mera

---

[35] DIMOULIS, Dimitri. *Positivismo jurídico: teoria da validade e da interpretação do direito*. 2. ed. re. E atual. Porto Alegre: Livraria do Advogado, 2018. p. 181.

[36] "Aduza-se, por fim, que, no plano da dogmática forense, quando a decisão é baseada em um precedente que guarda atualidade e se reveste de consistente fundamentação, a experiência demonstra que, com frequência, vem ela "confirmada" pelo tribunal superior. Nesse sentido, alguns juristas afirmam ser mais provável que qualquer juiz atribua maior relevo a decisões anteriores provindas de tribunais superiores de sua própria jurisdição, e não de tribunais de outras jurisdições." (TUCCI; CRUZ. *Precedente judicial como fonte do direito*. São Paulo: Editora Revista dos Tribunais, 2004. p. 17).

invocação ao precedente confere qualidade ao julgamento, nem que a jurisprudência se tornará automaticamente estável, íntegra e coerente através da obrigatoriedade de precedentes, como o pretende a doutrina precedentalista brasileira. Afinal, nem mesmo o Art. 927 do CPC (que estabelece o suposto rol de precedentes vinculantes, como defendem os precedentalistas) atribui um dever expresso, uma vez que utiliza o termo "observarão". Não deve ser por acaso. Disso não se exclui a possibilidade de orientação das decisões judiciaIs a partir da construção da racionalidade da decisão judicial, nos termos do Art. 489 e da construção de uma sólida Teoria da Decisão Judicial.

A autoridade vinculativa não é encontrada nem mesmo no sistema jurídico do *common law*. Os precedentes vinculantes nascem a partir da qualidade das decisões e, a partir da legítima aceitação da qualidade do julgado, transforma-se em precedente com eficácia obrigatória para casos semelhantes.

A qualidade da jurisprudência produzida, entretanto, resta prejudicada se for pretendido um sistema de precedentes vinculantes que se constrói a partir de razões de autoridade pela Corte que os emana, como pretende o Min. Edson Fachin no RE 655.265 do STF, a desconsiderar a deficiência dos julgamentos constantemente produzidos pela Corte considera "de Vértice", sobretudo considerando a prática jurídico-constitucional principiológica que contribui para a variedade de razões de decidir proferidas no julgamento de um caso individual, além das decisões diversas decorrentes dessa prática produzidas em casos semelhantes. A argumentação jurídica da fundamentação adequada, com lastro numa Teoria da Decisão Judicial, não é suporte compatível e suficiente para solucionar os problemas existentes na prática jurisdicional brasileira? A positivação de um sistema de precedentes vinculantes que aumenta os Poderes do Judiciário, a equipará-lo como detentor da função de legislar – a partir da interpretação de lei já existente – é necessária? Como isso impacta no Estado Democrático de Direito? Perceba-se, pretende-se que a prática da decisão judicial corrente, lastreada pela ponderação de princípios, goze de carga de autoridade obrigatória apta a ser aplicada por subsunção. Pretende-se a institucionalização da inconsistência jurídica a partir da politização do direito?

Lênio Streck formula alguns questionamentos, que, na verdade, são problemas decorrentes da vinculação de precedentes judiciais produzidos pelo Supremo Tribunal Federal:

> Por isso indago: como podem ser fonte primária se visam, sob a ótica especialmente de Zanetti, justamente reduzir o grau de 'equivocidade' ou de 'textura aberta da lei' – justamente o ponto de partida para que sejam criados os denominados 'precedentes'? Não haveria aí uma contradição? E esses 'precedentes' passariam a ocupar o mesmo lugar e patamar das leis no ordenamento jurídico, *mesmo que equivocados*? Como assim? Então, alguém deve dar a última palavra e essa 'decisão interpretativa' *acabaria valendo mais que a própria lei*? E, fundamentalmente: *por que é que um texto (um precedente) geraria menos 'problemas' interpretativos que outro texto (uma lei)?*[37]

O risco da carga de autoridade que carrega o precedente vinculante, sobretudo construído sem o amparo de uma consistente teoria da decisão judicial, é claro: a enérgica e silenciosa fragmentação do Estado Democrático de Direito. Na perspectiva sistêmica, como desenvolve Marcelo Neves em *"Entre Têmis e Leviatã: uma relação difícil"*, é preciso dar ênfase a não sobreposição dos códigos de outros sistemas no código do sistema do direito[38] (é o que foi falado sobre as influências de outros sistemas, como o sistema político, econômico, social, etc., no sistema do direito, que pode acarretar inconsistência jurídica - tópico 1 deste trabalho). Essa atividade fica comprometida numa prática jurídico-constitucional construída sob imensa carga valorativa, norteada pela invocação de princípios pretensamente garantidores dos direitos fundamentais contidos na Constituição, norteada por valores morais e interesses particularistas. A pluralidade de valores existente é inequívoca. Conforme já pontuado, trata-se de uma prática jurídico-constitucional socialmente adequada, porém, juridicamente inconsistente. Entre Habermas e Luhmann, Marcelo Neves sintetiza: "em ambos os modelos, a positividade como autonomia só é concebível com o desaparecimento da moral tradicional, conteudística, hierárquica."[39] Não é exagero recorrer, mais uma vez,

---

[37] STRECK, Lênio. *Precedentes Judiciais e Hermenêutica*. Salvador: Juspodivm, 2018. p. 26.

[38] NEVES, Marcelo. *Entre Têmis e Leviatã: uma relação difícil*: O Estado Democrático de Direito a partir e além de Luhmann e Habermas. São Paulo: Martins Fontes, 2006. pp. 142-143.

[39] Este trecho é a colação exata contida na página 143 da referência que segue esta nota. Acrescenta-se para o entendimento trecho seguinte:

ao que observa Lênio Streck:

> Parece haver uma intencionalidade, com propósitos distintos do agente político que ocupa o vértice em relação àqueles que estão abaixo: um cria material normativo novo, fixando uma dentre as possíveis interpretações possíveis do material jurídico básico; os demais (do andar de baixo) adotam o precedente (o ponto final de alguma controvérsia interpretativa) como já integrante desse material normativo básico, explorando seus novos sentidos possíveis, com uma dupla missão: manter a unidade do Direito e fazer "justiça", dentro das balizas normativas. Presente, aí, a tese da convencionalidade.

Fragiliza, especificamente, o Estado Democrático de Direito. Não parece adequado ignorar as funções típicas de cada um dos Poderes da União: legislativo, executivo e judiciário. No panorama de fundo desse contexto está aquela que é também identificada na prática jurídico-constitucional principiológica: a politização do direito, que fora explicitada no primeiro ponto deste trabalho, para adotar os termos sistêmicos utilizados por Marcelo Neves, a quem também faz alusão, de forma prática, Lênio Streck. O sistema de precedentes vinculantes tem o condão maior de atender às exigências utilitaristas do Poder Judiciário, do que, propriamente, contribuir para função nomofilática da jurisprudência pretendida pelo Art. 926 do CPC.

"Diante da pluralidade reconhecida de valores, Habermas interpreta a racionalidade discursiva ou procedimental – que envolve as dimensões pragmáticas, éticas e morais – do Estado Democrático de Direito como forma de construção do consenso na esfera pública, imprescindível à indisponibilidade do direito. Em face da diversidade de expectativas, interesses e valores da sociedade moderna, Luhmann interpreta os procedimentos eleitoral, legislativo, judicial e administrativo do Estado de Direito como mecanismos funcionais de seleção, filtragem e imunização dos sistemas político e jurídico em face das influências contraditórias no respectivo ambiente. Entretanto, o dissenso conteudístico em face dos valores e interesses torna os procedimentos democráticos do Estado de Direito, que implicam o princípio da legalidade, não só uma exigência sistêmico-funcional, mas também uma imposição normativa da sociedade moderna." (NEVES, Marcelo. *Entre Têmis e Leviatã: uma relação difícil:* O Estado Democrático de Direito a partir e além de Luhmann e Habermas. São Paulo: Martins Fontes, 2006. p. 143.)

Considerações finais

Pelo exposto neste ensaio, é possível induzir a reflexão sobre pontos comuns da prática jurisdicional-brasileira principiológica e a tese de precedentes vinculantes do CPC/15.

Em comum com a prática jurisdicional-brasileira principiológica e a tese de precedentes vinculantes do CPC/15, primeiramente, está presente a inspiração irrefletida em institutos externos, seja o neoconstitucionalismo ou pós-positivismo europeu para o fascínio principiológico estimado a partir de 1988; seja a recepção de uma proposta de unificação de jurisprudência com inspiração num direito que é construído, preponderantemente de forma jurisprudencial, baseado num modelo qualitativo de decisões dos casos, como o *common law*. Parte-se de premissas equivocadas para chegar a soluções inadequadas.

O segundo ponto em comum é o protagonismo exercido pelo Poder Judiciário, seja na incorporação de valores e exigências externas àquelas incluídas no sistema jurídico, que, no fim das contas, terá a palavra final sobre o caso concreto, portanto, gerando norma individual através da decisão judicial; seja o poder normativo extensivo ao Judiciário para disciplinar de forma geral e abstrata os casos semelhantes que são levados ao Poder Judiciário, sem o desenvolvimento de uma construção racional qualitativa que permita chegar ao mesmo resultado. Exorbita-se da sua capacidade de mostrar o direito no caso concreto para criar o direito de forma abstrata, por questões de autoridade.

O terceiro ponto em comum é a inconsistência ocasionada no sistema jurídico e a sua pretensa institucionalização na jurisprudência através de influências externas, indutoras de códigos sistêmicos externos ao sistema do direito: a politização do direito. Afinal,

> é bom observar que o Estado Democrático de Direito não exclui transformações, mediante os seus próprios procedimentos, de regras procedimentais do jogo e de direitos fundamentais que lhe são preliminares. No entanto, essas mudanças não podem atingir o núcleo normativo de que dependem a continuidade da esfera pública pluralista e a autonomia dos sistemas jurídico e político.[40]

---

[40] NEVES, Marcelo. *Entre Têmis e Leviatã: uma relação difícil:* O Estado Democrático de Direito a partir e além de Luhmann e Habermas. São

Denota-se, portanto, a necessidade de avaliação das bases que devem sustentar a construção de soluções jurídicas que levem em consideração as particularidades da realidade brasileira e, sobretudo, que não suplante as bases que fortalecem o Estado democrático de Direito fundado na separação de Poderes, que devem considerar a máxima autonomia do sistema jurídico.

Referências

BARROSO, Luís Roberto. BARCELLOS, Ana Paula de. O começo da história. A nova interpretação constitucional e o papel dos princípios no direito brasileiro. *Revista da EMERJ* [online]. 2003, vol. 6, n. 23, pp. 25-65. Disponível em: https://www.emerj.tjrj.jus.br/revistaemerj_online/edicoes/revista23/revista23_25.pdf. Acesso em: 30 jun. 2020.

BARROSO, Luís Roberto; MELLO, Patrícia. Trabalhando com uma nova lógica: a ascensão dos precedentes no direito brasileiro. *Revista Eletrônica Consultor Jurídico.* Disponível em: https://s.conjur.com.br/dl/artigo-trabalhando-logica-ascensao.pdf. Acesso em: 30 jun. 2020

BRASIL. Supremo Tribunal Federal. Recurso Extraordinário nº 655.265. Relator: Luiz Fux. *Diário Oficial da União.* Disponível em: http://redir.stf.jus.br/paginadorpub/paginador.jsp?docTP=TP&docID=11465268. Acesso em: 30 jun. 2020.

DIMOULIS, Dimitri. *Positivismo jurídico: teoria da validade e da interpretação do direito.* 2. ed. re. E atual. Porto Alegre: Livraria do Advogado, 2018.

LYNCH, Christian Edward Cyril; MENDONCA, José Vicente Santos de. Por uma história constitucional brasileira: uma crítica pontual à doutrina da efetividade. *Rev. Direito Práx.* [online]. 2017, vol. 8, n. 2, pp. 974-1007. Disponível em: https://www.scielo.br/scielo.php?pid=S2179-89662017000200974&script=sci_abstract&tlng=pt. Acesso em: 30 jun. 2020.

NEVES, Marcelo. *Entre Hidra e Hércules: princípios e regras constitucionais como diferença paradoxal do sistema.* São Paulo: Editora WMF Martins Fontes, 2013.

NEVES, Marcelo. *Entre Têmis e Leviatã: uma relação difícil:* O Estado

---

Paulo: Martins Fontes, 2006. p. 147.

Democrático de Direito a partir e além de Luhmann e Habermas. São Paulo: Martins Fontes, 2006.

RODRIGUEZ, José Rodrigo. Como decidem as cortes? Algumas palavras sobre o papel do direito e da doutrina no Brasil. In: FEBBRAJO, Alberto *et al* (org.). **Sociologia do Direito - Teoria e Práxis**. 2. ed. Curitiba: Juruá, 2018. pp. 257-267.

STRECK, Lênio. O que é isto – o constitucionalismo contemporâneo. *Revista do CEJUR/TJSC:* Prestação jurisdicional. 2014, vol. 1, n. 2, pp. 27-41. Disponível em: https://cejur.emnuvens.com.br/cejur/article/viewFile/64/49. Acesso em: 30 jun. 2020

STRECK, Lênio. Por que commonlistas brasileiros querem proibir juízes de interpretar? *Revista Eletrônica Consultor Jurídico.* Disponível em: https://www.conjur.com.br/2016-set-22/senso-incomum-commonlistas-brasileiros-proibir-juizes-interpretar. Acesso em: 30 jun. 2020.

STRECK, Lênio. *Precedentes Judiciais e Hermenêutica*. Salvador: Juspodivm, 2018.

TUCCI; CRUZ. *Precedente judicial como fonte do direito*. São Paulo: Editora Revista dos Tribunais, 2004.

ÍNDICE REMISSIVO

DISSIDÊNCIAS DE GÊNERO E DIREITOS HUMANOS: CONSIDERAÇÕES ACERCA DO RECONHECIMENTO LEGAL DAS IDENTIDADES TRANS